# L'assaut de la grotte d'Ouvéa

*Analyse juridique*

Cédric Michalski

# L'assaut de la grotte d'Ouvéa

*Analyse juridique*

Recherches initiées et dirigées par François Fourment et Bruno Py,
Maîtres de conférences à la faculté de droit de Nancy 2

*Préface de François Fourment et Bruno Py*
*Postface d'Alban Bensa et Éric Wittersheim*

L'Harmattan
5-7, rue de l'École-Polytechnique
75005 Paris
FRANCE

L'Harmattan Hongrie
Hargita u. 3
1026 Budapest
HONGRIE

L'Harmattan Italia
Via Degli Artisti 15
10124 Torino
ITALIE

ISBN : 2-7475-6467-3
EAN : 9782747564670

## REMERCIEMENTS

Je n'aurais pu mener ce travail à bien sans l'aide que de nombreuses personnes m'apportèrent généreusement. Qu'elles trouvent ici l'expression de ma plus vive et sincère gratitude :

Mme Françoise Lombard, Maître de conférences en droit privé à la faculté de droit de Lille II ;

MM. François Fourment et Bruno Py, Maîtres de conférences en droit privé à la faculté de droit de Nancy 2, qui ne cessèrent de me soutenir avec enthousiasme et dont les remarques me furent précieuses ; l'idée d'étudier les événements d'Ouvéa par le droit est leur, l'aboutissement de ce travail leur doit énormément ;

Mes différents interlocuteurs, acteurs ou « grands témoins » et ceux qui m'aidèrent à les rencontrer, dont plus spécialement M. Alban Bensa ;

Le docteur Catherine Adins, M. Patrick Boulet, le commissaire Jean-Gustave Paulmier, le lieutenant-colonel Robiquet, pour les précisions techniques qu'ils voulurent bien me donner sur certains points ;

M. et Mme Cambier, pour l'indispensable coup de chance ;

Mlle Delphine Jacquemet, auditrice de justice, pour son aide dans les ultimes instants ;

Mlle Nadia Lahri, officier de la gendarmerie nationale, pour ses bons conseils au bon moment ;

M. Olivier Busnel, pour sa lecture attentive et sa confiance dont je m'honore ;

Mes parents, enfin, à l'égard desquels j'aurai toujours une dette particulière, ainsi qu'à toutes celles et tous ceux dont la présence ou, plus souvent, l'absence fut une intarissable source de motivation, de doute et de fierté mêlés.

# LISTE DES ABRÉVIATIONS

§ : paragraphe
Art. : article
C. : contre
Coll. : collection
DGSE : Direction générale de la sécurité extérieure
Doc. : document
*DR* : Décisions et rapports de la Commission européenne des Droits de l'Homme
*Dr. Pénal* : Droit pénal
DZ : *droping zone*, site d'atterrissage pour hélicoptère
Éd. : édition(s)
EPIGN : Escadron d'intervention de la gendarmerie nationale
Fasc. : fascicule
FLNKS : Front de libération nationale kanak socialiste
GIGN : Groupe d'intervention de la gendarmerie nationale
Haussaire : haut-commissaire de la République
Haussariat : haut-commissariat de la République
*Ibid.* : *ibidem*
*J.-Cl.* : *Juris-classeur*
*JCP* : *Juris-Classeur Périodique*
*JO* : *Journal officiel*
LDH : Ligue des Droits de l'homme
*Op. cit.* : *opere citato*
P. : page
Par. : paragraphe
PS : Parti socialiste
RIMAP : Régiment d'infanterie de marine du Pacifique
RPR : Rassemblement pour la République
RPCR : Rassemblement pour la Calédonie dans la République
*Rev. Sc. Crim.* : *Revue de science criminelle et de droit pénal comparé*
*RTDH* : *Revue trimestrielle des Droits de l'Homme*
TGI : Tribunal de grande instance
SDECE : Service de documentation extérieure et de contre-espionnage
UC : Union calédonienne
V. : voir

# PRÉFACE

S'il est des événements qui heurtent l'opinion publique au tréfonds de sa conscience, le drame d'Ouvéa en est un exemple contemporain. Bien que peu de nos concitoyens sachent localiser les îles françaises de Nouvelle-Calédonie, nombreux sont ceux pour qui le nom d'« Ouvéa » reste associé à un paroxysme de violence, mêlé d'éloignement, de luminosité tropicale et d'ombres armées.

Le prolongement du traumatisme n'a pas de véritable explication rationnelle. D'autres drames, causant numériquement plus de victimes, ont ensanglanté l'actualité depuis 1988. L'attaque de la gendarmerie de Fayaoué et l'assaut qui mit fin à la prise d'otages restent néanmoins dans toutes les mémoires. Le prolongement du souvenir est-il lié au traitement juridique de « l'affaire d'Ouvéa »[1], ledit traitement laissant subsister les « mystères d'Ouvéa »[2] ?

Nous en étions à ce point de la réflexion, lorsque, pour nous en être ouverts à des étudiants de troisième cycle, M. Cédric Michalski se proposa d'aborder l'étude juridique de cette affaire. Fallait-il aborder une question aussi sensible ? Et, si oui, comment analyser les comportements des uns et des autres alors même que des lois d'amnistie avaient entendu clore la dimension pénale du dossier ? Ni journaliste, ni historien et pas même calédonien, quelles approches pouvait développer un jeune juriste métropolitain ? Y avait-il seulement un intérêt à remuer les cendres, au risque de faire rougir quelques braises ?

Après avoir mûrement soupesé les enjeux, il est apparu que l'analyse de l'assaut présentait au moins trois intérêts juridiques. Sur le plan du droit positif national, les faits dramatiques ont initié une réaction étatique que l'on peut qualifier d'exceptionnelle stratégie du pardon progressif (2°). Sur le plan de la réflexion juridique prospective, l'Université est dans son rôle propre, lorsqu'elle contribue à une pédagogie progressiste de refus

---

[1] Titre de l'ouvrage de Gilbert Picard, *L'affaire d'Ouvéa*, Le Rocher, 1988

[2] Titre de l'ouvrage de Patrick Forestier, *Les Mystères d'Ouvéa*, Filipacchi, 1988

de l'oubli (3°). Sur le plan méthodologique, et avant toute analyse, il fallait d'abord remonter du fait au droit (1°).

## 1°) Du fait au droit

L'essentiel du travail du juriste est de qualifier les faits ; en somme, les faire entrer dans une catégorie juridique. Cette opération de qualification est l'étape essentielle du raisonnement juridique, appelé syllogisme : qualifier les faits, annoncer la règle de droit applicable, l'appliquer à l'espèce. La qualification dépend avant tout des faits de la cause. D'où l'importance de l'établissement de ceux-ci, dans le cadre d'un débat contradictoire respectueux des droits de la défense : à ces deux conditions seulement la lumière sur les faits peut jaillir.

Pour le juriste universitaire, les faits sont « constants », quand ils sont présents dans sa démarche intellectuelle. Il n'y a point de faits à rechercher pour le juriste universitaire dans les études, notes de jurisprudence et autres commentaires de textes.

Ce n'est donc pas le moindre des mérites de M. Cédric Michalski d'avoir fait la lumière, autant qu'il est possible, sur le déroulement de l'opération « Victor ». Plus qu'à une synthèse des publications, le plus souvent journalistiques, éditées sur cette opération, M. Cédric Michalski s'est livré à un véritable travail d'investigations personnelles et a établi les faits constants de cette cause. Nous pouvons témoigner du caractère rigoureux, c'est-à-dire scientifique, de sa démarche, à laquelle il a joint une conscience et une humanité sans faille. Le lecteur en sera convaincu, observant avec quel sérieux M. Cédric Michalski a le souci permanent de dégager le bon grain de l'ivraie, en l'occurrence les faits hypothétiques ou non vérifiables. La démarche n'est certes pas banale pour un travail juridique universitaire. Mais elle était nécessaire au traitement du sujet : confronter les faits de l'opération « Victor » à l'article 2 de la Convention européenne des droits de l'Homme.

L'étape de qualification juridique des faits pouvait commencer. De bout en bout de cette recherche, elle a été menée avec la même rigueur scientifique que l'étape initiale d'établissement des faits : analyse critique de la jurisprudence des organes de

Strasbourg relative à l'article 2 de la Convention et, marque du respect que M. Cédric Michalski témoigne à ses lecteurs, mise en état de ceux-ci de s'approprier cette ressource jurisprudentielle, dans une association parfaite de la recherche à la pédagogie. Mais n'est-ce pas là le propre de l'Université que d'être composée d'enseignants-chercheurs ? Le travail de M. Cédric Michalski s'inscrit assurément dans la mission de l'Université : contribuer à l'élévation du niveau scientifique de la Nation et des individus qui la composent ainsi que tendre à l'objectivité du savoir[1].

Cet exercice n'avait rien de facile. La jurisprudence de Strasbourg confine parfois ici au galimatias et la doctrine n'est guère développée. Le temps s'est aussi écoulé. Rien d'alarmant au regard du temps « judiciaire », spécialement quand une affaire d'État est portée jusque devant la Cour européenne des droits de l'Homme. M. Cédric Michalski a soutenu son mémoire en septembre 2002, date certes éloignée des faits, mais à laquelle la Cour aurait très bien pu statuer sur cette affaire au fond, si des lois d'amnistie n'avaient été adoptées et que la Cour elle-même n'a pas censurées. Chose étrange que la reconnaissance internationale des lois d'amnistie. Dans le même temps où la France attend de la Cour européenne, avec succès, qu'elle fasse droit à sa loi d'amnistie des assassinats, la chambre criminelle de la Cour de cassation juge que « *l'exercice par une juridiction française de la compétence universelle emporte la compétence de la loi française, même en présence d'une loi étrangère portant amnistie* »[2] et le Conseil d'État se satisfait en

---

[1] Loi n° 84-52 du 26 janvier 1984 sur l'enseignement supérieur. Art. 2. – « *Le service public de l'enseignement supérieur contribue: - au développement de la recherche, support nécessaire des formations dispensées, et à l'élévation du niveau scientifique, culturel et professionnel de la nation et des individus qui la composent ; à la réduction des inégalités sociales et culturelles* [...] ». Art. 3. – « *Le service public de l'enseignement supérieur est laïc et indépendant de toute emprise politique, économique, religieuse ou idéologique ; il tend à l'objectivité du savoir ; il respecte la diversité des opinions. Il doit garantir à l'enseignement et à la recherche leurs possibilités de libre développement scientifique, créateur et critique.* »

[2] Crim., 23 octobre 2002, n° 02-85379 ; *Bull. crim.*, n° 64. En l'espèce, un officier de l'armée mauritanienne ayant participé, dans les années 1990-1991, à une commission chargée d'interroger des militaires ayant fomenté un coup d'État a été soupçonné d'avoir commis des actes de torture et de barbarie. Se trouvant en France en 1999 pour les besoins d'un stage de formation dans une école militaire, il y a été arrêté. Poursuivi pour torture et actes de barbarie sur le fondement de la compétence universelle des juridictions française, en application

termes emphatiques de ce que la décision-cadre du Conseil de l'Union européenne du 13 juin 2002 « relative au mandat d'arrêt européen et aux procédures de remise entre États membres » prévoit en son article 3 que le refus d'exécution du mandat d'arrêt européen par l'autorité judiciaire de l'Etat membre d'exécution... « *1) si l'infraction qui est à la base de mandat d'arrêt est couverte par l'amnistie dans l'État membre d'exécution lorsque celui-ci avait compétence pour poursuivre cette infraction selon sa propre loi pénale* » « [respecte] *la volonté du Parlement de la République lors de l'adoption d'une loi d'amnistie et qu'ainsi aucune atteinte ne se trouve portée aux « conditions essentielles d'exercice de la souveraineté nationale ».*[1] ». « *Plaisante justice qu'une rivière borne ! Vérité au-deçà des Pyrénées, erreur au-delà.* »[2] Amnistier, autrement dit pardonner, est la manifestation paroxystique du pouvoir législatif sur l'autorité judiciaire.

## 2°) Le droit et le pardon progressif

L'émergence de la revendication d'indépendance à partir des années 1975-1977 s'est rapidement accompagnée d'actes violents au cours desquels des infractions seront commises, par les partisans des deux camps : indépendantistes et loyalistes. L'histoire retient deux séries de crises sous le qualificatif d' « événements ». La première période conflictuelle (1981-1985) bénéficiera d'une amnistie spécifique (L. n° 85-1467 du 31 déc. 1985). La deuxième période conflictuelle (1986-1988) prendra fin par deux lois d'amnistie successives et complémentaires (L. n°88-1028 du 9 nov.1988 et L. n°90-33 du 10 janvier 1990).

Le 22 avril 1988, sur consignes du FLNKS, un commando tente d'occuper la gendarmerie de Fayaoué sur l'île d'Ouvéa. Les gendarmes résistent (4 gendarmes sont tués et 27 sont emmenés en otages). Le 5 mai 1988 – entre les deux tours de

---

du principe de solidarité des compétences juridictionnelle et législative, il s'est donc vu appliquer la loi pénale française, en dépit de l'adoption, en 1993, d'une loi d'amnistie dans son pays.

1 Avis du Conseil d'État n° 368-282 du 26 septembre 2002

2 B. Pascal, *Pensées*, Paris, Le Livre de Poche, coll. « Classiques de poche », N° 16069, 2003, p. 81, n° 94

l'élection présidentielle – le Premier ministre (M. J. Chirac), avec l'aval du Président de la République (F. Mitterrand), déclenche l'opération « Victor », assaut de la grotte de Gossanah par des commandos spéciaux de l'armée. On relèvera deux militaires tués et dix-neuf morts du côté indépendantiste, dont certains semblent avoir été exécutés après leur reddition[1]. Le Président de la République réélu charge le nouveau Premier ministre (M. M. Rocard) d'une mission de médiation dans l'espoir de ramener la paix civile. Cette mission du dialogue est dirigée par le préfet Christian Blanc avec pour but de rencontrer tous les acteurs locaux pour permettre le rétablissement de la légalité républicaine. Au cours des entretiens avec les dirigeants kanak, il apparaît aux médiateurs que toute issue pacifique et pérenne aux événements traumatisants vécus par les uns et les autres supposera à terme une amnistie.

Quelques mois après l'opération « Victor », une fois le dialogue renoué et la paix civile retrouvée, le gouvernement propose au peuple français d'approuver par référendum un nouveau statut prévoyant, entre autres, une amnistie partielle – exceptant le crime d'assassinat – pour les faits commis avant le 20 août 1988. « *Bâtir ensemble l'avenir suppose, enfin, que soit éclairci préalablement le passé. C'est la raison pour laquelle le projet de loi prévoit l'indemnisation des dommages causés aux personnes et aux biens par des actes de violence liés aux événements politiques survenus en Nouvelle-Calédonie, ainsi qu'une large amnistie, dont restent toutefois exclus les crimes d'assassinat.* »[2] Le scrutin du 6 novembre 1988 ayant été favorable, la loi référendaire du 9 novembre entra en vigueur (L. référendaire n° 88-1028, 9 nov. 1988, art. 80 et 81).

La loi du 9 novembre 1988 reste pour l'heure la seule hypothèse d'amnistie à effet relatif immédiat ! Le législateur a, en effet, exceptionnellement décidé que tous les prévenus et inculpés, qui étaient détenus au jour de la promulgation du texte, devaient être libérés et, partant, que ceux qui seraient jugés ultérieurement comparaîtraient libres. C'est pourquoi l'article 81 de la loi du 9 novembre 1988 prévoit que : « *Les dispositions du code*

---

[1] P. Legorjus, *La morale et l'action*, Fixot, 1990

[2] Lettre de M. Michel Rocard, Premier ministre, au Président François Mitterrand, Paris 5 oct. 1988, cité par Jean Marie Colombani, *Double Calédonie : d'une utopie à l'autre*, Denoël, 1999, p. 254

*de procédure pénale relatives au placement et au maintien en détention provisoire ne sont pas applicables dans le cas de poursuites concernant les infractions commises avant le 20 août 1988, à l'occasion des événements d'ordre politique, social ou économique en relation avec la détermination du statut de la Nouvelle-Calédonie ou du régime foncier du territoire.* »

Dès le 18 novembre 1988, 51 prisonniers kanak sont libérés en région parisienne et à Nouméa. Le gouvernement organise le retour discret sur le territoire de ceux qui sont qualifiés, pour brouiller les pistes et éviter les curiosités journalistiques, de « P.K.L. » : prisonniers kanak libérés[1]. Pour illustrer l'émotion suscitée par cette libération immédiate, qu'il suffise de citer une question parlementaire interpellant le Premier ministre quelques semaines après la promulgation de la loi du 9 novembre 1998 sur : « *les injustices fondamentales et anticonstitutionnelles que représente la libération sans jugement des odieux assassins des gendarmes d'Ouvéa. En effet, aucune garantie n'est donnée* (...) *qu'une confrontation aura lieu entre les gendarmes survivants, témoins directs de la tuerie, et les auteurs du massacre.* (...) *Il lui demande quelles mesures effectives et non orales il compte prendre pour respecter les libertés et réprimer le terrorisme sanglant et barbare.* » [2]

Le pardon n'était pas total, mais il était dit qu'à moyen terme, il le serait[3]. La loi du 10 janvier 1990 vint parachever le dispositif d'amnistie, en conservant la même période d'application, mais en ne limitant plus la nature des infractions pardonnées. « *Sont amnistiées les infractions commises avant le 20 août 1988 à l'occasion des événements d'ordre politique, social ou économique en relation avec la détermination du statut de la Nouvelle-Calédonie ou du régime foncier du territoire, par les personnes mentionnées au deuxième alinéa de l'article 80 de la loi n° 88-1028 du 9 novembre 1988 portant dispositions statutaires et préparatoires à l'autodétermination de la Nouvelle-Calédonie en 1998.* » (L. n° 90-33, 10 janv. 1990 « portant amnistie d'infractions commises à l'occasion d'événements survenus en Nouvelle-Calédonie », art.1er, JO du 11 janv. 1990).

Le sens de ce texte est évident. Alors que la loi du 9 novembre 1988 avait accordé une amnistie relative – exceptant

---

[1] A. Christnacht, *L'œil de Matignon*, Seuil, 2003, p.51

[2] Question écrite N° 02830 du 22/12/1988, p. 1444 avec réponse ; Publiée dans le *JO Sénat* du 04/05/1989, p. 700

[3] V. les propos du député Jacques Lafleur dans *Le Monde* du 28 octobre 1989

le crime d'assassinat – une amnistie totale fut accordée par la loi du 10 janvier 1990 au vu de la bonne application des Accords de Matignon et du retour effectif au calme sur tout le territoire. Sans le dire expressément, et étant donnée la loi du 9 novembre 1988, il ne restait à amnistier que des crimes d'assassinat. La terminologie d'« infraction » englobant l'ensemble des violations du Code pénal, il s'en déduit que le législateur a entendu pardonner tous les faits répréhensibles commis, y compris les agressions mortelles préméditées, éventuellement accompagnées d'actes de torture et de barbarie, c'est-à-dire : les assassinats.

Il faut naturellement souligner que l'amnistie s'appliquait aussi bien à des crimes commis par les indépendantistes (gendarmes tués à Fayaoué par exemple), qu'aux faits "en sens inverse", commis éventuellement par des loyalistes ou des membres des forces de l'ordre (indépendantistes tués à Gossanah par exemple). Cette étendue considérable de l'effet extinctif ne pouvait être que globale pour faire admettre cette amnistie de crimes de sang à l'opinion publique, ce qui n'aurait évidemment pas été le cas si l'amnistie avait été "unilatérale" au profit d'un seul camp.

### 3°) Le droit et le refus de l'oubli

L'histoire, la sociologie et même la psychanalyse montrent qu'on ne peut vivre sans pardonner. Une société ne peut pas être indéfiniment en colère contre une partie d'elle-même. Il faut alors trouver l'instrument d'effacement actif qui ouvre la possibilité de continuer à vivre ensemble. L'amnistie est l'un des moyens d'interrompre le cycle des violences. « Oubli de la discorde contre oubli des torts. »[1]

L'amnistie n'est pas l'amnésie et le pardon est une démarche volontariste et consciente, au contraire de l'oubli, phénomène passif et inconscient. L'amnistie est un processus de pardon qui conduit le législateur à reconsidérer régulièrement les faits et les actes réalisés pour leur ôter pour l'avenir la coloration pénale

[1] P. Ricoeur, *La mémoire, l'histoire, l'oubli*, Seuil, 2000, p. 586

qu'ils pouvaient avoir. À la différence de l'amnésie, l'amnistie est décidée sciemment, soit pour effacer, soit pour pardonner.

Il faut préciser d'emblée qu'il ne s'agit pas de nier rétrospectivement l'existence des faits visés – ce qui est parfois proscrit au titre de la prohibition du révisionnisme ou négationnisme (L. du 29 juill. 1881, art. 24 *bis*) –, mais d'enlever à des faits délictueux leur caractère infractionnel. L'amnistie modifie le sens des faits mais par leur réalité. Le droit pénal français exprime au travers des lois d'amnistie précitées sa volonté explicite de pardonner aux auteurs de faits infractionnels l'ensemble des délits et des crimes qu'ils auraient pu commettre sur Ouvéa. Nul ne peut contester l'efficacité d'un mécanisme qui empêche définitivement toutes les poursuites envisageables.

Il reste néanmoins que la prise d'otages et l'assaut ont eu lieu et que des violences gravissimes ont été commises de part et d'autre. Il s'agit de la réalité des faits, vérité dont la verbalisation est non seulement utile mais nécessaire. Parce que l'ignorance des faits, de leurs causes et de leurs conséquences condamne toute société à les revivre.

*Le pardon sans l'oubli*, tel aurait pu être le sous-titre de ce livre.

S'il est sans doute vrai que « *les lois se taisent parmi les armes* »[1], il est indispensable que les juristes aient la liberté de parler lorsque les armes se sont tues. Lorsque le juriste-chercheur se double d'un citoyen humaniste, il s'en fait un devoir.

Le travail de Cédric Michalski, présente une utilité rare. Outre qu'il apporte des éléments nouveaux d'analyse des faits, ce qui contribuera forcément aux débats historiques, il démontre que la notion d'État de Droit est un concept vivant, dynamique dans le temps, universel dans l'espace, mais fragile. Qu'un gouvernement oublie momentanément cette quintessence, et le traumatisme humain, politique et donc juridique perdure, plus longtemps que le fracas des armes. Que l'origine en soit nationale, européenne ou internationale : « Force doit rester à la loi. »[2]

---

[1] *Silent enim leges inter arma* : Les lois se taisent parmi les armes, Cicéron, *Pro milone*, IV, 11

[2] La formule exacte de la sommation réglementaire préalable à la dispersion d'un attroupement par la force est : « *Obéissance à la loi. Dispersez-vous.* » (art. R. 431-1 du Code pénal).

Reste à ce travail et à son auteur à se faire connaître ; ils le méritent tous les deux. On en connaît la gageure : « *Il n'est pas si aisé de se faire un nom par un ouvrage parfait, que d'en faire valoir un médiocre par le nom qu'on s'est déjà acquis.* »[1] Elle commence à être relevée : hier, réception du prix littéraire du SIRPA Gendarmerie nationale, catégorie « recherches universitaires de troisième cycle » et communication dans le séminaire de la « Formation à la recherche dans l'aire océanienne » à l'École des hautes études en sciences sociales, aujourd'hui publication, hors toute collection – cet effort particulier que l'éditeur a jugé opportun de produire pour la publication de cette recherche atteste, s'il en était encore besoin, de la grande qualité de ce travail – chez un éditeur universitaire national. Puisse demain apporter à M. Cédric Michalski, doctorant, d'autres réussites et à ces lecteurs le plaisir de le lire.

FRANÇOIS FOURMENT & BRUNO PY
*Maîtres de conférences de Droit privé et sciences criminelles*
*à la Faculté de Droit, Sciences économiques et Gestion de l'Université Nancy 2*
*Institut de Sciences criminelles et de Droit médical (ISCRIMED)*

[1] J. La Bruyère [de], *Les caractères*, Imprimerie nationale, 1998, « Des ouvrages de l'esprit », 4, p. 133

# PROLOGUE

> « Mais, en Afrique française comme dans tous les autres territoires où les hommes vivent sous notre drapeau, il n'y aurait aucun progrès si les hommes, sur leur terre natale, n'en profitaient pas moralement et matériellement, s'ils ne pouvaient s'élever peu à peu jusqu'au niveau où ils seront capables de participer chez eux à la gestion de leurs propres affaires. C'est le devoir de la France de faire en sorte qu'il en soit ainsi. »
>
> Charles DE GAULLE,
> *Discours de Brazzaville*,
> 30 janvier 1944[1]

Ouvéa : un nom riche en évocations diverses. Pour les plus chanceux, c'est une plage blonde et interminable sous le soleil des antipodes ; les mieux informés se rappellent qu'une espèce endémique de perruche y est en train de disparaître. Et pour les autres, c'est-à-dire l'immense majorité des citoyens français, qu'en est-il ? Sans doute un tout autre tableau, des souvenirs d'autant plus troubles que le temps et les hommes ont fait leur œuvre. Car ce nom d'île lointaine fait ressurgir des images, des impressions, des relents vaguement honteux d'un passé pourtant proche à l'échelle d'une démocratie plus que bicentenaire. À l'instar d'autres réminiscences d'une conscience civique collective, tels Ben Barka, Charonne, Malik Oussekine, Ouvéa a des parfums de poudre et de sang, embaumant une situation politique inédite dans l'histoire institutionnelle française.

[1] *Mémoires de guerre : l'unité (1942-1944)* ; Paris, éd. Plon, 1973, p. 557

Printemps 1988… Mais les « événements » d'Algérie ne sont pas si loin. La décolonisation a fait son œuvre dans les anciennes possessions françaises ; la colonisation était encore de mise en Nouvelle-Calédonie. Cet état de fait est le fruit d'une histoire riche du meilleur et du pire, d'une incompréhension mutuelle entre Européens et Mélanésiens, de révoltes sanglantes et de répressions qui ne le furent pas moins, de fines duperies et d'une condescendance flagrante à l'égard des occupants originels de ce « Caillou » de l'Océan Pacifique, dont le seul tort fut finalement d'être nés au mauvais endroit eu égard aux prétentions métropolitaines. L'affaire dite de « l'assaut de la grotte d'Ouvéa » ne peut se comprendre qu'après avoir succinctement rappelé l'histoire de la colonisation de la Nouvelle-Calédonie.

Fi du chauvinisme ! Les Français ne découvrirent pas la Nouvelle-Calédonie. En 1774, c'est le navigateur britannique James Cook qui, le premier, aborda ces terres australes dont le relief lui rappela sa Calédonie natale, sur les rivages d'Écosse, au sud des Hébrides, et qu'il baptisa naturellement *New-Caledonia.* Cependant, il ne se douta pas de l'existence des îles qui s'appelleront plus tard « Loyauté ». Son expédition fut d'emblée frappée par la richesse biologique et géologique des lieux. Il est important de citer les écrits de Georges Foster, fils de l'un des savants qui accompagnaient Cook, comme l'annonce de ce qui motiva par la suite les colons : il décrit « une grande masse irrégulière de rocher de dix pied cubes, d'une pierre de corne d'un grain ferme, étincelant partout de grenats un peu plus gros que des têtes d'épingle. Cette découverte nous persuada d'autant plus qu'il y a des métaux précieux dans cette île. »[1]

Cook noua des contacts avec les autochtones, qu'il dénomma « Indiens », et dont il fit des descriptions avenantes[2] à l'instar du « bon sauvage » de Rousseau. Il nota également les particularités de la vie sociale de ce peuple : « les échanges de biens et de discours, les soins portés à la culture des tubercules, la courtoisie, le peu d'autorité des chefs, la soumission des femmes, une extrême

[1] Cité par Alban BENSA, *Nouvelle-Calédonie, vers l'émancipation* ; Paris, éd. Gallimard, coll. Découvertes, 1998, p. 16

[2] « Il n'est guère au monde de peuple plus amical », cité par Jacqueline SÉNÈS, *La vie quotidienne en Nouvelle-Calédonie de 1850 à nos jours* ; Paris, éd. Hachette, 1985, p. 13

attention à tout ce qui est nouveau »[1]. Cook ignorait que ces indigènes étaient apparentés aux autres peuples de Polynésie, Micronésie et Mélanésie, et s'étaient installés en Nouvelle-Calédonie environ mille cinq cents ans avant notre ère. Dans le courant du dix-neuvième siècle, ils furent pris dans le jeu géopolitique et religieux mené par la vieille Europe.

La France et l'Angleterre se livrèrent alors une bataille tant stratégique que religieuse, s'opposant leurs intérêts économiques bien compris et leurs religions respectives. De cette course à l'évangélisation des derniers sauvages à laquelle se livrèrent la fille aînée de l'Église catholique et les sujets protestants de Sa Majesté, la Nouvelle-Calédonie s'en trouva annexée à la France le 24 septembre 1853 sur les ordres de Napoléon III par le contre-amiral Febvrier-Despointes, soit dix ans après le débarquement de monseigneur Douarre, alors accompagné par le capitaine de corvette Laferrière qui était chargé de hisser les couleurs françaises sur le territoire. L'Empereur projetait de créer sur cette terre lointaine une colonie pénitentiaire. Les missionnaires de la Société de Marie, autrement appelés Maristes, qui avaient reçu le vicariat de l'Océanie occidentale, profitèrent de son appui pour s'y implanter.

L'évangélisation qui fut initiée dès 1843 (mais n'est-ce pas là une forme de colonisation spirituelle ?) donna lieu aux premiers conflits et, par voie de conséquence, aux premières répressions. En 1847, la Marine nationale dut évacuer les missionnaires en Australie, avant de procéder à une expédition punitive. Le seul choc intellectuel entre les deux communautés ne suffit cependant pas à expliquer ces affrontements. Certes, les préceptes des pères maristes ne pouvaient que se heurter violemment aux croyances totémiques locales qui tendaient à diviniser l'environnement et les ancêtres afin d'obtenir une vie prospère[2] : les missionnaires voulurent substituer au paradis sur terre la promesse d'un au-delà meilleur. De plus, les Mélanésiens ne comprirent pas les rites chrétiens, qu'ils assimilèrent rapidement à de la sorcellerie néfaste.

---

[1] Alban BENSA, *op. cit.*, p. 19

[2] « [...] vivre le mieux possible en se contraignant le moins possible » : Alain HUEZ de LEMPS, *L'Océanie française* ; Paris, PUF, coll. Que sais-je ?, 3ème éd., 1975, p. 24

Accueillis comme des dieux, les missionnaires ne furent pas à la hauteur des espérances placées en eux.

Les causes des premiers conflits doivent plutôt s'apprécier en termes de ressources et de subsistance. En effet, les pères obtinrent des terres qu'ils destinèrent à la culture. Or, celles-ci faisaient parfois l'objet de litiges anciens entre les indigènes, qui continuèrent de se les disputer après les avoir cédées, si bien que les prêtres se trouvèrent pris dans des affrontements pour eux incompréhensibles. Par ailleurs, les religieux se montrèrent jaloux de leurs biens, refusant de les partager par temps de famine, alors qu'ils ne devaient leur survie qu'à ceux-là mêmes qui les avaient aidés et à qui ils enseignaient la charité chrétienne. Un tel mépris de la coutume, définie par Alban Bensa comme l'échange « de biens identiques en quantité équivalente, en ponctuant dons et contre-dons de discours codés mais teintés d'une forte affectivité, voire de violence rentrée »[1] ne pouvait que dégénérer.

La terre, tel était le cœur du problème de la colonisation, qui se posait avec d'autant plus d'acuité que les rapports entretenus avec elle par les indigènes étaient originaux et relevaient du sacré. D'une part, l'alimentation calédonienne était à cette époque à 80% végétarienne, ce qui donnait à la terre et à la culture de l'igname et du taro un caractère impérieux, qui se traduisait par de nombreux rites saisonniers. « La pêche en mer [...] ne prend [...] jamais le pas sur l'horticulture. »[2] D'autre part, alors que les Européens appréhendaient la terre comme un outil de production, les Mélanésiens se considéraient comme en étant issus ; bref, la terre ne leur appartient pas, ils lui appartiennent, même si ce rapport se fonde sur la propriété privée. L'homme est l'expression du sol de ses ancêtres. Si bien que la confiscation des terres était bien plus qu'une simple expropriation, presque un homicide. De cette incompréhension majeure naîtra un conflit aussi culturel que colonial.

Car la France veut des terres, en premier lieu pour le bagne que Napoléon III souhaite installer outre-mer. La « transportation » instituée en Nouvelle-Calédonie par le décret du 2 septembre 1863, attend les condamnés métropolitains à une peine de travaux

---

[1] Alban BENSA, *op.cit.*, p. 25

[2] *Ibid.*, p.30

forcés supérieure à huit ans[1]. Machiavel n'est pas loin, qui prescrivait : « [...] quand les États acquis sont dans une autre contrée que celui auquel on les réunit, quand ils n'ont ni la même langue, ni les mêmes mœurs, ni les mêmes institutions, alors les difficultés sont excessives [...]. Le meilleur moyen [pour les conserver] est d'établir des colonies dans un ou deux endroits qui soient comme des entraves pour le pays : [...] il [le prince] ne blesse que ceux auxquels il enlève leurs champs et leurs maisons pour les donner aux nouveaux habitants. »[2]

La loi du 30 mai 1854 disposait que les condamnés aux travaux forcés seraient « employés aux travaux les plus pénibles de la colonisation et à tous autres d'utilité publique ». Loin de ne fournir qu'une main d'œuvre docile et bon marché, la transportation visait aussi la pérennité de la présence française. En effet, en cas de bonne conduite, les meilleurs forçats de la première des quatre catégories alors en vigueur[3] pouvaient se voir autoriser de travailler « pour la colonie ou les administrations locales » et, à partir de 1863, recevoir en concession de deux à dix hectares de terrain,dont ils devenaient éventuellement propriétaires au bout de cinq ans « à condition d'avoir respecté un strict cahier des charges prévoyant notamment le défrichement et la mise en valeur effective »[4]. Cet ingénieux dispositif comportait un double avantage : l'éloignement des individus indésirables se prolongeait dans un afflux migratoire de colons probablement peu enclins à retrouver une métropole qui les avait chassés, et auxquels elle offrait une seconde vie.

Ainsi, de 1864 à 1897, « quelque soixante-dix convois acheminent de France plus de vingt mille forçats jusqu'aux pénitenciers de Nouméa (l'île Nou), de l'île des Pins ou de la côte ouest »[5]. Toutefois, une colonisation qui tendait à la durée ne pouvait se passer de familles ; c'est pourquoi, alors que la loi de 1854 ne le

---

[1] Antonio RALUY, *La Nouvelle-Calédonie* ; Paris, éd. Karthala, 1990, p. 24

[2] MACHIAVEL, *Le Prince* ; éd. Mille et une nuits, 2000, p.11

[3] Antonio RALUY, *op.cit.*, p. 25 : « Les nouveaux arrivants étaient répartis dans l'une des quatre classes de forçats existantes, en fonction de leur passé. En cours de peine, ils pouvaient bien entendu passer d'une classe à l'autre en fonction de leur comportement. La première classe, faisant figure de privilégiée, rassemblait tous ceux qui donnaient satisfaction dans leur travail et dans leur vie quotidienne. [...] Au bas de l'échelle, la quatrième classe regroupait les indisciplinés et les incorrigibles, enfermés dans de sombres cachots, affectés aux travaux les plus harassants [...]. »

[4] *Ibid.*, p.28

[5] Alban BENSA, *op. cit.*, p. 58

prévoyait pas, cinq cents prisonnières volontaires y furent envoyées et ce qui ne s'appelait pas encore un regroupement familial fut opéré pour certains condamnés. À partir de 1855, la population pénale ou issue de l'immigration pénitentiaire[1] s'enrichit de trois mille relégués, petits délinquants des faubourgs sans commune mesure avec les forçats, de quelques Kabyles condamnés après la révolte de 1871 et, à partir de 1872, de quatre mille deux cent cinquante déportés communards venus tâter de la « Nouvelle » en raison de leur engagement politique[2]. De cette époque subsiste le souvenir de Louise Michel, l'une des rares communards à s'être penchés sur le sort de la population indigène, qui instruisait des classes multicolores[3].

Il ne faudrait pourtant pas croire que la Nouvelle-Calédonie ne se peupla que grâce à des migrants forcés. Aventuriers de fortune, chercheurs d'or, « santaliers », commerçants ou contrebandiers qui parfois étaient les mêmes, firent la réputation de la jeune colonie qui menaça de tomber sous l'influence anglo-saxonne de la proche Australie d'autant plus aisément que le bagne n'incitait guère les Français de métropole à venir s'installer sur une terre à la sécurité incertaine, secouée par la grande révolte de 1878 (sur laquelle nous reviendrons)[4]. La propagande, à l'efficacité déjà limitée, attira surtout les migrants à Nouméa, seule grande ville de l'archipel, à l'économie de comptoir portée à bout de bras par les détenus. Le problème se posa d'asseoir la vie locale sur des échanges commerciaux sains et solides.

L'administration incita alors les migrants à s'enfoncer dans la brousse pour se faire et souvent s'improviser agriculteurs, par de belles promesses sur la douceur du climat et la fertilité des terres, acquise par les travaux séculaires des indigènes, qui se

---

[1] « Punitive » selon l'expression de Jean-Luc MATHIEU, *in La Nouvelle-Calédonie* ; Paris, PUF, coll. Que sais-je ?, 2ème éd., 1995, p. 22

[2] V. le très beau livre de Virginie BUISSON, *Lettres retenues, correspondances censurées des déportés de la Commune en Nouvelle-Calédonie* ; Paris, éd. Le Cherche-midi, 2001

[3] « Le meurtre d'un forçat lui [un gardien] valut le galon d'argent. Je compris qu'au bagne la férocité était à l'ordre du jour. C'est pourquoi ayant pu juger des procédés des gardes-chiourme qui étaient, paraît-il, des hommes civilisés, je finis par me prendre d'affection pour les Canaques qui étaient des sauvages ! » Louise MICHEL, *Matricule 2182* ; Paris, Éditions du Dauphin, 1981, p. 115

[4] V. *infra*, p. 30

virent au mieux imposer une cohabitation mouvementée avec du bétail dont ils ignoraient l'existence, au pire chasser de leurs villages de plus en plus profondément vers l'intérieur montagneux et stérile de l'île loin de leurs ingénieux canaux d'irrigation nécessaires à leurs précieuses cultures. Les « permis d'occupation », qui étaient « des autorisations d'occuper un terrain non délimité, assorties d'une promesse de bail ou de vente pour le jour où le terrain [serait] levé »[1] eurent pour résultat le quintuplement des aliénations de 1868 à 1872, passant de trente mille à cent cinquante mille hectares. Las ! Les colons, dont la plupart n'y entendait rien aux métiers de la terre, s'aperçurent rapidement à leurs dépens de la duperie de la politique de peuplement et de mise en valeur du territoire.

Les Mélanésiens ne purent cependant pas regagner les terres abandonnées dont ils avaient été dépossédés. Car, en 1894, le gouverneur Feillet, que d'aucuns décrirent comme énergique voire tyrannique (une telle attitude étant facilitée par l'éloignement de l'administration centrale métropolitaine), lança l'aventure du café et appela à l'immigration de métropolitains à grand renfort de promesses tout aussi belles et vaines que celles de ses prédécesseurs, malgré la concession à titre gratuit de terrains. « Fermer le robinet d'eau sale et ouvrir en grand le robinet d'eau propre », selon la formule historique, telle fut la nouvelle ligne de conduite, qui aboutit à arrêter la transportation en 1897. Face à ce monde inconnu, la centaine de familles qui est entrée dans l'histoire sous le nom de « colons Feillet » réclama vainement l'aide promise. « On la leur baillait belle avec l'idée d'une colonie de peuplement où l'on abandonnait si vite les planteurs en des rivages déserts ou des vallées profondes, sans les suivre, les encourager, les indemniser et les conseiller à bon escient ! »[2] Si bien qu' « à la fin du XIX$^{ème}$ siècle, la colonisation rurale s'avère être globalement un échec »[3].

Ce ne fut donc pas de son agriculture hasardeuse que procéda le peuplement le plus important de la Nouvelle-Calédonie, mais de son patrimoine géologique, déjà pressenti par Georges Foster. Charbon, or, cuivre, plomb argentifère, zinc, fer, cobalt, chrome

---

[1] Jacqueline SÉNÈS, *op.cit.*, p. 73

[2] *Ibid.*, p. 144

[3] Alban BENSA, *op.cit.*, p. 68

sont certes extraits en quantités non négligeables. Mais la véritable découverte qui allait changer en profondeur la vie du « Caillou », qui ne mériterait dès lors plus une dénomination aussi vulgaire, fut faite en 1863 par l'ingénieur Jules Garnier qui mit au jour de considérables réserves de nickel. 1874, 1875, les premières mines sont en activité, entraînant la construction en 1879 d'une usine de traitement de ce minerai ô combien précieux eu égard aux besoins des industries métallurgiques. La Société *Le Nickel* fut fondée en 1880 et conservera longtemps son rôle de potentat dans la vie néo-calédonienne.

L'immigration régionale fut à la hauteur du besoin de main-d'œuvre, qui ne devait cependant pas être satisfait à n'importe quel coût, fût-ce au prix d'enlèvements et de trafics innommables. « Indiens de La Réunion, Néo-Hébridais et, quelques décennies plus tard, Japonais, Indochinois, Javanais des Indes néerlandaises »[1], mais aussi des Européens hagards et déboussolés à la suite de leur libération du bagne ou de leur échec en brousse connurent les souffrances des mines à ciel ouvert. Les indigènes ne pouvaient-ils suffire pour les exploiter ? Écartés de la production de ce qui n'était richesses que pour les tenants du système, les Mélanésiens, dont la civilisation ne connaissait pas l'âge du fer[2], assistèrent à l'arrivée de ces travailleurs et à l'éventration de leur terre des plaies de laquelle sortait un métal dont ils n'avaient que faire.

Forçats, immigrants trahis, mineurs et travailleurs de force, tel est le tableau disparate des colons de Nouvelle-Calédonie à la fin du XIXème siècle. En 1906, les Mélanésiens, qui étaient les seuls occupants de l'île cinquante ans auparavant, n'étaient plus que trente mille, tandis que le nombre des immigrants était passé de mille trois-cents en 1870 à vingt-cinq mille. La gravité de la situation n'apparaît qu'en termes dynamiques, qui montrèrent alors que depuis la prise de possession du territoire la population indigène avait diminué de moitié. Plusieurs facteurs peuvent expliquer cette brutalité numérique : les épidémies de grippe, de variole, de lèpre, de maladies pulmonaires, celle de la peste en 1899 et le fléau de l'alcool qu'amenèrent avec eux les

---

[1] *Ibid.*, p. 78

[2] Alain HUEZ de LEMPS, *op. cit.*, p. 22

immigrants, la mise en place vers 1860 d'une traite de Mélanésiens par les planteurs du Queensland australien, de même que la répression sanglante des diverses émeutes, ont certes contribué à l'amenuisement de la population mais ne peuvent pas fonder à eux-seuls un tel gouffre démographique, dont l'explication la plus probante est d'un tout autre ordre : le désespoir dans l'avenir[1]. Ainsi le pasteur Maurice Leenhardt put-il écrire : « [...] je ne trouve guère que le fier Canaque[2] de l'insurrection qui, vaincu, préfère ne pas avoir d'enfants que de les voir exploités par les Blancs »[3].

La terre néo-calédonienne, à la fois creuset originel et socle de la vie sociale des indigènes leur fut progressivement dérobée sous l'effet de l'expansion démographique et économique. Le développement urbain dont Nouméa fut la principale bénéficiaire s'est parallèlement accompagné d'implantations en milieu rural d'exploitations agricoles dont le nom de « stations » provient des fermes australiennes. L'administration française avait pourtant avancé de fermes engagements. « Le jour de la prise de possession, le capitaine de vaisseau Tardy de Montravel n'avait-il pas déclaré [...] : « Voulez-vous être français ? Désirez-vous que votre pays soit soumis à la domination française ? Nous vous protégerons, vos terres seront toujours à vous, on ne vous prendra que ce qui ne vous est pas nécessaire » ? De même, dans une déclaration de janvier 1855, le gouvernement s'engageait à « acheter les terres occupées par les indigènes ». Ces belles promesses ne seront pas tenues. »[4]

D'accaparements violents et incontrôlés en complicités judiciaires, de transactions plus que lésionnaires en manœuvres de déstabilisation des hiérarchies tribales, qui tendaient à faire des chefs les uniques interlocuteurs valables tout en substituant un découpage arbitraire à l'organisation clanique traditionnelle, de grands domaines naquirent sur les meilleurs sites, repoussant les tribus loin du bienfait de leurs ancêtres issus et retournés depuis à la terre ; de vastes domaines aux limites mal définies que leurs propriétaires ne prirent pas la peine de clôturer, laissant le bétail récemment introduit sur cette île, qui ne connaissait que quelques

---

[1] Jean-Paul BESSET, *Le dossier calédonien, les enjeux de l'après-référendum* ; Paris, éd. La Découverte, 1988, p. 77

[2] Nous reviendrons sur ce mot pp. 32 et 33.

[3] Cité par Antonio RALUY, *op.cit.*, p. 79

[4] Alban BENSA, *op. cit.*, p. 80

mammifères de taille moyenne, piétiner les plantations de taros et d'ignames, au grand dam des Mélanésiens qui se plaignirent vainement.

L'historien Joël Dauphiné dresse ce constat : « En soixante ans de colonisation, les Canaques ont vu fondre l'essentiel de leur patrimoine foncier ; [...] ils sont cantonnés sur une surface dépassant légèrement les cent vingt mille hectares, ce qui représente à peine 7 à 8% de la superficie totale de l'île, les Européens de brousse, cinq à six fois moins nombreux pourtant, possédant en pleine propriété ou louant au Domaine trois fois plus de terrains. »[1]

Machiavel vantant les mérites de l'établissement des colonies dans les contrées éloignées pensait que le prince « ne blesse que ceux auxquels il enlève leurs champs et leurs maisons pour les donner aux nouveaux habitants. Or les hommes ainsi offensés n'étant qu'une très faible partie de la population, et demeurant dispersés et pauvres, ne peuvent jamais devenir nuisibles ; tandis que tous ceux que sa rigueur n'a pas atteints demeurent tranquilles par cette seule raison ; ils n'osent d'ailleurs se mal conduire, dans la crainte qu'il ne leur arrive aussi d'être dépouillés. »[2] Les révoltes furent pourtant nombreuses, qui permirent d'agrandir d'autant le domaine conquis à titre de punition, jusqu'à la grande révolte de 1878 menée par le chef Ataï.

« Le jour où mes taros iront manger votre bétail, je dresserai des clôtures autour de mes cultures », aurait-il dit alors. À l'incurie des propriétaires terriens à parquer leurs bêtes correspondit, en 1876, la décision d'établir des réserves pour les indigènes. Disparaître ou se battre : le 18 juin 1878, Ataï choisit. Goliath sortit vainqueur de deux mois de luttes sauvages des deux côtés, fratricides du fait du ralliement de certaines tribus aux puissantes troupes françaises qui y furent engagées, et qui se prolongèrent par un semestre de pacification qui vit la mort d'un millier de révoltés, dont le chef emblématique fut décapité par un Mélanésien. La politique volontaire du gouverneur Feillet, grâce à l'arrêté du 13 novembre 1897 qui avait pour but de libérer des terres à l'intention des « ses colons », acheva le remplissage des réserves à la fin du XIX$^{\text{ème}}$ siècle.

Confinés sur une terre de moins en moins leur et sur laquelle ils durent payer une taxe foncière sous la forme d'un impôt de

---

1 Cité par Alban BENSA, *op.cit.*, p. 86

2 MACHIAVEL, *op.cit.*, pp. 11 et 12

capitation en vertu du Code de l'indigénat établi par le décret du 18 juillet 1887, les Mélanésiens furent astreint à des travaux obligatoires rémunérés en deçà du salaire prévu pour les Européens. Et l'*Encyclopédie de la Nouvelle-Calédonie* de souligner avec ironie : « À partir de cette date, l'autochtone est la seule personne physique du territoire à être assujettie à un impôt direct sur le revenu qu'il n'a généralement pas ! »[1] Les désobéissances étaient punissables d'amende, d'emprisonnement, d'interdiction de séjour, d'internement ou d'astreinte à résidence sur simple décision administrative. En vigueur jusqu'à la deuxième guerre mondiale, ce régime fut complété en juin 1934 par une « prime à la capture » des contrevenants qui encouragea naturellement la délation. Cet esclavage qui ne dit pas son nom fut facilité par le fait que ses victimes ne profitaient pas encore de la nationalité française. Mais bénéficiaient-elles seulement de la condition d'hommes ?

Cela n'empêcha cependant pas la mère patrie d'appeler en renfort ces solides gaillards à la rescousse d'une nation dont ils étaient censés être issus par « leurs ancêtres les Gaulois », menacée par ses ennemis héréditaires d'outre-Rhin. En 1917, de nouvelles révoltes sous le commandement du chef Noël éclatèrent pour protester contre le généreux don par l'État d'un uniforme bleu horizon et d'un voyage dans cette métropole inconnue, de laquelle ceux qui revinrent ne gardèrent comme souvenir que la boue des tranchées ou les cicatrices de leurs blessures.

Une autre guerre se dessina bientôt, qui allait voir l'émergence d'un renouveau indigène, déjà amorcé par la reprise démographique des années vingt, et qui rendrait acceptable l'usage du mot « Kanak » par la perte de son caractère injurieux car raciste. En 1942, plus de cent mille soldats américains s'installèrent sur une Nouvelle-Calédonie à la position stratégique évidente durant la guerre du Pacifique. Leur mode de vie radicalement différent de l'immobilisme local, et surtout le fait que des soldats noirs pouvaient fort bien cohabiter et même commander à des blancs influencèrent l'évolution de la vie néo-calédonienne. En 1946, le gouvernement abolit par décret le

---

[1] Cité par Jacqueline SÉNÈS, *op.cit.*, p. 177

Code de l'indigénat et accorda à tous les habitants de l'île la nationalité française. La loi dite « Deferre » de 1956 permit l'émergence d'une représentation politique mélanésienne, notamment par le parti de l'Union calédonienne (dont le slogan était « Deux couleurs, un seul peuple »), bien que le droit de vote ne fut pleinement accordé aux Mélanésiens qu'en 1957[1]. La Nouvelle-Calédonie maintint son statut de territoire d'outre-mer en 1958[2].

Pour autant, la métropole garda le contrôle des destinées calédoniennes, étroitement liées aux contingences d'une politique Pacifique dominée par les essais nucléaires dans la proche Polynésie. Ainsi, en 1963 et 1969, les lois Jacquinot et Billotte resserrèrent l'étau autour de la jeune démocratie enfin représentative, dont la seule frange blanche profita du « boom » du nickel des années 1969-1972, ce qui ne manqua pas de radicaliser un peu plus l'opposition mélanésienne autour de l'idée d'indépendance, qui s'exprima par une nouvelle élite. Le Premier ministre Pierre Messmer, qui s'inspira peut-être du gouverneur Feillet, décida alors non « d'ouvrir le robinet d'eau propre », mais de « planter du blanc » en encourageant l'immigration massive afin de contrecarrer les aspirations indépendantistes. Quelque vingt mille personnes grossirent les rangs des non Mélanésiens en Nouvelle-Calédonie.

Qu'en est-il de la situation mélanésienne ? Les premiers non Européens à devenir bacheliers dans les années cinquante contribuèrent au renouveau indigène, fondé sur un retour aux valeurs traditionnelles de la coutume et du clan, qui tendait à « réendosser une fierté d'homme canaque »[3]. Ce mot est issu du mélanésien « kanak » (nous emploierons cette orthographe invariable) qui signifie simplement « homme », mais qui était principalement utilisé à titre d'injure raciste[4] jusqu'à ce qu'il soit

---

[1] Jean-Luc MATHIEU, *op.cit.*, p. 29

[2] Article 74, alinéa premier, des Constitutions de la IVème et de la Vème Républiques : « Les territoires d'outre-mer sont dotés d'un statut particulier tenant compte de leurs intérêts propres dans l'ensemble des intérêts de la République. »

[3] Jacqueline SÉNÈS, *op.cit.*, p. 334

[4] Du fait de sa proximité phonétique avec « macaque ». V. par exemple Louis-Ferdinand CÉLINE, *Mort à crédit* ; Paris, éd. Gallimard, coll. Folio, 1997, p.

repris et revendiqué par le mouvement indépendantiste, qui choisit également le drapeau de la future République kanak indépendante, la Kanaky, sur lequel figure la traditionnelle flèche faîtière des cases.

Croire en l'unité du mouvement indépendantiste serait pourtant illusoire. Car la jeunesse kanak ne pouvait se reconnaître dans des aspirations passéistes et nostalgiques d'une organisation clanique dont elle ne voulait pas plus qu'une société de consommation excessive et décadente. Ce déchirement culturel, expression d'un déracinement profond, fut d'abord incarné par Nidoish Naisseline, chef des « Foulards rouges » à la fin des années soixante-dix, puis par le « Groupe 1878 »[1] créé en 1974, et se prolongera sans doute dans le désarroi d'un Alphonse Dianou face au manque de soutien du FLNKS.

En 1977, la politique calédonienne s'organisa autour de la bipolarité entre indépendantistes et loyalistes, ces derniers s'exprimant par leur parti du Rassemblement pour la Calédonie dans la République (RPCR), fondé par Jacques Lafleur, et qui devint rapidement la branche locale du RPR. L'adjectif « caldoche » fut dès lors attribué à la population européenne de Nouvelle-Calédonie, bien que ce terme désignât à l'origine les métropolitains par opposition aux calédoniens, qu'ils fussent de souche mélanésienne ou non.

La victoire de la gauche lors de l'élection présidentielle de 1981 fit naître de grands espoirs chez les indépendantistes (représentés depuis 1979 par le Front indépendantiste), rapidement déçus, d'autant plus que l'égalité politique établie par le principe « un homme égale une voix » joua en la défaveur des Kanak, minoritaires en nombre. Le Front de libération national kanak socialiste (FLNKS) fut constitué en 1984[2], qui regroupa des aspirations diverses dans leur fond et leur expression : l'Union calédonienne (UC), le Front uni de libération kanak (FULK), l'Union progressiste mélanésienne (UPM), le Parti

---

592 : « Il était fort le canaque !... » Mais aussi... HERGÉ, *Les aventures de Tintin, Objectif Lune* ; Tournai, éd. Casterman, 1980, p. 12 : « Espèces de Canaques, c'est malin ce que vous avez fait là ! [...] » dans la bouche du capitaine Haddock.

[1] En souvenir de la révolte menée par le chef Ataï ; v. *supra* p. 30

[2] V. Alain GANDOLFI, *Les mouvements de libération nationale* ; Paris, PUF, coll. Que sais-je ?, 1989, (notamment p. 81)

socialiste calédonien (PSC), et le Parti de libération kanak (PALIKA).

Les chiffres fournis par l'Institut territorial de la statistique et des études économiques dans les *Tableaux de l'économie calédonienne 1985*[1] sont éloquents : l'on y note que le revenu monétaire annuel moyen était trois fois plus important pour un Européen que pour un Mélanésien. De plus, représentés à 37% dans la population totale, les Européens constituaient 54% des actifs. Enfin, seul un Mélanésien sur six et demi avait suivi des études secondaires ou supérieures contre un Européen sur deux. Le combat décidé par le FLNKS s'inscrivait donc bien dans une logique anti-coloniale et entra dans la spirale de la violence amorcée deux ans plus tôt.

En effet, le secrétaire général de l'UC, Pierre Declercq, fut assassiné le 19 septembre 1981 alors que le 24 septembre de l'année suivante, jour du cent trente et unième anniversaire de la prise de possession française, avait été déclaré « journée de deuil et de lutte kanak » par le Front indépendantiste, qui inaugura alors ce qui devint par la suite la principale méthode de manifestation indépendantiste, consistant en des barrages routiers dressés par des hommes en armes. Quelques mois d'agitation violente, qui virent la mort de deux gendarmes dans un affrontement à Koindé, précédèrent les accords de Nainville-les-Roches, dont Jacques Lafleur se désolidarisa *in extremis*, privant davantage de portée ce texte à la valeur initiale plus symbolique que réelle[2].

Le 18 novembre 1984, jour d'élections pour les législatif et exécutif locaux, le FLNKS décida d'un « boycott actif », durant lequel l'indépendantiste Éloi Machoro brisa symboliquement une urne à coups de hache dans le bureau de vote de Canala. Le boycott fut un succès, mais n'empêcha pas Jacques Lafleur de constituer un gouvernement local. Barrages contre barrages, milices contre milices, le conflit désormais ouvert et armé entre Kanak et Caldoches, ou plus exactement entre anti- et pro-indépendantistes, ne connut bientôt plus de limites de droit.

En cette même année 1984, Éloi Machoro s'improvisa chef de guerre et occupa la ville de Thio. Envoyés en renfort pour en

---

[1] Cités par Antonio RALUY, *op.cit.*, p. 138

[2] Lionel DUROY, *Hienghène, le désespoir calédonien* ; Paris, éd. Barrault, 1988, pp. 206 et 207

libérer les habitants, les gendarmes mobiles furent héliportés par erreur au milieu des indépendantistes en armes. Les gendarmes choisirent de se laisser désarmer afin de ne pas provoquer de tuerie inutile : victoire sans coup férir de Machoro, dont certains ont pu dire qu'elle nourrit dès lors une rancœur dans les rangs des forces de l'ordre qui trouva à se satisfaire lors de sa « neutralisation » l'année suivante.

Alors qu'Edgard Pisani était nommé délégué du gouvernement en Nouvelle-Calédonie le 1er décembre 1984, jour de l'installation officielle du « gouvernement provisoire » (*shadow cabinet*) du FLNKS, les maisons de colons continuaient d'être pillées et brûlées de par le territoire, tandis que les forces de gendarmerie avaient été désarmées pour éviter d'être dépouillées de leur arsenal par les indépendantistes. La nomination de cet ancien ministre du général de Gaulle et grand commis de l'État sembla satisfaire les indépendantistes qui décidèrent de modérer leur protestation. Cependant, le 5 décembre, des broussards de la vallée de Hienghène assassinèrent dix militants du FLNKS, dont le frère de Jean-Marie Tjibaou, dans ce qui ne pouvait être considéré que comme un guet-apens. Ils furent néanmoins acquittés le 29 octobre 1987 par la Cour d'assises de Nouvelle-Calédonie (siégeant à Nouméa).

Le dialogue s'engagea malgré quelques incidents sporadiques (le 16 décembre, trois morts dans un incendie criminel à Bourail ; le 31 décembre, attentats anti-indépendantistes à Nouméa), qui aboutit au plan Fabius-Pisani consistant en une « indépendance-association » semblable à celle que la Nouvelle-Zélande avait mise en place avec les îles Cook, sans toutefois parvenir à faire taire la violence. Le 11 janvier 1985, Yves Tual, le fils d'un éleveur européen, fut tué par des Mélanésiens. Le lendemain, Éloi Machoro trouva la mort dans des circonstances qui mériteraient à elles seules d'être examinées en profondeur. Ce n'est cependant pas notre but, et nous nous contenterons de reproduire ici, en la soumettant à la réflexion du lecteur sans y prendre part nous-même, la version des faits telle que nous l'a exposée Jean-Pierre Picon, qui était à cette époque capitaine de gendarmerie et numéro deux du GIGN[1].

---

[1] Entretien téléphonique du 8 mars 2001

Le GIGN était présent en Nouvelle-Calédonie depuis décembre 1984, date à laquelle le sous-préfet de Lifou fut pris en otage, puis libéré après quelques jours de captivité, la veille de l'assaut qui avait été prévu. Suite à la prise de Thio par Éloi Machoro, le général de gendarmerie Deiber fut désigné pour maintenir l'ordre sur l'île, et conserva pour ce faire un élément du GIGN [*ie* un officier, en l'occurrence le capitaine Picon, et douze sous-officiers] prêt à intervenir pour protéger Edgard Pisani. Un soir [le 11 janvier 1985[1]], le général Deiber convoqua cet élément pour l'informer de la présence dans une ferme appelée « La Bachellerie » d'une cinquantaine d'indépendantistes kanak, qui furent rapidement cernés par le GIGN et deux escadrons de gendarmes mobiles. Le lendemain matin, et après les sommations réglementaires, les forces de l'ordre lancèrent des grenades lacrymogènes et offensives[2] afin de faire rentrer dans le bâtiment les quelques individus qui se trouvaient à l'extérieur. Au contraire, les Kanak présents à l'intérieur sortirent et gagnèrent des postes de combat. Le capitaine Picon proposa alors d'effectuer un tir de neutralisation sur trois individus : celui qui paraissait donner des ordres [Éloi Machoro, que le capitaine Picon ne connaissait pas], un Kanak qui semblait relayer les ordres du premier, et un troisième en place dans un poste de combat. Après sommation, les trois tirs devaient être simultanés. Or, l'une des trois cibles disparut au dernier instant, si bien que seuls deux tireurs firent feu. Les hommes visés bougeaient tellement que les balles atteignirent des organes vitaux au lieu de toucher normalement l'épaule : le thorax pour Machoro, la colonne vertébrale pour Marcel Nonnaro.

La mort de Machoro, officiellement qualifiée de « neutralisation », fut vécue comme un assassinat par les indépendantistes, qui y discernèrent la vengeance d'une gendarmerie ridiculisée à Thio par ce chef de guerre par trop médiatique et arrogant. Le souvenir de Machoro était encore tenace dans la grotte de Gossanah dans laquelle le capitaine Picon fut enfermé, si bien que nous étudierons par ailleurs l'importance qu'il y eut.

---

[1] À partir de cette date, v. la chronologie à l'annexe 1, pp. 283 et s.

[2] Les grenades offensives éclatent en un souffle sans dispersion, contrairement aux grenades défensives.

1986 vit l'apparition d'une situation inédite dans l'histoire institutionnelle française en général, et de la Vème République en particulier : l'exécutif était pour la première fois partagé entre deux hommes de légitimité incontestable mais de camps politiques différents. La nouvelle majorité emmenée par le Premier ministre Jacques Chirac allait modifier les orientations du plan Pisani, jusqu'à tendre à l'éradication pure et simple des indépendantistes considérés comme des terroristes qu'il fallait alors « terroriser ». Appuyé sur la majorité non kanak du corps électoral, le nouveau gouvernement de Jacques Chirac, qui avait nommé Bernard Pons au ministère des DOM-TOM, organisa un référendum d'autodétermination : objet d'un « boycott passif » par le FLNKS, il vit la large victoire des loyalistes au soir du 13 septembre 1987. Mais la reprise en mains du territoire se concrétisa surtout par un quadrillage militaire des tribus (appelé « nomadisation » dans le jargon soldatesque), officiellement justifié par la réalisation de grands travaux, et qui eut un effet double.

D'une part, la présence de soldats en armes qui faisait de la Nouvelle-Calédonie la zone militaire la plus dense de France ne pouvait manquer de passer pour une provocation aux yeux des indépendantistes, qui dénoncèrent une « algérisation du territoire »[1] et trouvèrent à agir sur la personne des gendarmes. En effet, la gendarmerie devait assurer continûment sa mission de service public, qui supposait l'accueil paisible et sans *a priori* de tous les individus de la communauté calédonienne quelle que fût leur origine, tandis que les unités de l'armée « régulière », par opposition à sa composante gendarmique « séculière », pouvaient assurer leur propre sécurité par un isolement total et une dissuasion d'autant plus convaincante qu'elle autorisait une plus grande latitude dans l'usage des armes. Si bien que la politique engagée par le gouvernement contribua également à faire des gendarmes, pourtant réarmés depuis, une cible de choix.

Le lieutenant-colonel Alain Benson, qui dirigeait la gendarmerie territoriale de Nouvelle-Calédonie pour la période qui nous préoccupe, nous rappela[2] les faits de Poindimié dont il donne une interprétation convaincante. L'année 1988 débuta dans une

[1] Antonio RALUY, *op.cit.*, p. 205

[2] Entretien téléphonique du 26 mars 2001

atmosphère « tendue mais maîtrisée »[1] du fait de la présence de troupes militaires et de renforts de gendarmerie mobile. Le ministère des DOM-TOM avait entamé les travaux de construction d'un hôpital à Poindimié. La population kanak en approuvait l'idée, mais rejetait l'emplacement choisi car se situant sur une terre coutumière. Les premières fondations furent cependant creusées sous la surveillance constante d'un peloton de gendarmes mobiles.

Le 22 février, une centaine d'indépendantistes prirent les gendarmes d'assaut, en capturèrent une dizaine qu'ils emmenèrent en brousse et volèrent leurs armes, la volonté de ne faire aucune victime ayant commandé aux gendarmes de ne pas riposter. Le lieutenant-colonel Benson, après avoir bloqué l'accès des lieux à la presse afin de ne pas offrir de tribune aux ravisseurs, obtint la libération des otages et la restitution d'une partie des armes par le jeu des ses relations et contre la promesse de laisser quarante-huit heures d'avance aux indépendantistes.

Les événements de Poindimié révélèrent la relative vulnérabilité des gendarmes, qui étaient obligés à une attitude « ferme mais compréhensive »[2] à l'égard des populations locales, à une accessibilité permanente de leurs locaux, ainsi qu'à une mission générale de renseignement dont le succès ne pouvait dépendre que de la proximité avec les citoyens. Avec le recul du temps, le lieutenant-colonel Benson voit dans ces événements la répétition générale de l'attaque de la brigade de Fayaoué qui eut lieu deux mois plus tard.

Politiquement, avril 1988 était d'une importance encore plus considérable en Nouvelle-Calédonie qu'en métropole. Au premier tour de l'élection présidentielle s'ajoutait sur le territoire le scrutin régional, ce que le FLNKS avait vivement dénoncé comme une provocation de la majorité parlementaire, et auquel son comité de lutte avait prévu de s'opposer par des actions dont la nature devait être définie par les comités locaux. Comme nous l'a indiqué Alban Bensa[3], la décentralisation dans la définition des modalités pratiques de l'exécution des décisions était de mise au FLNKS.

---

[1] L'expression est du lieutenant-colonel Benson.

[2] *Ibid.*

[3] Entretien du 9 mars 2001

D'ailleurs, toutes les dépositions recueillies par la gendarmerie à la suite de l'attaque de la brigade ne mentionnent pas ce mot d'ordre. Il semblerait toutefois que d'autres actions étaient prévues à Maré, Lifou, et visait le contrôle de l'aérodrome d'Ouloup.

Vendredi 22 avril 1988, 7h50[1] : la brigade de gendarmerie territoriale de Fayaoué, renforcée en vue du déroulement du double scrutin présidentiel et territorial de deux pelotons de gendarmerie mobile venus de métropole (l'escadron 2/5 de Villeneuve d'Ascq – Nord – commandé par l'adjudant-chef Jean Coquet et l'escadron 7/22 d'Antibes – Alpes-maritimes – composé de quatorze gendarmes[2] et commandé par l'adjudant-chef Moulié) fut prise d'assaut par un groupe d'indépendantistes kanak.

Chanel Kapoéri, animateur local de l'Union Calédonienne et vice-président de la région des îles Loyauté, était un familier de la brigade à laquelle il se rendait régulièrement pour offrir ou vendre aux gendarmes poissons et crustacés ; sa visite (que l'on pourrait presque qualifier de courtoise n'était la suite tragique des événements) ne surprit donc pas le maréchal des logis chef Jean-Paul Lacroix[3], chef de la brigade dans les locaux de laquelle se trouvaient également le gendarme territorial Dujardin, le gendarme mobile Éric Alengrini[4] et le lieutenant de gendarmerie mobile Florentin. Brusquement, Chanel et trois de ses compagnons qui l'avaient accompagné à l'intérieur brandirent des couteaux et firent prisonniers les gendarmes présents. Le chef Lacroix eut tout juste le temps de lancer par radio un bref message d'alerte à destination de Nouméa.

La rixe qui suivit projeta les belligérants à l'extérieur des locaux de la brigade, sur le seuil de laquelle le lieutenant Florentin fit feu

---

[1] 7 heures selon Gilbert PICARD, *L'affaire d'Ouvéa* ; Éditions du Rocher, 1988, p. 11

[2] Philippe LEGORJUS, *La morale et l'action* ; Paris, éd. Fixot, 1990, p. 193

[3] Edwy PLENEL et Alain ROLLAT, *Mourir à Ouvéa, le tournant calédonien* ; Paris, éd. La Découverte-Le Monde, 1988, p. 23

[4] Henri WEILL, *Opération Victor* ; Balma, Éditions universelles, 1989, p. 14 ; Philippe LEGORJUS, op. cit., p. 197. Le gendarme mobile Alengrini est-il le quatrième homme cité par l'enquête de la LDH sans le citer nommément (LIGUE DES DROITS DE L'HOMME (Antoine SANGUINETTI, Danielle HELDIN, Guy RAMIREZ, Violaine et Jean-Pierre WEBEN), *Enquête sur Ouvéa* ; Paris, Études et documentation internationales, 1989, p. 18) ?

sur l'un des assaillants, Augustin Poumely, le blessant à l'abdomen[1], et reçut en retour un coup de *tamioc*[2] au visage (« côté non tranchant » selon l'enquête de la LDH[3]). Le gendarme mobile Éric Alengrini reçut dans le visage un jet de gaz lacrymogène[4]. Sous la menace, le chef Lacroix ouvrit l'armurerie qui fut dévalisée. Dans la cour de la brigade, le gendarme territorial Edmond Dujardin fut abattu[5] tandis que le gendarme Jean Zawadzki paya de sa vie la défense de l'armurerie[6].

Après la reddition des gendarmes, lesquels furent allongés dans la cour de la brigade, les gendarmes Leroy et Moulié[7] trouvèrent la mort dans des circonstances incertaines. Selon Henri Weill[8] et Philippe Legorjus, les deux gendarmes furent abattus, désarmés, alors qu'ils tentaient de raisonner les assaillants[9]. Quant à Gilbert Picard[10] et Patrick Forestier[1], Leroy et Moulié trouvèrent la mort, armés, dans le feu de l'action.

---

1 Henri WEILL, *op.cit.*, p. 14. Selon l'auteur, « l'assaillant reçoit une balle dans la mâchoire » et non dans l'abdomen. Cette version est unique.

2 Terme mélanésien désignant une machette.

3 LDH, *op.cit.*, p. 18

4 *Ibid.* V. aussi Philippe LEGORJUS, *op. cit.*, p. 198

5 Henri WEILL, *op.cit.*, p. 15. Selon l'auteur, le gendarme Dujardin était déjà blessé à la main avant d'être touché à nouveau tandis qu'il sortait armé de son domicile et de mourir d'un hémothorax. En revanche, selon Philippe LEGORJUS, il aurait été abattu avant même d'avoir pu atteindre son domicile (*op. cit.*, p. 198) ; de même selon Gilbert PICARD (*op. cit.*, p. 12) : « Edmond Dujardin [...] se rue sur [le téléphone]. Au moment où il saisit le combiné, il a le poignet tranché par un coup de machette. [...] Comme un boulet de canon, il sort de la Brigade. [...] Un Mélanésien l'abat à bout portant. » ; de même pour Edwy PLENEL et Alain ROLLAT, *op. cit.*, p. 24

6 Patrick FORESTIER, *Les mystères d'Ouvéa* ; Paris, éd. Filipacchi, 1988, p. 33 : « Des coups de feu claquent. Zadvasky [*sic*] s'écroule, mortellement touché. Selon le témoignage de plusieurs gendarmes et de l'un de ses assaillants [...], c'est Wenceslas Lavelloi qui a abattu avec sa carabine à lunette de calibre 270 Zadvasky [*sic*] d'une balle en pleine tête. ». V. aussi Henri WEILL, *op. cit.*, p. 15 : « « Yanek » Zawadzki [...] a reçu une balle dans la tête, côté droit. Tirée par Wenceslas Lavelloi, armé d'une carabine à lunette. » Et Philippe LEGORJUS, *op. cit.*, p. 199 : « Le gendarme Jean Zawadzki [...] s'apprête à défendre l'entrée du bâtiment, lorsqu'une balle le touche en pleine tête. Wenceslas Lavelloi voit dans la lunette de visée de sa carabine le jeune gendarme s'effondrer. »

7 Celui-ci décéda le lendemain des suites de ses blessures, dans un hôpital de Sydney.

8 *Op. cit.*, pp. 15 et 16 : l'auteur attribue ces deux homicides à Hilaire Dianou.

9 *Op. cit.*, pp. 199 et 200

10 *Op. cit.*, p. 13

Confusion et désinformation[2] : deux difficultés qui obèrent l'élaboration d'un récit clair et précis des faits. Toutefois, le recoupement et la hiérarchisation des diverses sources disponibles permettent d'établir de façon probante les éléments suivants, relatifs à l'identité des victimes et aux circonstances de leurs décès ou blessures :

- **quatre gendarmes décédés lors de l'attaque de la brigade :**
  - Edmond DUJARDIN
  - Daniel LEROY
  - Georges MOULIÉ
  - Jean ZAWADZKI

- **deux gendarmes blessés :**
  - Eric ALENGRINI
  - lieutenant FLORENTIN[3]

- **trois assaillants blessés :**
  - Joanny CHAOURY
  - Aira GNIPATÉ
  - Augustin POUMELY[4]

De l'ensemble des gendarmes survivants, les ravisseurs formèrent deux groupes d'otages : onze gendarmes[5] furent emmenés vers Mouly, à une douzaine de kilomètres du sud de l'île, tandis qu'une quinzaine d'entre eux fut conduit vers la pointe

---

[1] Patrick FORESTIER, *op. cit.*, p. 34 : l'auteur attribue ces deux homicides à Alphonse Dianou.

[2] V. l'analyse pénétrante de la LDH, *op. cit.*, pp. 19 à 21

[3] Une analyse juridique fondée sur l'obligation positive de protection de la vie découlant de l'article 2 de la Convention pourrait être utilement menée au sujet des gendarmes tués ou blessés durant l'attaque, d'autant plus que certains témoins remettent en cause l'organisation même du campement des gendarmes mobiles, lequel n'aurait pas dû se trouver sur le site d'une brigade territoriale car n'ayant aucune vocation à accueillir le public. V. également général Michel FRANCESCHI, *Nouvelle-Calédonie : La démocratie massacrée* ; Paris, éd. Pygmalion, 1998, pp. 149 à 159

[4] Patrick FORESTIER, *op. cit.*, p. 41

[5] Gilbert PICARD, *op. cit.*, p. 14

nord d'Ouvéa[1] (en deux groupes) vers une grotte dont l'entrée se trouvait au fond d'un cratère corallien dissimulé par l'abondante végétation sub-tropicale de l'île[2]. Cette situation exceptionnelle avait pour conséquence de faire du repaire des ravisseurs un bastion apparemment inexpugnable car pouvant être défendu à partir de la crête du cratère au fond duquel il se trouvait. En outre, cette grotte était un endroit sacré parce qu'elle accueillait les dépouilles de guerriers valeureux, d'où elle tirait son nom de « grotte des guerriers ».

Tandis que des barrages routiers devaient ralentir la progression d'éventuels poursuivants[3] les autorités de Nouméa réagirent au message de détresse envoyé depuis la brigade attaquée : craignant que l'aérodrome d'Ouloup ne fût la cible d'une semblable manœuvre, l'état-major envoya sur place un détachement du régiment d'infanterie de marine du Pacifique (RIMAP) commandé par le lieutenant Destremau.

Ce dernier, se fondant sur des témoignages immédiatement recueillis, et appuyé par plusieurs pelotons de gendarmes mobiles[4], orienta ses recherches sur le nord de l'île et plus particulièrement le territoire des tribus de Takedji, Weneki, Gossanah, Ognat et Teouta, les trois dernières d'entre elles étant farouchement indépendantistes[5] au point que les hélicoptères militaires ne purent se poser qu'à Saint-Joseph[6]. Les soupçons se concentrèrent néanmoins sur la tribu de Gossanah. Le 26 avril, les otages retenus à Mouly furent libérés par la négociation[7], alors que, la veille, la réélection de François Mitterrand sembla acquise dès le premier tour du scrutin présidentiel tant son avance sur Jacques Chirac, par ailleurs gêné par la poussée de Jean-Marie Le Pen, était importante. Au nord de l'île, toutefois, la grotte

---

1 Patrick FORESTIER, *op. cit.*, p. 49

2 Le lieutenant-colonel Benson reconnut être passé devant l'entrée sans se douter de son existence (entretien téléphonique précité).

3 Henri WEILL, *op. cit.*, p. 19

4 *Ibid.*, p. 18

5 Gilbert PICARD, *op. cit.*, p. 17

6 *Ibid.*

7 Patrick FORESTIER, *op. cit.*, p. 113. Le lieutenant-colonel Benson usa de « menaces psychologiques » fortes pour obtenir cet élargissement (entretien précité).

demeurait introuvable malgré le quadrillage systématique du terrain « mètre par mètre, sur une ligne nord-sud qui [progressait] d'est en ouest »[1] entrepris par les forces de l'ordre. Le 26, les deux autres groupes de prisonniers se rejoignirent près de la tribu de Gossanah, avant d'être conduits au fond de la « grotte des guerriers ».

Les forces de l'ordre s'organisèrent immédiatement après l'attaque de la brigade. Dès le vendredi 22 avril, les premiers renforts de gendarmerie débarquèrent sur Ouvéa et, le même jour, le haut-commissaire Clément Bouhin prit l'une des décisions qui influencèrent le plus profondément le cours des événements, puisqu'il requit les forces armées de troisième catégorie[2] afin de rétablir l'ordre. La mainmise de l'armée s'accentua le lendemain par la nomination du Général Jacques Vidal (commandant supérieur des forces armées en Nouvelle-Calédonie) à la tête de l'opération baptisée *Victor*.

Le dimanche 24 avril, vingt gendarmes du GIGN et vingt-huit de l'EPIGN[3] commandés par le capitaine Philippe Legorjus, arrivèrent à Gossanah. Les soupçons s'étaient rapidement portés sur cette tribu du nord de l'île en raison, d'une part, de l'attitude ouvertement indépendantiste de son chef Djubelly Wea et, d'autre part, des tirs qu'avait essuyés un hélicoptère de recherche patrouillant la veille dans cette zone. Cet incident offrit au lieutenant-colonel Benson l'occasion de demander au général Vidal l'interdiction de l'île à la presse ainsi que la coupure des communications extérieures. Comme à Poindimié, l'objectif réel était de ne pas offrir de tribune publique aux indépendantistes, sous le couvert officiel de la protection des journalistes qui risquaient de faire office de cibles.

Commença alors la mission de renseignement qui fut conjointement menée par la gendarmerie territoriale, le GIGN et

---

[1] Gilbert PICARD, *op. cit.*, p. 34

[2] Les forces de première catégorie regroupent la police nationale et la gendarmerie départementale (territoriale dans les TOM) ; les forces de deuxième catégorie se composent des compagnies républicaines de sécurité (CRS) et de la gendarmerie mobile (dont dépend le GIGN) ; les forces de troisième catégorie sont constituées par des éléments de l'armée, gendarmerie non comprise.

[3] Pour une présentation des unités engagées dans l'opération *Victor*, v. annexe 4, pp. 297 et s.

les hommes du RIMAP (Régiment d'infanterie de marine du Pacifique). Au cours d'opérations de « nomadisation », le RIMAP avait recueilli quelques informations sur l'existence d'une grotte sacrée, confirmées par des Kanak de la tribu anti-indépendantiste de Weneky. Ces indices furent confortés par la découverte à l'est du village de Gossanah de trois camions qui auraient pu servir au transport des otages. Le 26 avril, le lieutenant d'infanterie Destremeau, guidé par le pisteur Antonin qui était également le porte-parole de la chefferie de Weneky, décida de s'approcher de la grotte. Accusé de traîtrise, Antonin sera battu et n'eut la vie sauve que grâce à un mauvais fonctionnement de l'arme de Wenceslas Lavelloi qui voulait l'exécuter. Le capitaine Legorjus, qui observait à distance la tentative de négociation menée par le lieutenant Destremeau, vit ce dernier capturé et enchaîné à un autre otage avant d'être conduit à l'intérieur de la grotte enfin localisée.

Le mercredi 27 avril, le capitaine Legorjus se rendit à la grotte avec le substitut du procureur Jean Bianconi qui, fort de sa connaissance du milieu indépendantiste kanak, voulut approcher seul et désarmé pour négocier, avec pour seul viatique deux bouteilles d'eau. Le chef du GIGN l'accompagna précipitamment et tous deux furent capturés sous les yeux d'une quinzaine d'hommes du GIGN dont une partie n'était pas suffisamment dissimulée pour échapper à la vigilance des Kanak placés aux postes de combat autour de la grotte. Aux exhortations d'Alphonse Dianou, le capitaine Legorjus mentit sur le nombre réel de gendarmes et n'en appela que six à la reddition.

L'appartenance des nouveaux otages au GIGN fit peser sur eux une menace permanente. En effet, les ravisseurs découvrirent dans des sacs de matériel la liste des « super gendarmes » présents sur place, sur laquelle figurait le nom du capitaine Picon qui avait commandé le tir de « neutralisation » sur Éloi Machoro. Dès lors, les preneurs d'otages n'eurent de cesse d'essayer d'identifier celui qu'ils tenaient pour l'assassin du chef charismatique indépendantiste. Conscient du prestige que lui conférait la capture de ces gendarmes d'élite, Alphonse Dianou ordonna de les enchaîner deux par deux à la place des autres gendarmes otages, qui virent leur sort s'améliorer tandis que les membres du GIGN furent tenus prisonniers dans le fond de la grotte.

Le capitaine Legorjus échappa à ce traitement en se présentant comme un négociateur envoyé par la Direction générale de la gendarmerie nationale, ce qui lui permit de quitter la grotte le soir-même pour rapporter au général Vidal l'exigence d'Alphonse Dianou selon laquelle les forces armées devaient quitter le village de Gossanah. Le jeudi 28 avril, le capitaine Legorjus retourna à la grotte tandis que les troupes se repliaient sur le village de Saint-Joseph. Apaisé par cette victoire, Alphonse Dianou consentit au principe d'une médiation. Le nom de Franck Wahuzue fut retenu : membre modéré du FLNKS, porte-parole de chef coutumier, il recueillit l'approbation de Legorjus, Bianconi et Dianou.

Le vendredi 29 avril, Bernard Pons, ministre des DOM-TOM, présent sur Ouvéa depuis le dimanche précédent, autorisa la prise de contact avec Franck Wahuzue, mais interdit au capitaine Legorjus de retourner à la grotte parce que la presse avait fait état de sa mission. Le substitut Bianconi, qui avait été également autorisé à quitter la grotte, informa les autorités de la dégradation de la situation des otages. Une opération de libération par la force fut envisagée lors d'une réunion le samedi 30 avril, à laquelle participèrent les commandants du Onzième Choc et du Commando Hubert arrivés sur Ouvéa le matin-même. Le lendemain, les médiations de Franck Wahuzue et de l'évêque de Nouméa, Mgr Calvet, échouèrent.

Face à une solution armée qui se dessinait de plus en plus précisément, le capitaine Legorjus chercha à gagner du temps et suggéra au ministre des DOM-TOM d'envoyer à la grotte une équipe de télévision. Bernard Pons hésita, puis proposa le remplacement des journalistes d'*Antenne 2* par une équipe du SIRPA (Service d'information et de Relations Publiques des armées), avant d'opposer finalement son refus. Le souci principal du capitaine Legorjus était de protéger les otages durant l'assaut. À cette fin, il proposa de leur faire parvenir des armes et la clé de leurs menottes, ce dont le substitut Bianconi se chargea, non sans courage, le mardi 3 mai.

Pour des raisons troubles sur lesquelles nous reviendrons pour tenter de les éclaircir, l'opération n'eut pas lieu le lendemain, alors que de fortes pluies auraient rendu l'approche des troupes plus silencieuses, mais le jeudi 5 mai. Après plus de sept heures de marche nocturne sur un parcours balisé par l'EPIGN, le détachement de combat composé de quatorze hommes du GIGN, trente-quatre du Onzième Choc, seize du Commando Hubert, vingt-neuf de l'EPIGN en réserve et protection, quarante-six brancardiers du RIMAP, arriva vers six heures dix aux abords de la grotte. Mal positionné, il ne put cependant pas profiter de l'effet de surprise escompté. Un hélicoptère dut se placer en vol stationnaire au-dessus de l'entrée de la grotte afin d'en signaler la position exacte. Le premier tir de l'assaut atteignit l'un des gendarmes de l'EPIGN dans l'hélicoptère.

Le combat fut plus que rude, au sein d'une végétation qui n'autorisait qu'une visibilité de l'ordre de deux à trois mètres. Les servants d'un fusil mitrailleur AA52 durent être délogés à l'aide d'un lance-flammes. Dès le début de l'assaut, deux otages qui dormaient habituellement à l'extérieur de la grotte sous une bâche, le gendarme Addari et l'adjudant-chef Coquet se protégèrent comme ils purent au ras du sol tandis qu'à l'intérieur les gendarmes du GIGN Picon et Dubois se réfugièrent dans le fond de la grotte, protégeant les autres otages de leurs armes faiblement munies. Cette première phase de l'assaut dura un quart d'heure et se solda par la mort de douze Kanak et deux membres du Onzième Choc. L'on compta également un blessé dans les rangs de l'EPIGN (celui qui se trouvait dans l'hélicoptère), deux blessés légers au Commando Hubert, et deux blessés – dont l'un grièvement – au GIGN.

Alors que le capitaine Legorjus tentait une ultime et vaine démarche de négociation auprès de Franck Wahuzue à Saint-Joseph, la situation fut évaluée de la façon suivante par le général Vidal : environ une douzaine de Kanak s'étaient réfugiés dans la grotte, dans le fond de laquelle les gendarmes du GIGN Picon et Dubois protégeaient les autres otages sans pouvoir tenir très longtemps du fait du manque de munitions. Une fois le terrain dégagé par le Onzième Choc et le Commando Hubert, le GIGN entra dans la grotte à l'aide de grenades lacrymogènes et offensives et d'armes de précision, pendant que les otages prirent la fuite par une cheminée naturelle.

Seuls trois Kanak qui opposèrent une résistance furent tués pendant cette seconde phase de l'assaut qui prit fin vers 13 heures. Les officiers de police judiciaire procédèrent aux premières constatations, pendant que le ministre des DOM-TOM et les responsables de l'opération donnèrent une conférence de presse durant laquelle, dans leur précipitation à tenir la France informée de leurs succès, ils se trompèrent sur le nombre exact des victimes.

L'admiration dont témoignèrent certains pays étrangers face à l'habileté des forces spéciales françaises fut cependant ternie dans les jours qui suivirent le dénouement de la prise d'otages et la réélection de François Mitterrand. Certaines rumeurs commencèrent à circuler dans la presse au sujet du mystère entourant les décès de quatre indépendantistes : Patrick Waïna Amossa, Alphonse Dianou, Wenceslas Lavelloi et Samuel Wamo. « Corvées de bois », « massages cardiaques à coups de *Rangers* », telles furent les expressions employées. La lumière ne fut toutefois jamais faite sur l'affaire d'Ouvéa. En effet, si l'enquête de commandement militaire ordonnée par le ministre de la Défense du nouveau gouvernement de Michel Rocard, Jean-Pierre Chevénement, fut menée à son terme, l'action publique fut éteinte par deux lois d'amnistie de 1988 et 1990, votées dans l'optique de la réconciliation entre les communautés du territoire et le nouveau statut de la Nouvelle-Calédonie adopté par un référendum national.

Plus de quinze ans après les faits, leur appréhension par le droit est donc nécessaire.

# INTRODUCTION

Penser ou, tout au moins, appréhender les événements d'Ouvéa grâce à l'outil juridique soulève d'emblée une question méthodologique. En effet, les normes applicables sont de nature et d'origine diverses. Dans un premier mouvement, la tentation d'appliquer aux faits le droit de source nationale, en l'occurrence le droit pénal antérieur à la nouvelle rédaction du code de 1994, trouve immédiatement un obstacle dans les deux lois d'amnistie des 9 novembre 1988 et 10 janvier 1990. Sur le plan technique, en outre, une telle approche ne présenterait de réel intérêt que sur la détermination du caractère terroriste de l'attaque de la brigade de Fayaoué[1]. Semblable recherche doit donc être écartée.

Plus intéressante, en revanche, est l'approche des faits sous l'angle de la Convention européenne des Droits de l'Homme, signée à Rome le 4 novembre 1950 et de pleine application en droit positif depuis sa ratification par la France le 3 mai 1974. Mais la confrontation des faits avec l'ensemble du texte conventionnel, pour riche d'enseignements qu'elle pourrait être (eu égard, par exemple, à l'article 3 de la Convention relatif à la prohibition de la torture, des traitements inhumains et dégradants[2]) sera écartée au profit d'une analyse plus spécifique.

« L'assaut de la grotte d'Ouvéa » : telle est l'expression généralement retenue pour désigner les tragiques événements du printemps 1988. Cette formulation, au demeurant réductrice, ne peut que renvoyer mentalement à un article de la Convention, l'article 2 :

> « 1. Le droit de toute personne à la vie est protégé par la loi. La mort ne peut être infligée à quiconque intentionnellement, sauf en exécution d'une sentence capitale prononcée par un tribunal au cas où le délit est puni de cette peine par la loi.

---

[1] Encore que la loi du 9 septembre 1986 n'était pas applicable dans les territoires d'outre-mer.

[2] V. *infra*, pp. 67 et 68

2. La mort n'est pas considérée comme infligée en violation de cet article dans les cas où elle résulterait d'un recours à la force rendu absolument nécessaire :

a) pour assurer la défense de toute personne contre la violence illégale ;

b) pour effectuer une arrestation régulière ou pour empêcher l'évasion d'une personne régulièrement détenue ;

c) pour réprimer, conformément à la loi, une émeute ou une insurrection. »

Au fil de leurs décisions, les juridictions européennes des Droits de l'Homme, Commission et Cour[1], ont attribué une grande valeur à ce texte. Ainsi, aux termes du paragraphe 147 de l'arrêt *McCann, Farell et Savage c. Royaume-Uni* du 5 septembre 1995[2], la Cour européenne des Droits de l'Homme précise que l'article 2 « se place parmi les articles primordiaux de la Convention [...]. Combiné à l'article 3 de la Convention, il consacre l'une des valeurs fondamentales des sociétés démocratiques qui forment le Conseil de l'Europe [...]. »

Article liminaire du premier titre de la Convention, précédant donc les autres « droits et libertés » dans l'énumération textuelle, il a parfois été présenté comme le fondement-même des autres garanties qui le suivent. Certes, sa place dans le corps du texte paraît être un indice probant. Il a été de plus avancé que le droit à la vie est la condition *sine qua non* de l'application utile de la Convention. Il est en effet difficile pour un cadavre de bénéficier d'un quelconque droit à la liberté et à la sûreté ! Pour autant, il serait sans doute abusif de se ranger à une telle conception de l'article 2.

---

[1] Le protocole n° 11 à la Convention européenne des Droits de l'Homme, adopté le 11 mai 1994 et entré en vigueur le 1er novembre 1998, établit la seule Cour comme organe juridictionnel permanent. Toutefois, les développements à venir feront parfois référence aux décisions de la Commission.

[2] Affaire n° 17/1994/464/545. Les faits étaient les suivants : trois membres de l'Armée Républicaine Irlandaise (IRA) soupçonnés d'avoir piégé une voiture avec des explosifs furent abattus à Gibraltar par des agents du *Special Air Service* (SAS) qui tentaient de les arrêter.

Cette affirmation se fonde à la fois sur les mécanismes de la Convention et sur la différence d'objet des droits garantis. En premier lieu, le droit à la vie n'est pas le droit le plus absolu qui soit, pour reprendre l'expression redondante qu'emploie le Code civil au sujet du droit de propriété, si bien qu'il ressort classiquement de la catégorie des droits dits « conditionnels », qui sont décrits par le texte de la Convention selon le même mécanisme : le premier paragraphe de l'article établit le droit ou la garantie tandis que le paragraphe suivant énumère les conditions dans lesquelles il peut lui être porté atteinte (par exemple : art.4 § 3, art.7 § 2, art.8 § 2, art.9 § 2, art.10 § 2, art.11 § 2)[1]. L'article 2 obéit à ce schéma par son second paragraphe. Au surplus, l'article 15 de la Convention, relatif aux dérogations en cas d'urgence, « n'autorise aucune dérogation à l'article 2, sauf pour les cas de décès résultant d'actes licites de guerre » (§ 2). Le caractère restrictif de cette disposition ne saurait masquer bien longtemps la relativité du droit à la vie, puisque les articles 3, 4 § 1 et 7 ne peuvent, quant à eux, être écartés au profit de l'article 15. Doublement relatif par sa rédaction propre et en vertu de l'article 15, le doit à la vie ne présente donc pas le caractère absolu de l'interdiction de la torture posée par l'article 3 de la Convention.

En second lieu, plus qu'une erreur de raisonnement juridique, élever le droit à la vie comme le plus important de la protection conventionnelle constitue une absurdité logique. Car, si l'on ne peut comparer que ce qui est comparable, il est dès lors impossible d'établir une quelconque hiérarchie des droits fondée sur leur valeur ou la valeur qu'ils protègent. Certes, une hiérarchie purement fonctionnelle telle que nous l'avons évoquée à propos des droits conditionnels et absolus demeure possible et parfois utile dans un souci de clarté doctrinale. Mais il ne reste à constater que les droits conventionnels ne diffèrent pas tant par leur fonctionnement, c'est-à-dire leur modalités pratiques d'application, que par leur objet.

Hasarder une comparaison de valeur reviendrait à ne plus considérer la Convention européenne de sauvegarde des Droits de l'Homme et des Libertés fondamentales comme un bloc

---

[1] L'article 5 présente la particularité de comporter certaines restrictions dans son premier paragraphe : a), b), c), d), e), f).

indivisible, à prétendre par conséquent que l'*Homme* peut être plus ou moins *Humain* selon les cas. Chaque droit et liberté complète les autres et permet leur exercice. Par exemple, la liberté d'expression permet de dénoncer les violations de la Convention et accroît donc la portée d'un recours en justice. L'on peut conclure de ce constat que chacune des dispositions conventionnelles est à la fois autonome[1] et inséparable des autres. D'ailleurs, les articles 13 et 14 de la Convention visent tous les droits et libertés sans distinction. Chaque disposition protectrice du texte possède son objet propre, ce dernier étant partie d'un tout non susceptible de nuance : l'*Homme*[2].

Rattaché au « noyau dur » de la Convention européenne des Droits de l'Homme par les juridictions de Strasbourg, celles-ci en ont logiquement déduit que cet article devait recevoir une interprétation particulière. Ainsi, par exemple, dans l'arrêt *McCann* précité :

> « 147. Il faut garder [...] à l'esprit que l'article 2 [...] garantit non seulement le droit à la vie mais expose les circonstances dans lesquelles infliger la mort peut se justifier ; il se place à ce titre parmi les articles primordiaux de la Convention, auquel aucune dérogation ne saurait être autorisée, en temps de paix, en vertu de l'article 15 [...]. Combiné à l'article 3 [...] de la Convention, il consacre l'une des valeurs fondamentales des sociétés démocratiques qui forment le Conseil de l'Europe [...]. Il faut donc en interpréter les dispositions de façon étroite. [...]
>
> 149. À cet égard, l'emploi des termes « absolument indispensable » figurant à l'article 2 par. 2 [...] indique qu'il faut appliquer un critère de nécessité plus strict et impérieux que celui normalement employé pour déterminer si l'intervention de l'État est « nécessaire dans une société démocratique » au titre du paragraphe 2 des articles 8 à 11 [...] de la Convention. La force utilisée doit en particulier être strictement proportionnée

---

1 À l'exception des articles 13 et 14 établissant des droits dits « indirects »

2 Sur cette question, v. l'article de Claude KATZ, « Pour la proclamation par la communauté internationale d'un noyau intangible des Droits de l'Homme » ; *RTDH*, 1er octobre 1996, pp. 541 à 553

aux buts mentionnés au paragraphe 2 a), b) et c) de l'article 2 [...]. »

En outre, et en conséquence du principe de stricte interprétation posé, la Cour européenne des Droits de l'Homme entend exercer son contrôle sur le champ le plus large possible des faits soumis à son examen :

> « 150. Reconnaissant l'importance de cette disposition (art. 2) dans une société démocratique, la Cour doit se former une opinion en examinant de façon extrêmement attentive les cas où l'on inflige la mort, notamment lorsque l'on fait un usage délibéré de la force meurtrière, et prendre en considération les actes des agents de l'État ayant eu recours à la force mais également l'ensemble des circonstances de l'affaire, notamment la préparation et le contrôle des actes en question. »[1]

La jurisprudence ne varia pas sur ce point : ce principe fut repris dès le deuxième arrêt rendu au sujet de l'article 2 de la Convention, *Andronicou et Constantinou c. Chypre* du 9 octobre 1997[2] au paragraphe 171 (avec un renvoi explicite au paragraphe 150 de l'arrêt *McCann*). Mais la Cour ne borna pas là son appréciation.

En effet, elle déduisit du texte de l'article 2, éclairé par l'article premier de la Convention, deux obligations positives à la charge des États signataires, c'est-à-dire un devoir d'action. D'une part, et ce dès l'arrêt *McCann*, fut posé le principe selon lequel la protection de la vie ne pouvait se limiter à l'édiction de normes prohibant l'homicide, mais s'exprimait aussi dans le contrôle *a posteriori* des circonstances dans lesquelles il fut porté atteinte à ce droit :

> « 161. Comme la Commission, la Cour se borne à constater qu'une loi interdisant de manière générale aux

---

[1] Arrêt *McCann* précité

[2] Affaire n° 86/1996/705/897. Les faits étaient les suivants : Un homme retenait sa fiancée en otage dans son appartement et tenait des propos si équivoques que les forces de l'ordre craignirent pour la vie de la jeune femme et décidèrent de donner l'assaut par l'intermédiaire du MMAD (*Mihanokiniti Monada Amesis Drasis*), section spéciale des forces d'intervention de la police ; le ravisseur et l'otage périrent tous deux dans l'opération.

> agents de l'État de procéder à des homicides arbitraires serait en pratique inefficace s'il n'existait pas de procédure permettant de contrôler la légalité du recours à la force meurtrière par les autorités de l'État. L'obligation de protéger le droit à la vie qu'impose cette disposition [...], combinée avec le devoir général incombant à l'État en vertu de l'article 1 de la Convention [...] de « reconna[ître] à toute personne relevant de [sa] juridiction les droits et libertés définis [dans] la [...] Convention », implique et exige de mener une forme d'enquête efficace lorsque le recours à la force, notamment par des agents de l'État, a entraîné mort d'homme. »

En d'autres termes, la Cour européenne des Droits de l'Homme imposa aux États une obligation positive d'enquête relativement aux situations dans lesquelles il fut fait usage de la force. Mais les juges allèrent plus loin en déduisant de l'article 2 de la Convention une autre obligation positive tendant à prévenir toute atteinte au droit à la vie, et qui fut exprimée pour la première fois par la Cour dans l'arrêt *L.C.B. c. Royaume-Uni* du 9 juin 1998[1] :

> « 36. [...] À cet égard, la Cour estime que la première phrase de l'article 2 § 1 astreint l'État non seulement à s'abstenir de provoquer la mort de manière volontaire et irrégulière, mais aussi à prendre les mesures nécessaires à la protection de la vie des personnes relevant de sa juridiction [...]. »

En définitive, les éléments suivants peuvent être dégagés du fond de l'analyse menée par la Cour : une interprétation plus stricte qu'à l'accoutumée, notamment sur l'absolue nécessité et la proportionnalité du recours à la force, du déroulement de l'opération en cause ; l'extension de l'appréciation de la Cour à la préparation et au contrôle de l'opération ; les obligations positives pour l'État de protéger le droit à la vie par des mesures

---

[1] Affaire n° 14/1997/798/1001. Les faits étaient les suivants : la requérante se plaignait de ce que certains essais d'armes nucléaires menés par le Royaume-Uni aient irradié son père et déclenché chez elle une leucémie, alors que l'État aurait dû informer et conseiller ses parents sur les rayonnements subis.

préventives et la réalisation d'enquêtes postérieures aux opérations ayant impliqué un recours à la force.

Quant à la forme du raisonnement, le commentateur serait bien en peine de dégager une réelle unité dans la méthode employée par la Cour européenne des Droits de l'Homme, laquelle a sensiblement modifié les étapes de son raisonnement et, par conséquent, la présentation formelle de ses arrêts. En effet, l'architecture des deux décisions de référence concernant l'article 2 paragraphe 2 de la Convention, à savoir *McCann, Farell, Savage c. Royaume-Uni* et *Andronicou et Constatinou c. Chypre* n'est pas similaire. Ainsi, quant à l'arrêt *McCann* (§ 145 et suivants) le plan choisi est le suivant :

- A. Interprétation de l'article 2
    1. Approche générale
    2. Sur l'obligation de protéger la vie énoncée à l'article 2 paragraphe 1
        - a) Compatibilité du droit et de la pratique internes avec les exigences de l'article 2
        - b) Sur le caractère adéquat de l'enquête judiciaire comme mécanisme d'investigation
- B. Sur l'application de l'article 2 aux circonstances de l'espèce
    1. Méthode générale d'évaluation des témoignages
    2. Allégation des requérants selon laquelle les homicides étaient prémédités
    3. Préparation et conduite de l'opération
        - a) Arguments des comparants
            - 1) Les requérants
            - 2) Le Gouvernement
            - 3) La Commission
        - b) L'appréciation de la Cour
            - 1) Considérations liminaires
            - 2) Action des militaires
            - 3) Organisation et contrôle de l'opération

L'arrêt *Andronicou et Constantinou c. Chypre* offre une présentation différente (§ 167 et suivants) :

A. L'approche de la Cour
   *Principes généraux*
   *L'établissement des faits*
   1. Préparation et contrôle de l'opération de sauvetage
      a) Arguments des comparants
         i. Les requérants
         ii. Le Gouvernement
         iii. La Commission
      b) L'appréciation par la Cour de l'opération de sauvetage
   2. L'usage de la force : l'action des agents n$^{os}$ 2 et 4
      a) Arguments des comparants
         i. Les requérants
         ii. Le Gouvernement
         iii. La Commission
      b) L'appréciation par la Cour de l'usage de la force
B. Conclusion générale de la Cour

Ces deux plans présentent des traits communs. D'une part, la Cour semble attacher de l'importance aux considérations générales qu'elle émet au sujet de l'article 2 sous la forme de paragraphes théoriques (§ 146 à 150 pour l'arrêt *McCann* ; § 171 et 172 pour l'arrêt *Andronicou*). D'autre part, appliquant en cela à la lettre le principe du contradictoire, la Cour met en évidence la confrontation des thèses en présence relatives aux diverses questions soulevées. La jurisprudence postérieure, si elle abandonne formellement l'approche théorique de l'article 2, reprend systématiquement la présentation contradictoire des positions des comparants.

Ce constat appelle deux remarques. En premier lieu, les développements à venir constituent une fiction, en ce qu'ils tendront à présenter le raisonnement et les conclusions qui auraient pu être ceux de la Cour européenne des Droits de l'Homme si elle avait été saisie de l'ensemble des événements d'Ouvéa ; il ne sera jamais question d'exposer l'intime conviction de l'auteur. Ainsi, loin de limiter notre analyse aux aspects déjà soulevés par la jurisprudence, savoir le décès des ravisseurs et des otages, notre méthode consistera à recenser tous les requérants possibles, y compris les membres des forces de l'ordre puisque, en dépit de l'absence de contentieux sur ce point, aucun obstacle juridique ne permettrait de l'écarter.

Or, un seul auteur ne saurait se substituer à un collège de juges, lesquels furent parfois divisés sur les réponses juridiques à apporter. C'est pourquoi il ne sera pas possible d'aboutir à une solution précise et raisonnablement probable sur certains points ; tout au plus nous bornerons nous alors à poser les alternatives et à présenter les éléments pertinents de la réflexion.

S'il s'agit bien d'une fiction, celle-ci est cependant, et selon la formule consacrée, « basée sur des faits réels », lesquels peuvent sensiblement différer selon les sources disponibles. C'est la raison pour laquelle nous nous sommes efforcés de rassembler des informations de première main, c'est-à-dire les témoignages des principaux protagonistes de l'affaire d'Ouvéa[1]. Comme il n'aurait pas été possible de reproduire intégralement le contenu des entretiens, et afin de permettre autant que faire se peut la critique de notre réflexion par les sources disponibles, nous n'utiliserons les informations directement recueillies que lorsqu'elles permettront de combler une lacune des sources publiques ou d'apporter des éléments inédits[2]. Il ne nous a malheureusement pas été possible de joindre ou de rencontrer, bref de donner la parole aux acteurs indépendantistes ou Kanak. Nous le regrettons profondément : qu'ils sachent que leurs récits ou leurs remarques seront accueillis avec grand intérêt. Les développements à venir ressembleront parfois à une instruction exclusivement à charge. Tel n'était pas notre but, bien au contraire. Mais force est de constater qu'en matière de recours à la force, les juridictions de Strasbourg fondent souvent leurs décisions sur les éléments de fait tels qu'ils avaient pu être perçus par les autorités au moment des faits. La lacune que nous déplorons dans notre recherche ne devrait donc pas influencer le raisonnement juridique.

---

[1] V. l'indication des personnes rencontrées, *infra*, p. 304

[2] Ainsi, par exemple, nous citerons davantage le livre du capitaine Legorjus que son témoignage.

Disons-le dès à présent : le temps a fait son œuvre… Et chacun eut le loisir de forger « sa » vérité sur ce qu'il vécut. Bref, le principe sera davantage la divergence des sources et leur confirmation mutuelle, l'exception. Pour pallier cet inconvénient majeur et conformément à la méthode d'approche des faits développée par la Cour européenne des Droits de l'Homme en liaison avec le principe du contradictoire, nous présenterons aussi longuement que nécessaire les récits en présence afin, soit d'en exclure certains au profit d'autres, soit de poser les éléments de l'alternative.

Ces principes de méthode étant posés, il convient de revenir au fond de l'analyse et de constater, par anticipation, que les événements d'Ouvéa permettent de balayer entièrement le champ d'application de l'article 2, paragraphe 2, de la Convention européenne des Droits de l'Homme, puisque tous les éléments de l'analyse fondamentale que nous avons précédemment dégagés y trouvent à s'appliquer. Pour autant, notre plan sera justifié par la chronologie de la crise, laquelle débuta par l'attaque de la brigade de gendarmerie territoriale de Fayaoué et la double prise en otages de gendarmes, mobiles et du GIGN. Aux yeux des autorités, les menaces qui planèrent sur la vie de ces derniers rendirent une opération de force absolument nécessaire (chapitre 1). Celle-ci fut préparée et contrôlée (chapitre 2) avant son exécution (chapitre 3). Enfin, des informations troublantes sur les circonstances de la libération des otages et des faits qui suivirent justifièrent l'exercice de contrôles postérieurs à l'opération *Victor* (chapitre 4).

## CHAPITRE 1

# L'ABSOLUE NÉCESSITÉ DE L'OPÉRATION *VICTOR*

Le raisonnement mis en œuvre par la Cour européenne des Droits de l'Homme surprend sur un point particulier de méthode. En effet, l'article 2 de la Convention est rédigé comme suit :

> « 1. Le droit de toute personne à la vie est protégé par la loi. La mort ne peut être infligée à quiconque intentionnellement, sauf en exécution d'une sentence capitale prononcée par un tribunal au cas où le délit est puni de cette peine par la loi.
>
> 2. La mort n'est pas considérée comme infligée en violation de cet article dans les cas où elle résulterait d'un recours à la force rendu absolument nécessaire :
>
> a) pour assurer la défense de toute personne contre la violence illégale ;
>
> b) pour effectuer une arrestation régulière ou pour empêcher l'évasion d'une personne régulièrement détenue ;
>
> c) pour réprimer, conformément à la loi, une émeute ou une insurrection. »

Il serait donc logique que la Cour entame son examen des faits par la caractérisation de la finalité du recours à la force eu égard aux trois situations prévues par l'article ; autrement dit, répondre successivement à ces deux questions : pourquoi et comment le recours à la force a-t-il été exercé ?

Or, dans le meilleur des cas, la première de ces deux étapes n'est envisagée par la Cour que succinctement. Ainsi, dans l'arrêt *McCann, Farell et Savage c. Royaume-Uni*[1], les juges ne mentionnent

[1] Références précitées

l'existence d'une violence illégale que dans l'avant-dernier paragraphe relatif à l'examen des arguments fondés sur la violation de l'article 2 (§ 213), se bornant à constater en conclusion de l'arrêt une violation de ce texte dans son ensemble. Dans l'arrêt *Andronicou et Constantinou c. Chypre*[1], la Cour se montre plus précise, mais ses conclusions sont, sur ce point, éparpillées au gré du texte :

> « 183. [...] cet élément devait être pris en compte si, en fin d'analyse, il apparaissait que la force devrait être utilisée pour libérer Elsie Constantinou. [...] »

> « 184. [...] il fallait tenter de pénétrer dans l'appartement, désarmer et arrêter Lefteris Andronicou pour libérer Elsie Constantinou. »

> « 192. La cour reconnaît cependant [...] que les agents [...] croyaient de bonne foi dans ces conditions qu'il était nécessaire de tuer Lefteris Andronicou pour sauver Elsie Constantinou et leur propre vie [...]. »

Du moins les juges se montrent-ils plus précis dans leur conclusion :

> « 194. [...] l'homicide du couple a été la conséquence de l'usage d'une force qui ne dépassait pas celle qui était absolument nécessaire pour défendre des personnes contre la violence illégale au sens de l'article 2 § 2 a) de la Convention et pour effectuer une arrestation régulière au sens de l'article 2 § 2 b). »

Rompant là avec la méthode classique de la Cour européenne des Droits de l'Homme, nous confronterons les événements d'Ouvéa avec chacune des situations énumérées au paragraphe 2 de l'article 2 de la Convention afin de déterminer si l'opération *Victor* pouvait être menée pour assurer la défense des otages contre la violence illégale (section 1), effectuer l'arrestation régulière des ravisseurs (section 2) ou réprimer, conformément à

[1] Références précitées

la loi, l'émeute ou l'insurrection induite par l'attaque de la brigade de Fayaoué et la prise d'otages (section 3).

## Section 1
## La défense des otages contre la violence illégale

Deux critères sont posés par l'article 2, paragraphe 2 de la Convention européenne des Droits de l'Homme pour apprécier la légalité[1] d'un recours à la force en vue de la présente finalité. L'existence d'une violence illégale est une condition indispensable (I) mais ne saurait à elle seule justifier une action de force, puisque celle-ci doit avoir été rendue absolument nécessaire[2]. En l'espèce, l'échec des négociations constitue l'élément de fait à analyser[3] (II).

### I) L'existence d'une violence illégale

Seront successivement abordés les éléments de fait (A) et leur appréciation juridique au regard de la Convention européenne des Droits de l'Homme et la jurisprudence de la Cour (B).

#### A) En fait

Une question mérite d'être soulevée de prime abord : la séquestration proprement dite constitue-t-elle une violence illégale au sens de la Convention ? Une interrogation subséquente apparaît aussitôt : sur quoi fonder l'illégalité de la violence (sur le droit de source nationale ou la Convention) ? L'un des chefs des poursuites pénales engagées par la France contre les

---

[1] « La conventionnalité »

[2] Il s'agit du critère de « subsidiarité », selon Jean PRADEL et Geert CORSTENS, *Droit pénal européen* ; Paris, éd. Dalloz, coll. Précis, droit privé, 1999, p. 300

[3] Conformément à l'analyse menée par la Cour européenne des Droits de l'Homme dans l'affaire *Andronicou* précitée

indépendantistes consistait en la séquestration illégale, ce qui répond à la question sur le plan interne ; au regard de la Convention, les paragraphes 183 et 184 de l'arrêt *Andronicou* montrent que la Cour put retenir la seule séquestration comme constituant une violence illégale, puisque la libération de l'otage constituait l'une des finalités du recours à la force.

Pour autant, notre examen portera sur la violence physique subie par les otages retenus dans la « grotte des guerriers », laquelle s'exprima sur deux registres : premièrement, de façon directe (1), secondement, par l'établissement d'un climat de violence dans la grotte (2).

### 1) La violence directe

La question fut l'objet de vives controverses, tenant aux difficultés d'analyser objectivement une situation qui laissait une large part à l'intuition ou à la subjectivité. C'est pourquoi nous exposerons deux types d'arguments, les premiers en faveur de l'existence d'une violence illégale (a), les seconds tendant à la conclusion opposée (b).

#### a) arguments *pro*

Pendant la première partie de la détention, seuls les gendarmes mobiles et territoriaux capturés lors de l'attaque de la brigade de Fayaoué étaient retenus en otages, enchaînés deux à deux dans le fond de la grotte[1]. Leurs conditions de vie étaient pénibles en raison de la demi-obscurité dans laquelle ils baignaient et du manque d'alimentation. En outre, l'hygiène quotidienne des hommes n'était guère assurée de façon convenable du fait de l'absence d'eau.

Les risques qui planaient sur la vie de ces otages ne peuvent être nettement décrits. Des témoignages firent état de diverses situations[2], si bien que l'on ne peut affirmer avec certitude que les gendarmes mobiles couraient un risque certain. Ces nuances se

---

[1] V. annexe 2, pp. 289 et s.

[2] V. *infra*, pp. 70 et s.

perçoivent aisément dans le récit de l'adjudant-chef Jean Coquet, en dépit de sa conclusion :

> « Les Canaques en voulaient surtout au gouvernement, pas aux gendarmes. La violence a débuté avec l'arrivée d'Alphonse Dianou. [...] Les gendarmes mobiles étaient en danger de mort. »[1]

En tout cas, à partir du mercredi 27 avril, la violence des ravisseurs se cristallisa sur les gendarmes du GIGN (α), particulièrement Jean-Guy Pichegru et le capitaine Jean-Pierre Picon (β).

### α) la violence générale à l'encontre des gendarmes du GIGN

Le mercredi 27 avril constitua, sans aucun doute, le tournant décisif des événements. Au matin de ce jour, lors de la première réunion de travail au haut-commissariat, le substitut du procureur de la République de Nouméa, Jean Bianconi[2], se proposa comme négociateur, fort de sa connaissance du contexte indépendantiste. Il fut également décidé qu'un détachement du GIGN l'accompagnerait afin d'assurer sa sécurité. Après un lent et prudent parcours jusqu'aux abords de la grotte, le contact fut établi oralement entre les ravisseurs, en la personne d'Alphonse Dianou, et le substitut Bianconi.

Le capitaine Legorjus et le substitut Bianconi allèrent seuls vers Dianou pour entamer les pourparlers. Dans un élan de bonne volonté, Jean Bianconi prit deux bouteilles d'eau et commença à s'avancer seul vers les ravisseurs en armes. Le capitaine Legorjus tenta de l'en dissuader, en vain ; ne voulant pas l'abandonner, il se défit de ses armes et le rejoignit dans le piège[3]. Sous la menace, Legorjus indiqua à Dianou que six hommes l'accompagnaient (ils étaient en réalité plus nombreux) qui furent

---

[1] Entretien précité

[2] V. *infra*, pp. 143 et s.

[3] Patrick FORESTIER, *op. cit.*, pp. 144 à 150 ; Philippe LEGORJUS, *op. cit.*, pp. 220 et 221 ; Gilbert PICARD, *op. cit.*, p. 43 ; Edwy PLENEL et Alain ROLLAT, *op. cit.*, p. 130 ; Henri WEILL, *op. cit.*, p. 46

sommés de se rendre[1]. Parmi eux se trouvaient Jean-Pierre Picon et Jean-Guy Pichegru, qui allaient tôt cristalliser la violence des ravisseurs.

Les gendarmes du GIGN qui s'étaient volontairement livrés à la demande du capitaine Legorjus (lequel allait entamer une négociation avec les ravisseurs par l'intermédiaire d'Alphonse Dianou) prirent la place des gendarmes mobiles et territoriaux, lesquels furent autorisés à regagner l'air libre et virent leurs conditions de détention sensiblement améliorées. De là naquirent probablement les expressions « gendarmes du haut » et « gendarmes du bas » que l'un de nos interlocuteurs a judicieusement employées[2]. L'attention des ravisseurs se porta dès lors sur les nouveaux otages par une hostilité et une agressivité explicites, qui se manifestèrent tout d'abord par un traitement aussi pénible que celui subi par les premiers otages :

> « Les gendarmes mobiles dorment sur la terrasse à l'extérieur. Quant aux membres du G.I.G.N., ils dorment sur le premier palier de la grotte, avec le lieutenant Destremeau. Les ravisseurs sont fiers de les avoir capturés mais ils en ont peur. Une différence de traitement va s'établir entre les mobiles et le G.I.G.N. Les premiers pourront « naviguer » devant la grotte. les autres seront confinés en bas, dans la pénombre humide où ils manquent de couvertures. »[3]

> « Les six membres du G.I.G.N. avaient droit à un régime encore plus spécial que les autres. On les avait enchaînés. On les empêchait de bouger, quels que soient leurs besoins, même les plus naturels… »[4]

Selon le substitut Jean Bianconi, la capture de membres du GIGN conféra à Alphonse Dianou un grand prestige à ses propres yeux, ce qui le poussa à adopter envers ses nouveaux

---

[1] Philippe LEGORJUS, *op. cit.*, pp. 223 et 224

[2] V. aussi l'article de Frédéric BOBIN, « Les indépendantistes d'Ouvéa menaçaient surtout les membres du GIGN » ; *Le Monde*, dimanche 8-lundi 9 mai 1988, p. 9

[3] Patrick FORESTIER, *op. cit.*, pp. 163 et 164

[4] Gilbert PICARD, *op. cit.*, pp. 48 et 49

prisonniers une attitude de provocation et de défi permanents[1]. En outre, le souvenir de l'implication du GIGN dans la mort d'Éloi Machoro[2] refit rapidement surface :

> « À partir de ce jour, toute la haine accumulée sur les militaires se reporte sur les G.I.G.N., même si les ravisseurs ne sont pas tout à fait sûrs d'avoir capturé des gendarmes. [...] Hilaire fait une véritable fixation sur les membres du G.I.G.N., responsables à ses yeux et aux yeux de tous, de la mort d'Éloi Machoro. [...] Dès lors, les gens du G.I.G.N. seront considérés comme des tortionnaires par les ravisseurs. »[3]

Cette haine s'exprima par une violence à la fois physique et verbale :

> « Hilaire Dianou leur donne des coups de pied, leur crache à la figure, les insulte. »[4]

Cette agressivité fut encore plus marquée à l'égard de deux gendarmes du GIGN : Jean-Guy Pichegru et Jean-Pierre Picon.

### β) la violence particulière à l'encontre de Jean-Guy Pichegru et Jean-Pierre Picon

Dès sa capture, Jean-Guy Pichegru fut désigné par l'un des ravisseurs comme ayant participé à des méfaits dans le village de Gossanah à l'encontre de vieillards pendant la phase de renseignement qui avait précédé la découverte de la grotte[5].

---

[1] Entretien téléphonique du 28 mars 2001

[2] V. *supra*, pp. 35 et s.

[3] Patrick FORESTIER, *op. cit.*, pp. 214 et 215

[4] Henri WEILL, *op. cit.*, p. 48

[5] Cet aspect de l'affaire d'Ouvéa mériterait à lui-seul un examen sous l'angle de l'article 3 de la Convention européenne des Droits de l'Homme tant les faits sont controversés et, pourtant, étonnamment précis et souvent concordants. V., par exemple, Edwy PLENEL et Alain ROLLAT, *op. cit.*, pp. 91 à 117, ou la LDH, *op. cit.*, pp. 28 à 30. Sur les interrogatoires précédant la découverte de la grotte, v. le récit de l'un des membres du GIGN, Michel BERNARD, *GIGN Le temps d'un*

Même s'il semble qu'il ne fut plus inquiété par la suite, en tout cas pas davantage que les autres hommes du GIGN – le capitaine Picon mis à part – il fut immédiatement l'objet de menaces[1] :

> « Après Picon, un autre va vivre quelques secondes folles. Au moment où il sort de la grotte, en compagnie de son « double » – ils sont toujours menottés – un jeune de Gossanah qui apporte le repas, croit reconnaître le gendarme qui a bousculé son oncle. Hilaire Dianou s'approche. Il pointe le canon de son fusil sur sa gorge. Bianconi intervient aussitôt mettant sa main devant le fusil. »[2]

Le cas du capitaine Jean-Pierre Picon est sans doute plus épineux. En effet, l'on se souvient qu'il commandait l'opération au cours de laquelle Éloi Machoro trouva la mort. Seules trois années séparaient cet événement que les indépendantistes n'hésitaient pas à qualifier d'assassinat, arguant d'un hypothétique désir de vengeance d'une gendarmerie humiliée par la conquête sans coup férir du village de Thio[3], de l'affaire d'Ouvéa. Et le souvenir de ce chef de guerre charismatique était encore vif puisque son portrait (casquette militaire, lunettes noires et moustache avantageuse) ornait murs, abris de bus ou t-shirt de par les villes et villages du territoire. Les ravisseurs n'avaient pas davantage oublié le nom de celui qui avait été présenté comme l'assassin de Machoro. Or, la capture de membres du GIGN comportait un butin : les sacs

---

*secret* ; Paris, éd. Bibliophane-Daniel Radford, 2003, pp. 211 à 214 : « Nous passons aux interrogatoires. [...]. Je secoue mon bonhomme [...]. [...] Je le secoue une nouvelle fois par le bras. [...] Je le gifle. [...] Je ne prends aucun plaisir à ce que je suis en train de faire [...]. [...] Peu à peu, toutes les bonnes excuses que je m'invente tombent sous l'assaut de questions qui troublent ma conscience. [...] Cette expérience unique changera ma conception de la justice. [...] Comment ai-je pu, sur simple dénonciation, bousculer, frapper un témoin ? Même si je me suis trouvé de multiples circonstances atténuantes – fausse conviction, absence d'information fiable, besoin d'aller vite – répondre à cette question me fait encore peur. »

[1] Philippe LEGORJUS, *op. cit.*, p. 234. Selon le substitut Jean Bianconi, Pichegru fut mis en joue (entretien téléphonique précité), de même selon l'adjudant-chef Coquet (entretien précité), tandis que pour le capitaine Picon, son collègue reçut un coup de crosse de fusil dans l'abdomen (entretien téléphonique du 8 mars 2001).

[2] Henri WEILL, *op. cit.*, p. 68 ; v. aussi Patrick FORESTIER, *op. cit.*, p. 214

[3] V. *supra*, pp. 34 et 35

personnels des gendarmes, dont l'un contenait une liste de noms sur laquelle figurait Picon. Aux dires de ce dernier, les ravisseurs « se doutaient fortement » de sa présence dans la grotte[1] mais ignoraient de qui il s'agissait, si bien que la question « Qui est Picon ? » devint récurrente, accompagnée de menaces et de simulacres d'exécution :

> « Hilaire Dianou se livrait régulièrement à des manœuvres d'intimidation. Il appréciait particulièrement les simulacres d'exécution. Prenant au hasard un gendarme du G.I.G.N., il le faisait mettre à genoux et, le revolver braqué sur lui, il prévenait :
> « Si dans une minute tu ne me dis pas qui est ce salopard de Picon, je te descends. »
> Puis il comptait... [...]
> Avec un sourire narquois, il rangeait son arme à la fin du compte à rebours en disant :
> « Je vous laisse encore un peu de temps pour la réflexion. [...] » »[2]

Ou encore :

> « Celui qui a tué Éloi Machoro terminera comme ce cochon [grillé à la broche]. Votre capitaine sert d'intermédiaire. Peut-être que les négociations aboutiront. Mais pour vous, inutile de vous réjouir. Vous ne sortirez pas vivants de la grotte. Vous crèverez tous les six ici. Et le lieutenant Destremeaux [*sic*] également. Vous voilà prévenus ! »[3]

Enfin :

> « Souvent A. Dianou demande à Bianconi de lui désigner Picon qu'ils pensent détenir. Hilaire, lui, fait une véritable fixation sur ces hommes. Il leur reproche d'être

---

[1] Pour le substitut Jean Bianconi, il ne faisait aucun doute que les ravisseurs savaient que le capitaine Picon se trouvait dans la grotte (entretien téléphonique précité) ; de même pour l'adjudant-chef Coquet : « Pour Picon, c'était la mort assurée s'ils l'avaient trouvé. » (entretien précité)

[2] Gilbert PICARD, *op. cit.*, p. 48

[3] Gilbert PICARD, *op. cit.*, p. 50

responsables de la mort d'Éloi Machoro. Il les menacera tous souvent de mort et les bousculera à plusieurs reprises. Pour cette raison, certains d'entre eux décident de ne plus sortir. »[1]

À ce stade de la description des faits, plusieurs éléments de certitude variable ont donc été dégagés : les gendarmes du GIGN vécurent péniblement leur détention, tandis qu'il n'est pas possible de déterminer si leurs collègues « mobiles » continuèrent de subir les mêmes menaces ; en tout cas, le capitaine Jean-Pierre Picon fut activement recherché par les ravisseurs. Il convient cependant d'apporter des nuances utiles à la bonne compréhension des faits.

### b) arguments *contra*

La situation des otages était fort complexe ; rien d'étonnant, par conséquent, à ce que le climat à l'intérieur de la grotte ait reçu diverses appréciations. Cette controverse est susceptible de plusieurs explications, dont le caractère composite des captifs (gendarmes mobiles et GIGN). La *Ligue des Droits de l'Homme*, sans toutefois prendre position entre les deux versions qu'elle rapporte, avance :

> « - pour les otages, et plus particulièrement pour les six hommes du GIGN, il est certain que certaines scènes violentes d'A. Dianou, et ses menaces verbales appuyées à l'occasion par des mimiques de son frère Hilaire, ont pu à plusieurs reprises leur faire craindre le pire. [...]
>
> - pour [les habitants de Gossanah] le climat de la grotte était, la plupart du temps, détendu et presque amical : parties de cartes, liberté relative de mouvements, petits soins (meilleurs morceaux pour les otages, servis les premiers), emploi des prénoms, libération du gendarme malade, souci du moral du « vieux » qui ne pourra fêter l'anniversaire de sa fille. Ce ne sont pas les prémices d'un massacre. »[2]

---

[1] Henri WEILL, *op. cit.*, p. 68 ; v. aussi Patrick FORESTIER, *op. cit.*, pp. 214 et 215

[2] LDH, *op. cit.*, pp. 30 et 31

La juxtaposition de ces deux visions manque probablement de finesse. En effet, il faut rappeler que les différences de traitement entre les gendarmes « du haut » (mobiles et territoriaux pris en otages lors de l'attaque de la brigade) et ceux « du bas » (GIGN) étaient patentes, si bien que ces deux appréciations de l'ambiance à l'intérieur de la grotte sont bel et bien compatibles.

D'autre part, la libération d'un otage malade, le gendarme Éric Vasseur, de Villeneuve d'Ascq, le mercredi 27 avril[1], montrerait la volonté des ravisseurs de préserver la vie de leurs prisonniers. Une telle attitude aurait été logique au regard du principe selon lequel l'on est d'autant plus pris au sérieux que l'on dispose de vies humaines. Or, selon l'adjudant-chef Jean Coquet, un autre otage malade, surnommé « Miam-miam » n'a pas été élargi par les indépendantistes et reçut même des menaces de mort[2]. Le comportement des ravisseurs était donc contrasté, sans doute en raison de leur grand nombre et de leur motivations différentes.

Enfin, la situation du capitaine Jean-Pierre Picon fut diversement interprétée. Face aux menaces que sa présence dans la grotte fit peser, non seulement sur sa propre vie pour les raisons exposées précédemment, mais également sur la vie de ses compagnons, l'officier décida de garder le silence tant qu'aucune violence physique sérieuse n'aurait été exercée à l'encontre des autres otages[3]. Dès lors, l'on pourrait objecter que pendant tout le temps de la détention, les ravisseurs auraient pu à loisir exercer des menaces autrement efficaces à l'encontre des gendarmes du GIGN afin de découvrir qui était Picon. Or, ce dernier n'eût pas à se dénoncer comme il avait prévu de le faire si le risque mortel auquel étaient exposés ses compagnons d'armes et d'infortune était devenu par trop important.

En outre, la *Ligue des Droits de l'Homme* souleva dans le rapport de sa Commission le problème de la capture même du capitaine Picon, arguant, à raison, que celle-ci détermina la suite des événements. Pour cette association, le fait que l'officier du GIGN

---

[1] Edwy PLENEL et Alain ROLLAT, *op. cit.*, p. 32 ; Henri WEILL, *op. cit.*, p. 48
[2] Entretien précité
[3] Entretien téléphonique précité

se fût constitué prisonnier en même temps que son supérieur constitue une faute :

> « La Commission n'aurait pas soulevé ce problème professionnel, qui peut paraître hors de son propos, si cette faute grave de manœuvre – étant donné l'animosité canaque à l'égard du GIGN et plus particulièrement du capitaine Picon depuis l'exécution d'Éloi Machoro sous ses ordres directs – n'avait pas augmenté considérablement la tension dans la grotte et la nervosité des ravisseurs (rapidement soupçonneux de l'identité de leur nouvel otage), et peut-être influé, de façon négative, sur la suite des événements. »[1]

L'exposé de ces quelques arguments montre combien il serait difficile d'aboutir à une description exacte et fidèle des faits de violence. En effet, ceux-ci sont susceptibles de recevoir plusieurs interprétations, de même que le climat qui régnait à l'intérieur de la grotte.

## 2) Le climat de violence

Deux arguments seront avancés : le premier tient à la violence dont firent preuve les ravisseurs à l'égard d'autres personnes que leurs otages (a) tandis que le second se fonde sur la personnalité des principaux chefs des indépendantistes telle qu'elle était perçue par les forces de l'ordre (b).

### a) la violence exercée à l'encontre d'autres personnes que les otages

Rappelons tout d'abord le lourd bilan en vies humaines de l'attaque de la brigade de Fayaoué[2]. L'action initiale des preneurs d'otages s'inscrivait donc dans la violence et n'abandonna pas cette voie.

---

[1] LDH, *op. cit.*, p. 27

[2] V. *supra*, p. 41

En effet, le pisteur Antonin Filimoheala, qui accompagnait le lieutenant Destremau afin de l'aider à localiser la grotte[1], fut considéré par Alphonse Dianou et Wenceslas Lavelloi comme un traître, de surcroît porte-parole de la chefferie de Weneky, loyaliste – sur les terres de laquelle se situait la grotte. Lavelloi tenta même de l'abattre avec sa mitrailleuse mais l'arme s'enraya, si bien qu'il se saisit d'un *tamioc* qu'Antonin, profitant d'un déséquilibre de son adversaire, parvint à subtiliser avant de le briser sur un rocher. Le pisteur fut néanmoins roué de coups par les Kanak de la grotte, parmi lesquels Alphonse Dianou, qui lui aurait dit : « Toi, de toute façon, si tu vois le coucher de soleil, tu ne verras pas le lever. » Antonin eut pourtant la vie sauve grâce à un songe venu nuitamment visiter l'un des gardiens, prénommé Martial ; ce dernier prétendit qu'un vieillard, après s'être présenté comme le grand-père d'Antonin, lui avait demandé de le relâcher[2]. Cette anecdote est complétée par le témoignage du gendarme mobile Alberto Addari (de l'escadron de Villeneuve-d'Ascq, capturé à Fayaoué) selon lequel ce vieillard fut reconnu comme étant représenté par une gravure sur bois qui gardait l'entrée de la grotte[3]. En définitive, Antonin pardonna à ses agresseurs lors d'une coutume[4] aussitôt organisée. Cet épisode de l'affaire d'Ouvéa[5], si minime qu'il paraisse de prime abord, montre que les preneurs d'otages n'hésitaient pas à user de violence comme ils l'avaient déjà montré lors de l'attaque de la brigade. Le climat de la grotte était en outre alourdi par la personnalité supposée des chefs des ravisseurs.

---

[1] V. *supra*, p. 44

[2] Patrick FORESTIER, *op. cit.*, p. 130

[3] Entretien du 16 mars 2001

[4] V. *supra*, p. 24

[5] Rapporté par Patrick FORESTIER (*op. cit.*, pp. 115 à 139), la LDH (*op. cit.*, pp. 80 et s. ; la LDH n'en tire cependant aucun enseignement et se contente de reproduire l'interview accordée par le lieutenant Destremeau aux *Nouvelles calédoniennes hebdo*, semaine du 12 au 18 mai 1988.), Philippe LEGORJUS (*op. cit.*, p. 216 ; l'auteur ne mentionne toutefois pas la manière dont Antonin a pu échapper à la mort qui lui était promise.), Gilbert PICARD (*op. cit.*, p. 37 ; même remarque que précédemment) et Henri WEILL (*op. cit.*, pp. 43 et 44 ; même remarque que précédemment), mais non par Edwy PLENEL et Alain ROLLAT (quoique l'événement soit cité par M. Maki Wéa, dont les journalistes reproduisent une partie du témoignage : *op. cit.*, p. 96)

### b) la personnalité des chefs des ravisseurs

Il ne s'agira pas ici de dresser un fidèle portrait de quelques ravisseurs, mais d'en présenter les traits de caractères, non réels, mais tels qu'ils étaient perçus par les forces de l'ordre et qui influencèrent leurs décisions.

Fidèles à la tradition kanak, les ravisseurs agissaient de concert après avoir discuté des mesures à prendre et des actes à accomplir. Le consensus n'était cependant qu'apparent et ne peut masquer la prépondérance de trois hommes, de trois personnalités différentes par leurs traits caractéristiques :

> « L'officier [Legorjus] essaie de comprendre à qui il a affaire. Il se rend compte que Dianou est le chef mais qu'il n'a pas autorité sur tout. Celui qui fait la loi sur les armes, c'est Lavelloi. Celui qui garde les otages, c'est, en apparence, le nommé Martial, mais, en réalité, c'est Hilaire. Lorsque Hilaire se montre menaçant Martial baisse la garde et ne réagit pas. »[1]

L'on brossera donc un bref portrait de ces trois figures dominantes : Wenceslas Lavelloi (α), Hilaire Dianou (β) et son frère Alphonse (γ).

#### α) Wenceslas Lavelloi

Wenceslas Lavelloi (« Vince »[2]), tout d'abord, ancien sous-officier de l'armée française[3] – qui ne suivit probablement aucun stage en Lybie[4] – et responsable du service d'ordre du FLNKS, fut présenté comme le militaire du groupe, davantage

---

[1] Patrick FORESTIER, *op. cit.*, p. 152

[2] Patrick FORESTIER, *op. cit.*, p. 27

[3] Sergent-chef selon Henri WEILL, *op. cit.*, p. 17

[4] Patrick FORESTIER, *op. cit.*, p. 184 : « Le seul du commando qui a fait un séjour à Tripoli a surtout suivi des cours de théorie révolutionnaire. C'est dans les casernes françaises que les ravisseurs ont reçu leur instruction. [...] Ils ont appris à se servir [des] armes pendant leur service militaire. Beaucoup ont « fait leurs douze mois » au R.I.M.A.P., le Régiment d'Infanterie de Marine du Pacifique [...]. » V. aussi Edwy PLENEL et Alain ROLLAT, *op. cit.*, p. 122. *Contra* : Gilbert PICARD, *op. cit.*, pp. 7 à 10

homme d'action que de combat idéologique et éprouvait un goût certain pour les armes à feu (d'où son surnom de « Rambo »). « Lavelloi apparaît aux otages être un véritable « tueur à gages ». »[1] Selon Jean Bianconi, Lavelloi était l'homme de main[2]. Pour le capitaine Legorjus,

> « Lavelloi était le plus aguerri des combattants. Méchant, dur, pas très malin, sanguin : féroce. C'était le pire de tous. »[3]

Bref, Lavelloi fut perçu par nombre d'observateurs comme une source de violence, réelle ou potentielle. Ce constat s'applique également, mais dans une moindre mesure, à Hilaire Dianou.

### β) Hilaire Dianou

Le frère d'Alphonse était probablement le plus discret des trois chefs. Selon Jean Bianconi, Hilaire Dianou n'était pas un excité[4], tandis que pour l'adjudant-chef Coquet, « il faisait partie des trois plus violents. C'est lui qui a pointé son fusil sur Pichegru. »[5] Le seul fait marquant est qu'il aurait abattu le gendarme Daniel Leroy et l'adjudant-chef Georges Moulié lors de l'attaque de la brigade de Fayaoué. Les informations les plus nombreuses se rapportent à son frère Alphonse.

### γ) Alphonse Dianou

Militant de l'Union calédonienne depuis 1984[6], ancien séminariste qui était pourtant attaché aux croyances ancestrales, il fut perçu par le substitut Bianconi comme le penseur du groupe[7]. Son action s'inscrivait exclusivement dans le champ politique de l'indépendance.

---

[1] Henri WEILL, *op. cit.*, p. 17
[2] Entretien téléphonique précité
[3] Entretien du 7 février 2001
[4] Entretien téléphonique du 28 mars 2001
[5] Entretien précité
[6] Edwy PLENEL et Alain ROLLAT, *op. cit.*, p. 84
[7] Entretien téléphonique précité

Il semble toutefois qu'Alphonse Dianou ait sombré peu à peu, sinon dans l'incohérence, du moins dans l'irréalité. Otages et ravisseurs : l'ergastule et ses effets néfastes n'étaient-ils pas identiques pour tous ? Ainsi, de nombreux témoignages rapportent que le ravisseur était persuadé de son immunité du fait du pouvoir de ses ancêtres, qui ne pouvait que le protéger contre les armes des forces de l'ordre[1]. En outre, il était convaincu qu'au soir de la réélection de François Mitterrand à la présidence de la République, celui-ci viendrait en personne lui accorder l'indépendance de la Nouvelle-Calédonie, laquelle était devenue, du reste, l'unique but de la prise d'otages. Une négociation fondée sur ces prétentions était-elle dès lors possible ?

Selon l'adjudant-chef Coquet, « Dianou n'était pas très net. Il pouvait plaisanter, mais il ne fallait pas s'opposer à lui. »[2] Bref, plus encore que de la violence exprimée matériellement et verbalement à l'encontre des gendarmes en général, et du capitaine Picon en particulier, le risque d'agression, voire de mort, résultait du caractère imprévisible et versatile d'Alphonse Dianou.

Les personnalités troubles, voire inquiétantes, des chefs des ravisseurs aggravèrent le climat de violence qui régnait dans la grotte de Gossanah et rendirent d'autant plus crédibles les menaces qui planaient sur la vie des otages.

Une appréciation de ces faits fondée sur la jurisprudence de la Cour européenne des Droits de l'Homme permet-elle cependant de conclure à la nécessité de l'opération *Victor* ?

## B) En droit

La Cour européenne des Droits de l'Homme n'a guère développé le raisonnement qu'elle souhaitait appliquer pour apprécier la nécessité du recours à la force en vue de l'un des buts posés au second paragraphe de l'article 2 de la Convention.

---

1 Gilbert PICARD, *op. cit.*, p. 37

2 Entretien précité

Les paragraphes 182 et 184 de l'arrêt *Andronicou et Constantinou c. Chypre*[1] permettent, toutefois, de dégager plusieurs éléments pertinents :

> « 182. En procédant à son évaluation de la phase de préparation et de contrôle de l'opération sous l'angle de l'article 2 de la Convention, la Cour doit considérer tout particulièrement le contexte dans lequel l'accident s'est produit ainsi que la manière dont la situation a évolué au fil de la journée. »

> « 184. Indépendamment du caractère domestique de la querelle, la situation s'est progressivement développée, selon les autorités présentes, en une crise grosse de dangers et exigeant des décisions cruciales. L'intransigeance de Lefteris Andronicou face au négociateur, son ton menaçant ainsi que les appels à l'aide de la jeune femme ont persuadé les autorités qu'il avait l'intention de la tuer et de se suicider à minuit. Certes, Lefteris Andronicou n'a jamais annoncé qu'il tuerait Elsie Constantinou : il a simplement menacé de le faire si la police pénétrait dans son appartement. Néanmoins, les autorités ne pouvaient raisonnablement ignorer les cris de la jeune femme hurlant que sa vie était en danger. Il faut souligner qu'une heure avant minuit, on entendait toujours Elsie Constantinou crier que Lefteris Andronicou allait la tuer [...] et que l'intéressé avait déjà montré sa capacité de violence en frappant sa fiancée [...]. Dans ces conditions et sachant que Lefteris Andronicou était armé, les autorités pouvaient raisonnablement estimer qu'à l'approche de minuit, les négociations avaient échoué et qu'il fallait tenter de pénétrer dans l'appartement, désarmer et arrêter Lefteris Andronicou pour libérer Elsie Constantinou. »

Seront successivement abordés le raisonnement mis en œuvre par la Cour (1) et son application aux faits de l'espèce (2).

---

[1] Références précitées

### 1) Présentation du raisonnement de la Cour européenne des Droits de l'Homme

Deux enseignements peuvent être dégagés de la jurisprudence de la Cour, qui se borne, d'une part, à une exigence minimale (a) et, d'autre part, pose le principe d'une appréciation raisonnable de la violence (b).

#### a) une exigence minimale

Dans le silence du texte de la Convention, il serait légitime d'attendre de la jurisprudence qu'elle définisse précisément, y compris par la méthode casuistique, les éléments constitutifs de la « violence illégale ». Or, il n'en est rien. Si la Cour apprécie au cas par cas les situations de fait qui lui sont soumises afin de déterminer leur conformité avec les dispositions conventionnelles, elle ne dégage pas de principes directeurs ou d'éléments fondamentaux susceptibles d'aider le commentateur à prévoir ses décisions. Le paragraphe 184 de l'arrêt *Andronicou* offre un exemple flagrant de cette lacune : aucun principe général ne semble pouvoir en être dégagé. D'ailleurs, la Cour ne précise pas le critère d'illégalité posé par le texte conventionnel : doit-elle être appréciée au regard du droit de source nationale de l'État en cause ou de la Convention ? Si la Cour n'apprécie généralement que la compatibilité d'une situation de fait à la Convention, le critère de « légalité » de la privation de liberté mentionné à l'article 5, paragraphe 1, renvoie, quant à lui, au droit de source nationale. Dès lors, la même question peut être soulevée au sujet de l'article 2.

L'arrêt permet pourtant de fixer un seuil de violence au-delà duquel le recours à la force devient nécessaire. Paradoxalement, la Cour se contente d'une exigence minimale, alors qu'elle rappelle systématiquement que les dispositions de l'article 2, en ce qu'il « consacre l'une des valeurs fondamentales des sociétés démocratiques qui forment le Conseil de l'Europe » doivent être interprétées « de manière étroite »[1]. Cette exigence minimale était constituée, en l'espèce, par la simple menace de mort qui pesait

[1] *Andronicou et Constantinou c. Chypre*, § 171

sur la personne de l'otage. La Cour retient, en outre, que le ravisseur n'avait « jamais annoncé qu'il tuerait Elsie Constantinou : il [avait] simplement menacé de le faire si la police pénétrait dans son appartement. »[1]

La Cour ne retient finalement à l'appui de sa décision que cette simple menace, autrement dit un risque, et la double circonstance que le ravisseur était armé et avait déjà usé de violence envers son otage. Ce dernier point est éclairé par le paragraphe 16 de l'arrêt :

> « [...] Elsie Constantinou recommença à crier à l'aide, prétendant que Lefetris Andronicou l'avait frappée la veille au soir, qu'elle avait maintenant un œil gonflé qui lui faisait mal. [...] »

La juxtaposition de ces deux considérations ne manque pas d'étonner : la Cour admet qu'une menace de mort planait sur l'otage, notamment parce que celle-ci avait reçu un simple coup… Sans doute les considérations émises dans la première partie du paragraphe 193 de l'arrêt *McCann, Farell et Savage c. Royaume-Uni*[2] sont-elles plus sérieuses :

> « 193. [...] En premier lieu, les autorités avaient affaire à une unité de service actif de l'IRA[3] composée de deux personnes déjà condamnées pour des attentats à la bombe, et d'un expert notoire en explosifs. Leurs activités passées prouvaient que les membres de l'IRA ne se souciaient pas de la vie humaine, pas même de la leur. »

En définitive, les juges se contentent d'éléments de fait bien minces ; leur appréciation est d'autant plus minimale qu'ils laissent une grande liberté d'appréciation aux autorités.

---

[1] § 184

[2] Références précitées

[3] *Irish Repubican Army* : armée républicaine irlandaise, mouvement de libération d'Irlande

### b) le critère de l'appréciation raisonnable de la violence par les autorités

Quelle valeur accorder aux éléments d'appréciation retenus par la Cour dans une affaire particulière ? Quelle doit être l'attitude des autorités face à ces éléments ? Ces deux questions ne sont pas si différentes qu'elles ne le paraissent au premier abord. En effet, il est légitime d'imaginer des hypothèses où ces éléments factuels seraient encore plus équivoques qu'ils ne l'étaient dans l'affaire *Andronicou.* C'est pourquoi la Cour a précisé de quelle façon il convenait d'apprécier ces informations.

Ainsi, toujours dans le paragraphe 184 de cet arrêt, déclare-t-elle que « les autorités ne pouvaient raisonnablement ignorer les cris de la jeune femme hurlant que sa vie était en danger ». Davantage qu'équivoque, l'explication fournie manque de sens. Car, que faut-il entendre par « raisonnablement » ? Est-ce à dire que la Cour prend pour référence le représentant des forces de l'ordre « moyen », c'est-à-dire convenablement formé et doté d'une compétence suffisante eu égard à ce qu'une société membre du Conseil de l'Europe est en droit d'attendre de ses fonctionnaires ? Ou bien les juges se livrent-ils à un véritable contrôle, non plus, faussement, de légalité mais, ouvertement, d'opportunité en se mettant à la place des forces de l'ordre quitte à substituer leur propre raisonnement à celui de ces dernières ?

En tout état de cause, et sans qu'il soit vraiment ni possible ni utile de trancher (pour le moment) la question[1], l'introduction de ce critère d'appréciation permet de donner une grande marge de manœuvre aux forces de l'ordre, élargissant encore davantage leur champ d'action par rapport à l'exigence minimale posée au sujet de la violence illégale. Ces deux éléments nous guideront dans l'application du raisonnement de la Cour aux faits de l'affaire de l'Ouvéa.

## 2) Application aux faits de l'espèce

La question est la suivante : le recours à la force était-il nécessaire pour protéger les otages contre la violence illégale ?

---

[1] V. *infra*, p. 179

Autrement dit : une violence illégale était-elle exercée à leur encontre ? La difficulté réside dans l'interprétation même de la Cour : soit celle-ci se fonde sur le critère d'appréciation raisonnable en ce qu'il renvoie à une forme d'intime conviction, telle qu'elle est souvent exprimée par la formule « preuve au-delà de tout doute raisonnable »[1], soit la Cour estime raisonnable de prendre en compte les éléments qu'elle a elle-même dégagés et que nous avons précédemment exposés. Dans le premier cas, il serait difficile de se substituer à un collège de juges pour proposer une réponse, d'autant plus que l'intime conviction ne peut guère être motivée ; dans le second, il convient de comparer les éléments de fait de l'espèce à ceux dont la Cour eut à connaître. Ceux-ci sont les suivants : menace de mort interprétée comme telle par l'otage, rendue plausible par le fait que le ravisseur était armé et avait déjà fait usage de violence. Qu'en était-il dans la « grotte des guerriers » ?

Si les gendarmes mobiles et territoriaux, les « gendarmes du haut » ne semblent guère avoir été sérieusement inquiétés, nous avons montré que tel n'était pas le cas des membres du GIGN, les « gendarmes du bas ». Cette situation fut confirmée, non seulement par le capitaine Picon lequel estime encore aujourd'hui que « les GIGN étaient en danger de mort permanente »[2], mais aussi par l'adjudant-chef Coquet[3] et le substitut Bianconi[4], c'est-à-dire des témoins qui n'étaient pourtant pas menacés comme les gendarmes du GIGN purent l'être. En outre, les chefs des ravisseurs laissaient clairement planer leurs menaces sur la vie de ces otages, au besoin par des simulacres d'exécution. Ces menaces étaient d'autant plus sérieuses que les indépendantistes étaient armés et avaient déjà usé de violence, d'abord lors de l'attaque de la brigade de Fayaoué, ensuite sur le pisteur Antonin en tentant de le tuer. Si un simple coup constitue une menace, une tentative de mise à mort doit être *a fortiori* admise.

---

[1] Traduction de la formule anglaise « *beyond reasonable doubt* »
[2] Entretien précité
[3] Entretien précité
[4] Entretien précité

Vainement la Commission de la *Ligue des Droits de l'Homme* a-t-elle avancé que « le seul fait patent est qu'en définitive, en dépit des tensions de l'assaut, aucun otage n'a été exécuté. »[1] Après avoir affiché son – louable – souci d'objectivité en refusant de trancher entre les deux présentations du climat qui régnait à l'intérieur de la grotte[2], la LDH semble toutefois conclure que les ravisseurs avaient à cœur de préserver la vie de leurs otages. Cet argument, quoique se fondant sur un fait matériel vérifié, ne tient cependant pas compte du fait que les otages étaient relativement protégés par les armes que deux gendarmes du GIGN avaient en leur possession et durent utiliser pour riposter aux coups de feu des ravisseurs[3]. Ce n'est donc pas « en dépit des tensions de l'assaut », autrement dit grâce au sang froid et à la bienveillance des indépendantistes qu'aucun otage n'a été exécuté, mais davantage à raison de la connaissance qu'ils avaient de la présence d'armes aux mains de leurs otages. L'argument à la décharge des ravisseurs ne peut donc être retenu. Humanisme n'est pas candeur.

La seconde question soulevée par l'analyse des décisions de la Cour est la suivante : l'appréciation par les autorités de la violence illégale fut-elle correcte ? L'on a montré que, là encore, la jurisprudence de la Cour laissait une marge d'appréciation importante aux forces de l'ordre, en ce qu'une appréciation raisonnable suffit. Or, le constat des sévices endurés par les otages fut dressé de façon adéquate. En effet, les éléments de fait mis à la disposition de l'état-major émanaient du constat direct effectué par le capitaine Legorjus et le substitut Bianconi. Rappelons que, dans l'affaire *Andronicou*, les forces de l'ordre n'avaient aucun accès visuel à l'appartement dans lequel se trouvaient otage et ravisseur, ce qui n'était pas le cas dans l'affaire d'Ouvéa. De plus, l'état-major, même s'il n'était pas uniquement composé de spécialistes en matière de prise d'otage, comportait en son sein le capitaine Legorjus et le lieutenant-colonel Benson, tous deux de la gendarmerie. Par conséquent, les autorités étaient doublement

---

[1] LDH, *op. cit.*, p. 31
[2] V. *supra* p. 70
[3] V. *supra*, p. 46

compétentes pour apprécier l'existence de la violence exercée par les ravisseurs.

**En définitive, une seule conclusion raisonnable s'impose : le constat fait par les autorités d'une violence illégale exercée à l'encontre des otages était conforme aux prescriptions de l'article 2, paragraphe 2 de la Convention européenne des Droits de l'Homme telles qu'interprétées par la Cour.**

La lecture des opinions dissidentes émises à l'issue de l'arrêt *Andronicou* conforte cette analyse. En effet, aucun des juges en désaccord avec la majorité de leurs collègues ne souleva d'objection au principe même de la nécessité d'une intervention, alors que les faits de cette affaire étaient autrement plus équivoques que ceux constatés à Ouvéa. Nécessaire, l'intervention l'était-elle absolument ? Autrement dit, la négociation n'aurait-elle pu l'empêcher ?

## II) L'échec des négociations

Seront successivement exposés les faits (A) et une tentative d'appréciation juridique par un raisonnement analogique fondé sur le texte de la Convention européenne des Droits de l'Homme et la jurisprudence de la Cour (B).

### A) En fait

À l'instar des éléments de fait relatifs au climat qui régnait dans la grotte, les informations concernant la tenue des négociations et leur résultat sont susceptibles de recevoir différents éclairages. C'est pourquoi les arguments tendant à prouver l'échec des pourparlers (1) et ceux qui fondent la thèse opposée (2) seront successivement présentés.

### 1) Arguments *pro*

Parallèlement aux négociations menées par les autorités officielles (a), des discussions furent amorcées par d'autres interlocuteurs (b).

#### a) les négociations officielles

La première tentative de négociation se concrétisa rapidement. Le mercredi 27 avril, capturé avec six de ses hommes et le substitut Bianconi, le capitaine du GIGN Philippe Legorjus noua son premier contact avec Alphonse Dianou en camouflant ses véritables grade et identité ; il se présenta en effet comme un représentant de la Direction générale de la gendarmerie nationale envoyé spécialement de métropole pour négocier avec les ravisseurs et ne livra que son prénom[1]. Les ravisseurs ne cherchèrent d'ailleurs aucunement à en savoir davantage.

Alphonse Dianou fut d'emblée intéressé par la radio qu'il trouva dans le matériel du GIGN. Fin psychologue, le capitaine Legorjus lui proposa immédiatement d'en tirer parti et contacta le général Vidal[2] afin de recevoir de la nourriture. Dianou comprit-il alors que « Philippe » était un interlocuteur influent, qui semblait avoir l'oreille des militaires ? Ou bien le capitaine Legorjus avança-t-il qu'il bénéficiait d'un contact privilégié avec Christian Prouteau, chef de la cellule anti-terroriste de l'Élysée, donc, par ricochet, d'un lien ténu avec le président Mitterrand[3] ? Cette dernière hypothèse est confirmée par le récit du gendarme mobile Alberto Addari[4]. En tout cas, le fait est qu'à partir de ce moment, Alphonse Dianou accepta le capitaine Legorjus comme intermédiaire et le laissa d'ailleurs quitter la grotte le soir-même[5]. La crédibilité de Legorjus s'accrut le lendemain lorsque les forces de l'ordre se replièrent du village de Gossanah vers Saint-Joseph, satisfaisant ainsi aux exigences d'Alphonse Dianou.

---

[1] Patrick FORESTIER, *op. cit.*, p. 151
[2] Chef de l'opération *Victor* ; v. *supra*, p. 43
[3] Gilbert PICARD, *op. cit.*, p. 49
[4] Entretien précité
[5] Patrick FORESTIER, *op. cit.*, p. 165

Le capitaine poussa son avantage et proposa à Dianou le principe d'une médiation.

Replaçons l'action des ravisseurs dans son contexte. Le FLNKS s'opposait à la tenue simultanée des élections territoriales et présidentielle et voulait manifester son action par un boycott actif des scrutins. L'attaque de la brigade de gendarmerie de Fayaoué avait donc une cause et une finalité politiques[1]. Rien d'étonnant, dès lors, à ce que les revendications d'Alphonse Dianou ressortissent du statut de la Nouvelle-Calédonie. Officiellement, le parti indépendantiste exposa ses revendications le samedi 23 avril, alors donc que des otages étaient encore détenus dans la presqu'île de Mouly[2] :

- retrait d'Ouvéa des forces de l'ordre,
- annulation des élections régionales du 24 avril,
- nomination d'un médiateur par le Président de la République et le Premier ministre[3].

Ces exigences furent reprises par Djubelly Wea, chef indépendantiste de la tribu de Gossanah, élargies à la remise en cause du « statut Pons »[4]. Lors de son premier contact avec le capitaine Legorjus (avant sa capture), Alphonse Dianou exprima trois conditions différentes :

- retrait des forces d'Ouvéa,
- intervention du bureau politique (probablement du FLNKS),
- présence du capitaine Legorjus[5].

---

[1] V. l'article de A.R. (Alain Rollat ?), « Ce ne sont pas des otages, ce sont des prisonniers politiques… » ; *Le Monde*, vendredi 29 avril 1998, p. 8

[2] « Alors même que le 23 avril, au lendemain de la prise d'otages, les trois principaux dirigeants du mouvement indépendantiste, Jean-Marie Tjibaou, Yeiwné Yeiwéné et Léopold Jorédié, responsable de l'Union calédonienne, la principale composante du Front, font savoir qu'ils ont établi un contact avec les ravisseurs [...] [et que la libération des otages] est suspendue à trois conditions, bref, font comprendre qu'il ne s'agit pas d'un acte isolé et que c'est avec eux qu'il faut négocier [...]. » : Edwy PLENEL et Alain ROLLAT, *op. cit.*, p. 122

[3] Article de Frédéric BOBIN, « Les dirigeants du mouvement indépendantiste posent trois conditions à la libération des otages » ; *Le Monde*, dimanche 24-lundi 25 avril 1998, p. 16

[4] LDH, *op. cit.*, p. 81 (interview du lieutenant Destremau publiée par *Les Nouvelles Calédoniennes hebdo*, semaine du 12 au 18 mai 1988) ; Henri WEILL, *op. cit.*, p. 25

[5] LDH, *op. cit.*, p. 85 ; Philippe LEGORJUS ne mentionne toutefois pas ces trois exigences aussi clairement (*op. cit.*, pp. 227 et s.)

Ces revendications posent deux difficultés d'analyse. Premièrement, rattacher précisément les exigences à leur véritable auteur est quasiment impossible. Lors des premiers jours, en effet, si le FLNKS tenta, soit de récupérer le bénéfice de l'opération s'il n'en fut à l'origine, soit de la prolonger utilement dans le cas contraire, en avançant trois exigences politiques, l'on ne peut affirmer avec certitude que le chef indépendantiste Djubelly Wea était bel et bien mandaté pour les relayer ; certains auteurs ont émis l'hypothèse selon laquelle Wea aurait agi pour sa propre gloire et ses ambitions personnelles[1]. Deuxièmement, les revendications d'Alphonse Dianou lui-même n'ont pu être clairement établies. Les trois exigences qu'il exprima avant la capture des gendarmes du GIGN manquent d'ambition, soit parce qu'il ne s'agissait que de revendications préalables à la négociation de fond (d'où la détermination des interlocuteurs acceptables), soit parce qu'Alphonse Dianou ne voulait ou ne pouvait négocier.

À ces trois exigences, il convient d'en ajouter une, sans doute la plus importante et la seule qui fût considérée comme décisive par Dianou : « De toute façon, les négociations ne m'intéressent pas. Ce que je veux, c'est l'indépendance. »[2] Alphonse Dianou pouvait-il se montrer plus clair ? Il est vrai que le contexte politique métropolitain jouait pleinement en sa faveur : la victoire de François Mitterrand, qui ne défendait pas la ligne dure de son Premier ministre et adversaire Jacques Chirac, était prévisible dès après le premier tour de l'élection présidentielle. D'ailleurs, Dianou escomptait l'indépendance dès la réélection du président sortant, laquelle n'était plus qu'une question de jours[3]. Si le pronostic politique s'est *a posteriori* révélé exact, le calcul manquait de profondeur et de finesse.

En marge de cette image de guide politique se dessine un Alphonse Dianou irrésolu et dépassé par les événements, placé dans une situation extraordinairement, mais temporairement, favorable à ses aspirations d'indépendance.

---

[1] V. *infra*, p. 267, ainsi que p. 278

[2] Henri WEILL, *op. cit.*, p. 44

[3] Entretiens précités avec l'adjudant-chef Jean Coquet et le gendarme mobile Alberto Addari.

Son appel au bureau politique du FLNKS marquerait son désarroi face, d'abord, aux quatre morts de la brigade, ensuite, à la réaction des autorités, inédite en de pareilles circonstances ; ces deux aspects différencient fondamentalement les événements d'Ouvéa de ceux de Poindimié[1]. Selon Philippe Legorjus, Dianou ne s'attendait pas à se retrouver dans cette situation :

> « [Dianou] me révèle que c'est le bureau politique du FLNKS qui est à l'origine de l'attaque de la brigade. Ils pensaient que les gendarmes ne résisteraient pas et que tout se passerait comme l'année d'avant à Poindimié.
> Je sens que Dianou ne sait plus comment gérer son affaire. Il était parti pour prendre des gendarmes en otages, pas pour perpétrer un quadruple assassinat. »[2]

Peut-être la relative incohérence de Dianou trouve-t-elle son origine dans le tour inattendu et dramatique que prit la capture des gendarmes de Fayaoué, ce qui expliquerait l'absence de revendications sérieuses et réalistes de la part des ravisseurs. En tout état de cause, seul un médiateur « politique » aurait pu être accepté par Dianou.

C'est pourquoi ce dernier avança le nom de Franck Wahuzue[3] : « Seul, Wahuzue trouvait grâce à ses [Alphonse Dianou] yeux, rapporte un otage. »[4] Originaire de l'île de Lifou, Wahuzue, porte-parole coutumier et indépendantiste modéré, satisfaisait également les obligations coutumières[5] auxquelles Dianou était très attaché. Bernard Pons donna son accord pour que le capitaine Legorjus contactât Wahuzue :

> « Je [Legorjus] lui [Bernard Pons] fait part de mon intention de contacter Franck Wahuzue, le secrétaire de Yéwéné Yéwéné [*sic*], et de l'emmener à la grotte. Il me

---

[1] V. *supra*, p. 38

[2] Philippe LEGORJUS, *op. cit.*, p. 227

[3] Philippe LEGORJUS, *op. cit.*, p. 229 ; Edwy PLENEL et Alain ROLLAT, *op. cit.*, p. 32 ; Henri WEILL, *op. cit.*, p. 53

[4] Henri WEILL, *op. cit.*, p. 54

[5] Dans la geste kanak, les îles d'Ouvéa et Lifou communiquent par une racine de banian sous-marine.

donne l'autorisation de le rencontrer, à condition que les négociations n'aient aucune connotation politique, et soient uniquement envisagées sous l'éclairage humanitaire. »[1]

Mais Wahuzue se montra d'emblée réticent :

« Le responsable FLNKS aimerait bien venir négocier, mais annonce-t-il, le Bureau Politique n'est pas d'accord. L'officier [Legorjus] lui explique que sa présence, réclamée par Dianou, contribuerait à détendre l'atmosphère. [...]

Le Mélanésien promet de plaider sa cause auprès des instances du FLNKS et lui annonce une réponse rapide. »[2]

« [Wahuzue] atermoie, souhaitant avant tout demander l'accord verbal du bureau politique du F.L.N.K.S. [...]

Wahuzué [*sic*] se montrera des plus réservé [*sic*]. Il répondra du bout des lèvres qu'il peut éventuellement et à l'extrême rigueur obtenir la libération de Jean Bianconi [...], mais rien de plus. »[3]

« Franck Wahuzue m'assure qu'il est prêt à aller dans la grotte pour discuter avec Dianou et les autres mais qu'il lui faut l'accord du bureau du FLNKS. Pour le moment, le Front y est opposé, mais il va faire le maximum pour que les responsables changent d'avis le plus rapidement possible. »[4]

« [Wahuzue] semble embarrassé qu'on veuille le mêler à cette histoire. [...] « Il faut que je vois [*sic*] ça avec le Bureau politique. Je ne peux pas te dire si je vais me rendre à Ouvéa. » La conversation s'arrête là. »[5]

---

1 Philippe LEGORJUS, *op. cit.*, p. 237 ; v. aussi Edwy PLENEL et Alain ROLLAT, *op. cit.*, p. 132

2 Henri WEILL, *op. cit.*, p. 58

3 Gilbert PICARD, *op. cit.*, p. 52

4 Philippe LEGORJUS, *op. cit.*, p. 240

5 Patrick FORESTIER, *op. cit.*, p. 170

L'ensemble des négociations fut donc suspendu à la décision du bureau politique du FLNKS, lequel ne sortit pas de la discrétion qu'il avait observée depuis le début de la crise :

> « [Legorjus] sent que la direction du F.L.N.K.S. répugne à se mêler de cette affaire qui, visiblement, le dépasse ou tout au moins a pris un tournant dangereux. Avec la tuerie de Fayaoué Dianou a franchi la limite. La direction de son parti estime que se lancer dans des négociations dont l'issue n'est pas certaine constitue un trop grand risque politique. [...] Le F.L.N.K.S. hésite à se « mouiller » dans l'affaire d'Ouvéa et Jean-Marie Tjibaou, qui ne bouge pas de son fief de Hienghene, ne condamne pas la prise d'otage, mais il semble tout de même qu'il a « pris le train en marche ». »[1]

> « [Le 1er mai] [...] je [Legorjus] n'ai toujours pas de réponse positive du bureau politique du FLNKS : Wahuzue m'envoie des messages où il affirme rencontrer beaucoup de difficultés à obtenir l'accord de ses chefs. »[2]

Finalement, les négociations officielles échouèrent. Deux raisons sont avancées pour expliquer ce fiasco : soit un double refus, celui du FLNKS de mandater Franck Wahuzue et celui de Bernard Pons d'entamer des négociations avec un parti dont il avait demandé la dissolution quelques jours auparavant en raison de ses activités « terroristes »[3], soit le veto du seul Bernard Pons. La première thèse est avancée par Gilbert Picard :

---

[1] Patrick FORESTIER, *op. cit.*, p. 170

[2] Philippe LEGORJUS, *op. cit.*, p. 244

[3] Article de Corinne LESNES, « M. Pons demande la dissolution du FLNKS » ; *Le Monde*, samedi 30 avril 1998, p. 12. V. sur ce point Georges LIET-VEAUX, « Police des réunions et manifestations » ; *J.-Cl. Administratif*, 2001, fasc. 210, p. 9 : « Une loi du 10 janvier 1936 sur les groupes de combat et milices privées a été modifiée en dernier lieu par la loi n° 92-1336 du 16 décembre 1992. La loi n° 86-1020 du 9 septembre 1986 a assimilé aux groupes et milices privées les groupements « *qui se livreraient, sur le territoire français ou à partir de ce territoire, à des agissements en vue de provoquer des actes de terrorisme en France ou à l'étranger* ». Ces textes permettent la dissolution de toutes les associations et groupements de fait provoquant des manifestations armées dans la rue. » (Ce qui était le cas du FLNKS, notamment par la mise en place de barrages routiers tenus par des hommes armés.)

> « Pour libérer l'ensemble des otages, il faut l'accord de tout le F.L.N.K.S. [...] La réponse est claire. C'est un « non » catégorique. Aucun cadre du mouvement ne viendra dans l'île.
>
> Ce sera un échec de plus dans les tentatives de médiation ou de règlement par des voies pacifiques. Il y aura d'autres essais. Tous aussi infructueux. Nidoish Nasseline, responsable du L.K.S., le parti indépendantiste modéré, essaiera également de faire aboutir la négociation. Mais lui aussi demande l'impossible. Ses propositions ne sont pas réalistes. Elles sont jugées inacceptables par Bernard Pons. »[1]

La seconde est celle du capitaine Legorjus :

> « Bernard Pons me convoque à dix heures à la Résidence. [...]
>
> - Mon capitaine, abandonnez l'hypothèse Wahuzue. Terminé. Il n'est pas question que j'accepte qu'il aille à la grotte avec un mandat du bureau politique du FLNKS alors que j'ai demandé au Premier ministre la dissolution de cette organisation terroriste. »[2]

Selon l'ancien ministre des DOM-TOM, l'échec des négociations tint non seulement du silence du FLNKS[3], donc de Franck Wahuzue, mais aussi de la détérioration de la situation qui nécessita une action rapide[4]. Bref, il est impossible d'expliquer avec certitude les raisons de l'échec des négociations officielles : tout au plus nous bornerons-nous à le constater, de même que celui des discussions parallèles.

### b) les autres négociations

La négociation officielle constituée par le tandem Legorjus-Wahuzue ne doit pas masquer le fait que, selon Bernard

[1] Gilbert PICARD, *op. cit.*, p. 52

[2] Philippe LEGORJUS, *op. cit.*, p. 244

[3] Alors que le mouvement indépendantiste s'était déclaré prêt à maintenir le *statu quo* jusqu'au soir du second tour de l'élection présidentielle : *Le Monde*, mardi 3 mai 1988, p. 12

[4] Entretien du 3 avril 2001

Pons, « tout le monde négociait avec tout le monde »[1]. Ainsi se déroulaient parallèlement des négociations officieuses dont nous ne relèverons que les moins clandestines[2], savoir celles de l'évêque de Nouméa, Mgr Calvet (α) et la proposition d'échange émise par certains élus locaux (β).

### α) l'intercession de Mgr Michel Calvet

La première d'entre elles fut menée par l'évêque de Nouméa, Mgr Calvet[3]. Il est vrai que les religions chrétiennes imprégnaient les esprits néo-calédoniens depuis la prise de possession et l'évangélisation du territoire[4]. Si bien que l'on pourrait avancer, certes grossièrement, que les loyalistes, dirigés par un protestant (Jacques Lafleur), étaient plutôt d'obédience catholique tandis que les indépendantistes, dirigés par un catholique (Jean-Marie Tjibaou), étaient plutôt de confession protestante. De façon moins caricaturale, le partage entre les deux religions était plus net quant à la composition de leur clergé : plutôt urbain, vieillissant et d'origine métropolitaine pour les catholiques, plus dynamique et d'origine mélanésienne pour les protestants. Mais ces différences peuvent être tenues pour négligeables.

Alphonse Dianou fut d'ailleurs un ancien séminariste sous l'égide de l'évêque[5]. La démarche de Mgr Calvet, qui ne s'était jamais impliqué aussi fortement dans la vie néo-calédonienne, se fondait donc sur un postulat intéressant. Cette médiation, au sujet de laquelle nous n'avons recueilli aucun détail concret, a toutefois définitivement échoué le lundi 2 mai[6]. L'on ne peut que supposer les raisons de cet échec : d'une part l'attachement d'Alphonse Dianou aux croyances kanak ancestrales ; d'autre part la situation de Mgr Calvet, évêque de Nouméa « la blanche », ce qui lui valut

---

[1] *Ibid.*

[2] Nous exclurons donc celles dont nous n'avons pas pu vérifier la véracité, qui auraient été menées par l'Église protestante, les francs-maçons, des ressortissants australiens ou néo-zélandais, et des rosicruciens.

[3] Philippe LEGORJUS, *op. cit.*, pp. 245 et 247 ; Gilbert PICARD, *op. cit.*, p. 63

[4] V. *supra*, p. 23

[5] Henri WEILL, *op. cit.*, p. 69

[6] LDH, *op. cit.*, p. 33

peut-être de ne pas participer à la *Mission du dialogue* instituée par le Premier ministre Michel Rocard dès son arrivée à Matignon[1]. La position du prélat fut d'ailleurs sujette à controverse dans le milieu mélanésien :

> « Ce déplacement de Michel Calvet que les militaires ont trouvé « vraiment très peu motivé » attire une réflexion amère des Canaques modérés de la Grande-Terre :
> « La vie des Kanaks ne vaut pas cher, même pour l'église catholique. Nous avons constaté que pour 10 Kanaks tués à Hienghène, Mgr Calvet a gardé le silence. Ce silence de l'église catholique est insultant envers le peuple kanak. Lorsqu'il y a des otages européens retenus en otages à Ouvéa, il s'y rend en mission humanitaire. Il devrait discuter un peu avec le curé d'Ouvéa et redescendre sur terre. » »[2]

La proposition de certains élus locaux connut le même échec que celle de l'évêque de Nouméa.

### β) la proposition d'échange de trois parlementaires RPCR

Concomitamment à cette tentative (le samedi 30 avril), trois parlementaires issus du RPCR, les députés Jacques Lafleur et Maurice Nénou[3], et le sénateur Dick Uckeiwé se proposèrent en échange des otages. Il ne s'agit pas à proprement parler d'une négociation… Jean-Marie Tjibaou qualifia cette proposition de « cinéma » tant elle relevait plus de l'effet de manche que d'une authentique abnégation. Sans départager les cyniques des naïfs, notons qu'apparemment cette offre ne parvint pas jusqu'aux oreilles des occupants de la grotte (pourtant joignables par radio) qui ne purent donc l'accepter ni la refuser.

L'échec avéré des négociations officielles et officieuses doit être nuancé et complété par d'autres arguments, qui souligneront l'aspect hautement complexe de la situation.

---

[1] V. *infra*, p. 266
[2] Henri WEILL, *op. cit.*, p. 61
[3] Gilbert PICARD, *op. cit.*, p. 63

## 2) Arguments *contra*

Deux thèses seront ci-après exposées. La première émane du capitaine Legorjus, qui mit en doute la volonté des autorités militaires d'aboutir à une solution pacifique du conflit (a) ; la seconde émane de l'ancien haut-commissaire de la République en Nouvelle-Calédonie, Edgard Pisani, qui prétendit avoir obtenu le règlement négocié du conflit (b).

### a) la mise en doute de la volonté de négocier

Cet argument émane du principal négociateur, le capitaine du GIGN Philippe Legorjus, qui l'exprima d'abord dans son ouvrage :

> « Ce bref séjour à l'état-major de crise a renforcé mon impression de la veille : une grande majorité de militaires ne rêvent que d'en découdre et poussent à la roue pour qu'une intervention musclée ait lieu, quels qu'en soient les risques.
> Il s'agit pour ces « va-t-en-guerre » de laver un affront. Cette solution a aussi les faveurs ne nombreux politiques. Cyniques, certains caldoches et des métropolitains y voient un moyen de rallier les suffrages de la droite la plus extrémiste au deuxième tour des présidentielles.
> Heureusement, les chefs conservent une position plus raisonnable. Le général Vidal et Bernard Pons résistent encore aux pressions de l'axe dur et privilégient toujours la négociation.
> Pour combien de temps ? »[1]

L'œuvre du temps n'empêcha pas le capitaine Legorjus de maintenir sa thèse, selon laquelle les militaires du Onzième Choc et du Commando Hubert, à l'instar du GIGN quelques jours auparavant, auraient été plongés dès leur arrivée sur l'île d'Ouvéa dans une ambiance de guerre peu propice à la volonté de négocier

---

[1] Philippe LEGORJUS, *op. cit.*, p. 238

et annonciatrice des futurs combats. L'officier alla même plus loin lors de notre entretien[1] :

> « Il n'y avait pas besoin de donner l'assaut. La reddition des ravisseurs était quasiment acquise. Ce qui a mis la pression, c'est le second tour des présidentielles, aussi bien du côté de Mitterrand que de Chirac. D'ailleurs, l'assaut n'aurait pu avoir lieu sans l'accord du Président de la République. »

Le résultat allégué par le capitaine Legorjus, savoir l'aboutissement pacifique du conflit, n'est toutefois confirmé par aucun des protagonistes des événements. Manquant de fondement, ces assertions ne pourront donc pas entrer en ligne de compte, bien qu'elles pourraient justifier un constat de violation de l'article 2 : la perspective d'une libération négociée des otages aurait, en effet, privé le recours à la force de son caractère absolument nécessaire. Semblable conséquence découlerait de la médiation décrite par Edgard Pisani, mais devra être écartée pour les mêmes raisons.

### b) la négociation alléguée par Edgard Pisani

L'ancien haut-commissaire de la République en Nouvelle-Calédonie[2] écrivit dans son livre autobiographique *Persiste et signe*[3] :

> « Quand les gendarmes ont été faits prisonniers et enfermés dans la grotte de Gossanah, j'ai pris contact avec Jean-Marie Tjibaou. À la suite de nombreuses conversations téléphoniques, nous sommes arrivés à une sorte de protocole d'accord : les gendarmes faits « prisonniers » seraient libérés et les militants du FLNKS se rendraient pour être mis dans un avion et immédiatement transportés à Paris pour y être emprisonnés et jugés. Jean-Marie Tjibaou ne réclamait pas l'élargissement de ses militants ; il acceptait

---

[1] Entretien précité

[2] V. *supra*, p. 35

[3] Paris, éd. Odile Jacob, 1992, pp. 367 à 369

parfaitement qu'ils fussent emprisonnés et jugés pour les crimes qu'ils avaient commis mais il ne voulait pas, se rappelant le procès des assassins de Hienghène, qu'ils fussent jugés en Nouvelle-Calédonie. Nos conversations allèrent si loin que les modalités pratiques de mise en œuvre de cette solution furent même élaborées : dès la libération des gendarmes, un avion militaire Transall se poserait sur la piste d'Ouvéa, chargerait les insurgés à son bord, traverserait la mer pour se poser en Australie où ils seraient transférés sur un avion de ligne. Arrivés à Paris, ils seraient jugés dans le cadre d'une procédure criminelle régulière.

Ce plan pouvait être appliqué, mais Bernard Pons et Jacques Chirac n'ont pas voulu d'une solution de ce type et ils ont précipité les choses pour la rendre impossible. Ils ont voulu l'affrontement dont ils pensaient qu'à la veille des élections il deviendrait un titre de gloire.

Mes soupçons sont d'autant plus fondés qu'au moment même où se déroulait le drame d'Ouvéa, je suivais de près un autre dossier qui était celui des otages français au Liban. Or je sais que des émissaires de Jacques Chirac et de Charles Pasqua ont, dans cette affaire, volontairement fait échouer une procédure, dont je ne garantis pas qu'elle aurait abouti mais qui, mise en œuvre, aurait sans doute permis la libération des otages. »

L'auteur ne donne pas plus de détails sur sa médiation. Notamment, il est impossible d'en déterminer les date et mandataire. Seul le journaliste Patrick Pesnot en fait mention dans son émission *Rendez-Vous avec X*[1]. En outre, il est légitime de s'interroger sur la capacité réelle de Jean-Marie Tjibaou à intercéder auprès d'Alphonse Dianou. Du reste, aucun des otages retenus dans la grotte, de même qu'aucun des interlocuteurs de Dianou (le capitaine Legorjus et le substitut Bianconi) n'eut connaissance de cette médiation[2]. Dans une lettre du 13 juin 2001, M. Edgard Pisani nous fit savoir qu'il ne souhaitait pas s'exprimer sur le thème de la Nouvelle-Calédonie. Si le succès

---

[1] Émission diffusée sur *France-Inter* le 11 décembre 1999

[2] M. Pisani « a expliqué publiquement le 4 mai à des militants socialistes [...] les raisons qu'il aurait eues de refuser (*La Croix* du 6 mai). » : LDH, *op. cit.*, p. 33

décrit avait été effectivement atteint, l'appréciation juridique des négociations en aurait été différente.

## B) En droit

Nous appliquerons aux faits de l'espèce (2) le raisonnement de la Cour européenne des Droits de l'Homme (1).

### 1) Présentation du raisonnement de la Cour européenne des Droits de l'Homme

Si, en raison de la nature même des faits de l'espèce, l'arrêt *McCann, Farell et Savage c. Royaume-Uni*[1] ne comporte aucune appréciation générale sur les tentatives de négociations en cas de prise d'otages, tel n'est pas le cas de l'arrêt *Andronicou et Constantinou c. Chypre*[2]. En effet, dans cette affaire, la Cour indique :

> « 183. [...] Il faut aussi relever que les autorités ont essayé de mettre fin à l'incident en usant de persuasion et de dialogue jusqu'à la dernière minute. Le négociateur de la police a poursuivi ses tentatives dans la dernière phase de l'incident pour assurer à Lefteris Andronicou qu'aucun mal ne lui serait fait s'il libérait la jeune femme. Des instructions ont en réalité été données, lors d'une réunion qui a pris fin à 23 heures, de retarder la participation des agents du *MMAD* aussi longtemps que possible pour permettre aux négociations de se poursuivre [...]. Cet effort soutenu des autorités pour résoudre le problème par la négociation montre qu'elles avaient le souci profond de ne recourir aux agents du *MMAD* qu'en dernière ressource.
>
> S'il y a pu avoir des défaillances en ce que, par exemple, on n'a pas éloigné les badauds ou prévu de liaison téléphonique spéciale entre le négociateur de la police et Lefteris Andronicou, la Cour estime néanmoins qu'en général les négociations ont été menées d'une manière pouvant passer pour raisonnables vu les circonstances. »

---

[1] Références précitées

[2] Références précitées

Deux enseignements méritent d'être tirés de ce paragraphe. La Cour, d'une part, attache de l'importance aux tentatives de négociations qui prouvent le caractère résiduel de l'usage de la force (a). D'autre part, le critère d'une appréciation raisonnable, déjà utilisé pour juger le caractère nécessaire du recours à la force[1], est repris pour déterminer si les négociations ont été bien menées (b).

### a) la tenue de négociations

La Cour européenne des Droits de l'Homme s'attache à une double considération. Tout d'abord, la tenue de négociations est retenue comme prouvant le souci des autorités de ne recourir à la force qu'en dernier ressort. Ce principe n'appelle guère de commentaire en lui-même, tant sa logique est évidente. Cette exigence est heureuse mais force est de constater qu'ici encore, le contrôle exercé par les juges est des plus minimaux. En effet, loin de s'interroger sur la « qualité » des négociations, la Cour se borne à constater l'existence de celles-ci. Bref, seuls les éléments matériels extérieurs sont retenus dans les motifs de l'arrêt *Andronicou.* Sous une autre approche, si les juges ne peuvent exiger des autorités une obligation de résultat concernant l'issue des négociations, une telle obligation empêcherait en effet tout recours à la force, une obligation de moyen n'est pas plus requise. Car la réalité de la volonté d'aboutir à une solution pacifique n'est pas vérifiée : la « bonne foi » dans la discussion n'est pas envisagée par la Cour européenne des Droits de l'Homme.

Une distinction doit être faite entre la volonté de mener des pourparlers et la volonté de les faire aboutir. La première peut se matérialiser par la constance du dialogue, y compris jusqu'aux dernières limites acceptables (dans l'affaire *Andronicou*, jusqu'au moment que le ravisseur avait prévu fatal pour son otage), tandis que la seconde relève davantage de la psychologie des protagonistes. Mais, selon la jurisprudence, seul le dialogue apparent suffit, peu importe qu'il soit mené ou non avec franchise. Ce contrôle de la Cour est d'autant plus minimal qu'il laisse aux

---

[1] V. *supra*, p. 80

autorités une large marge d'appréciation relativement à l'appréciation de l'échec des négociations.

### b) le critère de l'appréciation raisonnable de l'échec des négociations

Nous avons montré que la Cour européenne des Droits de l'Homme ne se montre guère exigeante concernant l'existence d'une violence illégale et l'appréciation qui peut en être faite par les autorités. Semblable latitude est laissée à ces dernières relativement à l'appréciation de la nécessité d'une intervention[1]. En effet, le critère de l'appréciation raisonnable est repris en la matière. Ce constat résulte du paragraphe 184 *in fine* de l'arrêt *Andronicou* :

> « Dans ces conditions et sachant que Lefteris Andronicou était armé, les autorités pouvaient raisonnablement estimer qu'à l'approche de minuit, les négociations avaient échoué et qu'il fallait tenter de pénétrer dans l'appartement [...]. »

Les mêmes questions méritent d'être à nouveau soulevées : l'adverbe « raisonnablement » renvoie-t-il à l'intime conviction des autorités – la Cour exerçant alors un contrôle d'opportunité du recours à la force en substituant son intime conviction à celle des forces de l'ordre – ou la raison telle qu'entendue par la Cour consiste-t-elle à appliquer les critères dégagés par elle, savoir la tenue de négociations ? Seule la seconde hypothèse permet d'appliquer utilement le raisonnement de la Cour aux faits de l'affaire d'Ouvéa, la première étant par trop aléatoire car relevant de la sensibilité propre à chaque observateur.

## 2) Application aux faits de l'espèce

C'est avec la grille de lecture fournie par les enseignements de la jurisprudence de la Cour européenne des Droits de l'Homme que

---

[1] V. le commentaire de l'arrêt *Andronicou et Constantinou c. Chypre* par Axelle REITER-KORKMAZ, *RTDH*, 1er juillet 1999, pp. 541 à 573. Sur ce point particulier, v. p. 569

doivent être examinés les faits décrits précédemment. Seront donc abordés, d'une part les éléments apparents de la négociation (a) et, d'autre part, la volonté constante de négocier (b).

### a) les éléments apparents de la négociation

Mentionnons, tout d'abord, que le premier geste des autorités officielles fut de négocier et non de donner l'assaut. Ainsi, lors de la localisation de la « grotte des guerriers » par le groupe conduit par le lieutenant Destremeau, ce dernier tenta d'établir un contact pacifique par l'envoi de quelques « anciens » des tribus, susceptibles de faire valoir les relations coutumières : « À ce moment-là, les intentions du général Vidal étaient d'obtenir la reddition par la négociation. »[1] Cette même attitude fut d'ailleurs adoptée par les forces de gendarmerie pour libérer les otages du groupe sud retenus sur la presqu'île de Mouly et peut donc être appréciée comme un franc désir d'éviter la violence. La décision du substitut Jean Bianconi de se porter au devant des ravisseurs, qui entraîna sa capture et celle de sept membres du GIGN dont le capitaine Legorjus, s'inspirait du même élan.

Chaque prise de contact avec les ravisseurs s'effectua sans violence et dans le but de mener un dialogue. De plus, des concessions furent accordées aux ravisseurs, qui permirent de nouer des relations plus détendues : citons le retrait des forces militaires du village de Gossanah vers Saint-Joseph, conformément au désir d'Alphonse Dianou lors de la capture du capitaine Legorjus et du substitut Bianconi, ou la reddition de six hommes du GIGN au cours du même épisode (alors que nombre de ravisseurs se trouvaient dans la ligne de mire des gendarmes), ou encore la recherche d'une médiation de nature davantage politique par l'intermédiaire de Franck Wahuzue. Bref, les autorités essayèrent bel et bien, au moins dans un premier temps, de faire preuve de conciliation.

Sans doute le propos doit-il être nuancé compte tenu des réserves émises par le capitaine Legorjus au sujet d'un préjugé défavorable à une solution négociée qu'il aurait constaté chez une

[1] Gilbert PICARD, *op. cit.*, p. 35

partie des chefs militaires[1]. Mais, sur le strict plan du droit et du raisonnement de la Cour européenne des Droits de l'Homme, le contrôle se limite aux actes extérieurs sans pénétrer la volonté profonde des interlocuteurs : l'argument est donc inopérant.

Tel ne serait pas le cas de la médiation menée par Edgard Pisani ou des négociations menées par le capitaine Legorjus telles qu'il nous les présenta, si elles avaient effectivement abouti comme les auteurs le prétendent. Dans ces hypothèses, le recours à la force n'aurait plus été « absolument nécessaire » puisque la violence illégale subie par les otages aurait pris fin grâce à une solution pacifique. Cette conclusion ne sera cependant pas nôtre, du fait du manque d'informations relatives à ces épisodes : nous nous bornerons donc à formuler l'hypothèse pour ne plus y revenir ensuite.

Outre l'apparente volonté de négocier, la durée des négociations est le second élément pertinent à envisager.

### b) la durée des négociations

Entre les deux phases de l'assaut final, c'est-à-dire alors que les forces de l'ordre avaient conquis la cuvette au fond de laquelle se situait l'entrée de la grotte, mais avant l'investissement de celle-ci[2], le capitaine Legorjus tenta de nouer un ultime dialogue en vue d'aboutir à une libération pacifique des otages :

> « Je demande au général Vidal de geler l'assaut et de tenter de reprendre les négociations. Je lui propose de quitter ma tenue de commando et de reprendre le costume de négociateur dans lequel Dianou me connaît. Je vais tenter une ultime démarche auprès du Bureau Politique du FLNKS et de Franck Wahuzue.
>
> Le général Vidal me donne son accord et je file à Saint-Joseph où je me change, puis à Faya-Oué où je tente de joindre les responsables kanaks.
>
> J'essaye tous les contacts que l'on m'a donnés.

---

[1] V. *supra*, pp. 93 et s.

[2] V. *infra*, p. 189

En vain. Le FLNKS ne répond plus. »[1]

Cette dernière tentative correspond parfaitement au constat dressé par la Cour au paragraphe 183 de l'arrêt *Andronicou* :

> « 183. [...] Il faut aussi relever que les autorités ont essayé de mettre fin à l'incident en usant de persuasion et de dialogue jusqu'à la dernière minute. Le négociateur de la police a poursuivi ses tentatives dans la dernière phase de l'incident pour assurer à Lefteris Andronicou qu'aucun mal ne lui serait fait s'il libérait la jeune femme. »[2]

Le fait qu'une tentative de négociation fut amorcée alors même que le recours à la force tendait à son extrême limite est donc conforme à la jurisprudence de la Cour au sujet de l'article 2 de la Convention.

**En définitive, du fait de l'échec des négociations, menées jusqu'à la dernière extrémité des événements, le recours à la force matérialisé par l'opération *Victor* fut absolument nécessaire pour défendre les otages contre la violence illégale exercée à leur encontre par les ravisseurs.**

Cette finalité n'est cependant que la première envisagée par le second paragraphe de l'article 2 de la Convention européenne des Droits de l'Homme. Celle-ci étant satisfaite, il convient à présent d'étudier plus brièvement les deux autres, à commencer par l'arrestation régulière des ravisseurs.

---

[1] Philippe LEGORJUS, *op. cit.*, p. 271, confirmé lors de notre entretien précité ; v. aussi Edwy PLENEL et Alain ROLLAT, *op. cit.*, p. 158

[2] Pour une appréciation contraire, v. le commentaire de l'arrêt *Andronicou* par Axelle REITER-KORKMAZ, références précitées, p. 569 : « [...] la longueur des négociations ne prouve nullement que les autorités ont tenu compte du contexte anodin de l'affaire mais semble plutôt résulter du manque de coordination et des tergiversations des responsables successifs de l'opération. »

## Section 2
## L'arrestation régulière des ravisseurs

L'article 2, paragraphe 2, b) de la Convention européenne des Droits de l'Homme suscita un problème d'interprétation dans deux décisions de la Commission. En effet, ce texte admet que le recours à la force soit justifié dans le cas où il est rendu absolument nécessaire « pour effectuer une arrestation régulière [...] ». Cette disposition est ambiguë : signifie-t-elle que les forces de l'ordre peuvent intentionnellement tuer un individu qu'elles souhaitent appréhender, ou n'autorise-t-elle que les homicides involontaires ?

La question fut d'abord soulevée dans l'affaire *Kathleen Stewart c. Royaume-Uni* du 10 juillet 1984[1]. Les faits étaient les suivants : le fils de la requérante décéda des suites de blessures causées par une balle en plastique qu'il reçut dans le crâne, tirée par un militaire membre d'une patrouille qui faisait face à cent-cinquante personnes les bombardant de pierres et de bouteilles. Le raisonnement tenu par la Commission débuta par l'extension de l'application de l'article 2 de la Convention aux cas où la mort n'est pas infligée de façon intentionnelle :

> « 15. La Commission estime que l'interprétation [...] qui envisage la sphère de protection offerte par l'article 2 comme ne se limitant pas à la mort infligée intentionnellement, découle du libellé et de la structure de l'article 2. Les exceptions énumérées au paragraphe 2, notamment, indiquent que cette disposition ne vise pas exclusivement la mort infligée intentionnellement. Toute autre interprétation serait difficilement compatible avec l'objet et la finalité de la Convention ou avec une interprétation stricte de l'obligation générale de protéger le droit à la vie. Selon la Commission, le texte de l'article 2, pris dans son ensemble, indique que le paragraphe 2 ne définit pas avant tout des situations dans lesquelles il est permis de tuer intentionnellement un individu mais les situations dans lesquelles il est permis d'avoir « recours

[1] *DR* 39, n° 10044/82, pp. 162 à 185

> à la force » alors même que cela peut aboutir à la mort, comme conséquence non prévue du recours à la force. Il faut démontrer que le recours à la force – qui a abouti à la mort – était « absolument nécessaire » à l'un des objectifs mentionnés aux alinéas (a), (b) ou (c) et donc justifié malgré les risques qu'il impliquait pour des vies humaines. »[1]

À ce stade, rien de permet d'apporter une réponse claire à la question posée précédemment, d'autant moins que la Commission borna la suite de son analyse à la troisième hypothèse envisagée par la Convention européenne des Droits de l'Homme, savoir la répression d'une émeute ou d'une insurrection, sur laquelle nous reviendrons dans la section suivante[2].

La décision *Margit Wolfgram c. RFA* du 6 octobre 1986[3] apporte, toutefois, des enseignements supplémentaires. L'affaire peut se résumer ainsi : le fils des requérants faisait partie d'un groupe qui était sur le point de braquer une banque ; alors que la police tenta de les arrêter en leur ordonnant de mettre les mains en l'air, l'un des malfaiteurs refusa d'obtempérer tandis qu'un complice fit exploser une grenade à main ; en réaction, la police ouvrit le feu et blessa le fils des requérants qui décéda quelques heures plus tard. Contrairement à la décision *Stewart* précitée, la Commission visa en l'espèce les alinéas a) et b) du paragraphe 2 de l'article 2[4] et conclut à l'absence de violation du texte. En effet, tenant compte « de la nature du but recherché, du danger pour les vies humaines et l'intégrité corporelle inhérent à la situation, et de l'ampleur du risque que la force employée [fît] des victimes »[5], la Commission fonda sa solution sur le fait que « le groupe avait des objectifs criminels graves, était abondamment équipé en armes dangereuses et que la police [...] avait eu connaissance de ces deux faits avant l'incident. »[6]

---

[1] Décision *Kathleen Stewart* précitée, § 15

[2] V. *infra*, p. 107

[3] *DR* 49, n° 11257/84, pp. 213 à 220

[4] P. 219

[5] *Ibid.*

[6] *Ibid.*

Il est difficile de tirer une conclusion certaine de ces deux affaires. En effet, la Commission n'a guère précisé dans quelles conditions la mort peut découler d'un recours à la force rendu absolument nécessaire pour effectuer l'arrestation régulière d'un individu. Le problème est troublé par le fait que la Commission ne s'est pas prononcée sur le terrain exclusif de l'article 2, paragraphe 2, b), mais a mélangé les finalités pour rendre une solution globale.

**Nous nous abstiendrons donc de confronter les faits de l'affaire d'Ouvéa à ce but**, à l'instar de la troisième hypothèse visée par l'article 2 de la Convention, savoir la répression, conformément à loi, d'une émeute ou d'une insurrection.

## Section 3
## La répression légale d'une émeute ou d'une insurrection

Si le problème posé par l'interprétation et l'application du deuxième alinéa du second paragraphe de l'article 2 de la Convention européenne des Droits de l'Homme relevait de la logique, les interrogations relatives au troisième et dernier alinéa de ce texte ressortent plutôt du domaine sémantique. En effet, les juges de la Convention n'ont donné aucune définition de l'émeute ou de l'insurrection, alors même qu'ils ont fondé l'une de leurs décisions sur ces concepts.

Revenons à l'affaire *Kathleen Stewart*[1] :

> « 24. La Commission n'ignore pas [...] que la définition légale d'une « émeute » est une question à propos de laquelle il peut y avoir des différences dans le droit et la pratique des États membres. À l'instar d'autres concepts de la Convention, il faut donc considérer celui-ci comme « autonome » et donc soumis à l'interprétation de la Commission et de la Cour européennes des Droits de l'Homme [...].
>
> 25. La Commission estime inutile de tenter de donner une définition ou une explication exhaustives du mot « émeute » à l'alinéa (c). En l'espèce, la Commission considère qu'une assemblée de 150 personnes jetant des projectiles sur une patrouille de soldats au point que ceux-ci risqueraient d'être gravement blessés doit être considérée, quel que soit le critère appliqué, comme constituant une émeute. [...] »

**Compte tenu de l'absence de définition claire de l'émeute ou de l'insurrection, les faits de l'affaire d'Ouvéa ne seront pas confrontés au dernier alinéa du paragraphe 2 de l'article 2 de la Convention européenne des Droits de l'Homme.**

---

[1] Références précitées

## Conclusion du chapitre

**Compte tenu de la violence exercée à l'encontre des gendarmes du GIGN en général et du capitaine Picon en particulier, la détention ne pouvait guère être prolongée sous peine d'aboutir à l'exécution d'un ou plusieurs otages. Or, les négociations menées par les autorités, le capitaine Legorjus en l'occurrence, ne permirent pas de mettre fin pacifiquement à la crise.**

Le capitaine Legorjus résume admirablement la situation :

> « Maintenant, il me faut lutter de vitesse contre une dynamique que je connais bien chez les preneurs d'otages. Elle va se mettre en marche dès que Dianou comprendra qu'il n'y a plus de négociations en vue. Le seul levier qui lui reste à lui et aux siens pour faire bouger les choses, c'est de liquider l'un des six du GIGN. »[1]

**Dès lors, les forces de l'ordre envisagèrent à raison de mener une opération de vive force**, dont il convient à présent de présenter la préparation et le contrôle.

[1] Philippe LEGORJUS, *op. cit.*, p. 258

## CHAPITRE 2

# LA PRÉPARATION ET LE CONTRÔLE DE L'OPÉRATION *VICTOR*

Les faits de l'affaire d'Ouvéa doivent être confrontés au raisonnement dégagé par la Cour européenne des Droits de l'Homme aux paragraphes 181 et 182 de l'arrêt *Andronicou et Constantinou c. Chypre*[1] :

> « 181. L'unique souci de la Cour doit être d'évaluer si, dans ces conditions, la préparation et le contrôle de l'opération de sauvetage [...] montrent que les autorités ont déployé la vigilance voulue pour s'assurer que toute mise en danger des vies de Lefteris Andronicou et Elsie Constantinou avait été réduite au minimum et que les autorités n'ont pas fait preuve de négligence dans le choix des mesures prises. [...] »
>
> « 182. En procédant à son évaluation de la phase de préparation et de contrôle de l'opération sous l'angle de l'article 2 de la Convention, la Cour doit considérer tout particulièrement le contexte dans lequel l'accident s'est produit ainsi que la manière dont la situation a évolué au fil de la journée. »

Trois questions permettent de cerner globalement les faits. Tout d'abord, quelles unités furent choisies pour intervenir (section 1) ? Ensuite, sous quelle autorité agirent-elles (section 2) ? Enfin, quel fut leur plan d'action (section 3) ?

[1] Références précitées

## Section 1
# Le choix des unités engagées

À l'exposé des faits (I) succédera leur analyse sous le prisme de la jurisprudence de la Cour européenne des Droits de l'Homme (II).

## I) En fait

Seules seront ici présentées les unités choisies en vue du combat, non celles utilisées à des fins logistiques (par exemple, le transport des prisonniers et des blessés ou la mise en place d'une antenne médicale). C'est pourquoi le Régiment d'infanterie de marine du Pacifique (RIMAP), entre autres, sera exclu[1] au profit des seules unités d'intervention de la gendarmerie nationale (A) et des forces de type commando (B).

### A) Les unités d'intervention de la gendarmerie nationale : le GIGN et l'EPIGN

Dès la constatation par le lieutenant Destremeau de l'attaque de la brigade de Fayaoué et de la capture des gendarmes mobiles et territoriaux, les autorités métropolitaines se réunirent autour du Premier ministre-candidat à l'élection présidentielle, Jacques Chirac, et de son ministre de la Défense, André Giraud. L'envoi sur place d'unités spécialisées s'imposa rapidement au profit du Groupe d'intervention de la gendarmerie nationale (GIGN)[2]. En effet, l'organisation même de la gendarmerie voulait que le GIGN intervînt en appui des gendarmes départementaux ou

---

[1] Patrick FORESTIER, *op. cit.*, p. 52 ; Edwy PLENEL et Alain ROLLAT, *op. cit.*, p. 145

[2] V. annexe 4, pp. 297 et s.

territoriaux, tandis que les interventions du RAID (acronyme pour Recherche Assistance Intervention Dissuasion), pendant du GIGN dans la police nationale[1], fussent cantonnées à cette dernière. Compte tenu cependant de l'ampleur de la tâche à accomplir, le détachement du GIGN reçut le soutien d'un groupe de l'Escadron parachutiste d'intervention de la gendarmerie nationale (EPIGN)[2].

Ce choix n'appelle guère de commentaire : le GIGN, de par les motifs de sa création et de l'entraînement de ses membres, était l'unité la plus apte à résoudre une prise d'otages. Plus complexes, en revanche, sont les raisons pour lesquelles le Onzième régiment parachutiste de choc et le Commando d'action sous-marine Hubert furent envoyés en Nouvelle-Calédonie.

## B) Les commandos : le Onzième Choc et le Commando Hubert

L'envoi de ces forces hautement « spéciales » sur le théâtre des opérations soulève deux interrogations, la première tenant aux raisons de ce choix (1), la seconde à ses modalités juridiques de mise en œuvre (2).

### 1) Controverse sur le choix des unités

Ces « forces spéciales » sont habituellement destinées à l'accomplissement d'opérations spéciales qui se définissent ainsi :

> « Les opérations spéciales sont des activités militaires menées par des forces spécialement désignées, organisées, entraînées et équipées, utilisant des techniques opérationnelles et des modes d'actions inhabituels aux forces conventionnelles, ou en coordination avec celles-ci, pour atteindre des objectifs politiques, militaires, psychologiques ou économiques. Des considérations politico-militaires peuvent nécessiter le recours à des techniques ouvertes, couvertes ou

[1] V. Étienne PICARD, « Forces civiles et militaires de police : organisation » ; *J.-Cl. Administratif*, 1987, fasc. 201-2, p. 14

[2] Gilbert PICARD, *op. cit.*, p. 18

discrètes, et l'acceptation d'un niveau de risque physique et politique non compatible avec les opérations conventionnelles[1]. »

Pour autant, des nécessités pratiques (a) ont pu, à tout le moins, justifier l'envoi des commandos mais ne sauraient occulter le débat portant sur les raisons politiques d'un tel choix (b).

### a) les nécessités pratiques

L'envoi de forces de type « commando » surprend de prime abord. En effet, s'il arrive parfois que des unités militaires (au sens le plus restreint, c'est-à-dire à l'exclusion de la gendarmerie) soient employées pour fournir un appui logistique lors d'opérations de maintien ou de rétablissement de l'ordre[2], l'envoi de troupes au contact direct des fauteurs de trouble est des plus rares[3]. D'ailleurs, les forces dites « de deuxième catégorie », c'est-à-dire les compagnies républicaines de sécurité – pour la police nationale – et les gendarmes mobiles[4] furent créées comme un moyen terme, hautement spécialisé, entre les unités classiques de la police et de la gendarmerie, et « la troupe ». En l'espèce, un tel choix était cependant justifié par des circonstances pratiques. Ainsi :

« [...] [le capitaine Legorjus] explique aux autorités que le GIGN ne pourrait pas intervenir seul, étant donné la

---

« [1] Cette définition, donnée par le glossaire interarmées de terminologie militaire, est identique à celle proposée par les structures décisionnelles de l'OTAN. » La définition et la note sont extraites de l'ouvrage collectif dirigé par Pascal LE PAUTREMAT, *Forces spéciales Nouveaux conflits, nouveaux guerriers* ; Paris, éd. Autrement, coll. Frontières, 2003, p. 80 (article de Pascal LE PAUTREMAT, « Les forces spéciales de l'armée française »).

[2] Par exemple, pour dégager grâce à des chars d'assaut l'autoroute A1 des poids-lourds qui l'obstruaient à Phalempin (Nord) lors de la grève des chauffeurs routiers au début de l'été 1992.

[3] *Contra* : le plan *Vigipirate*, exception confirmant la règle. V. l'article de Marc WATIN-AUGOUARD, « Sécurité intérieure : pluralité et complémentarité des forces » ; revue *Droit et défense*, 4ème trimestre 1997, pp. 15 à 29 (plus particulièrement la page 28).

[4] Créés par la loi du 21 juillet 1921, d'abord sous la forme de pelotons de gendarmerie mobile : François DIEU, « Maintien de l'ordre et gendarmerie nationale » ; revue *Droit et défense*, 2ème trimestre 1993, pp. 17 à 26

> dimension du périmètre et qu'il faudra au préalable neutraliser les postes de garde. »[1]

> « Le capitaine Legorjus explique que ses hommes sont certes de grands spécialistes pour investir des bâtiments et lieux clos. Ils pourront intervenir efficacement à l'intérieur de la grotte. C'est leur boulot. Par contre, ils n'ont pas la formation requise pour la progression sur le terrain, sous le tir d'armes automatiques. Pour cela, il faut employer des commandos rompus aux techniques du combat et de la guérilla.
> À Nouméa, tout le monde tombe d'accord pour demander à Paris l'envoi d'une force supplémentaire, « avec capacité commando renforcée ». »[2]

Ce principe étant admis, encore fallut-il déterminer les unités compétentes :

> « Dans la capitale, les membres de la cellule de crise traduisent immédiatement le message. Quelles unités peuvent-elles être chargées de cette véritable opération de guerre ? Le commando Hubert, les super-hommes de la Marine, [...]. Mais ce ne serait pas suffisant. Ce sont des spécialistes du corps à corps, de l'infiltration. Pourtant, il faudra réduire les résistances. Le Onzième Choc, fer de lance de la D.G.S.E., convient tout particulièrement. Ses parachutistes, élite de l'élite, ont participé à des opérations simulant la libération d'otages en pays ennemi. Beaucoup d'entre eux n'ont pas eu le baptême du feu. Ceux qui ont connu la guerre d'Algérie n'ont plus l'âge d'être opérationnels... Mais les paras du Onzième Choc sont tellement motivés et conscients de leur mission qu'ils la remplissent toujours avec succès. »[3]

La DGSE[4], autrement dit l'espionnage français : si le Onzième Choc[1] relevait « ouvertement » de son service action[2], sans doute

---

[1] Philippe LEGORJUS, *op. cit.*, p. 237

[2] Gilbert PICARD, *op. cit.*, p. 53 ; v. aussi Patrick FORESTIER, *op. cit.*, p. 200

[3] *Ibid.* ; *ibid.*

[4] Instaurée par le décret n° 82-306, qui indique en son article 2 que la DGSE exerce son activité ordinaire en dehors du territoire national, ce qui n'empêche nullement de lui attribuer une tâche extraordinaire par réquisition. V. par

le Commando Hubert disposait-il de rapports privilégiés avec ce service, du fait de son implication dans la protection de sites sensibles, tel l'atoll de Mururoa où se déroulaient les essais nucléaires français[3]. Bref, l'envoi de « barbouzes » n'était pas innocent aux yeux de certains commentateurs, ceux-là mêmes qui avancèrent que la déstabilisation de la Nouvelle-Calédonie était l'œuvre de puissances terroristes ou ennemies (Libye, URSS).

Il ne s'agit là que d'hypothèses, sur lesquelles nous nous garderons bien de porter un quelconque jugement. En tout état de cause, le choix des autorités était plus sûrement motivé par des considérations beaucoup plus prosaïques :

> « Les spécialistes entraînés pour ce type de mission ne sont pas nombreux. D'autant plus que les ravisseurs, en nombre relativement important, disposent d'un armement de guerre complet permettant de soutenir une attaque en règle si la négociation échoue. Le général Schmitt n'hésite pas. Il propose au Premier ministre le départ d'éléments du 11e Choc, le service action de la D.G.S.E., et du commando marine « Hubert », le nec plus ultra des forces spéciales françaises. »[4]

Ce constat est confirmé par le général Norlain[5] (alors chef du cabinet militaire du Premier ministre Jacques Chirac) :

> « Le GIGN était débordé et ne pouvait intervenir seul. La nature du terrain était très particulière… Et la grotte n'était pas localisée [quand le choix fut fait d'envoyer les commandos] ! Il fallait donc envoyer des forces spéciales, qui n'existaient d'ailleurs pas. C'est pour cette raison que le rassemblement des forces était un peu hétéroclite. »

---

exemple les missions de surveillance de la frontière entre la Guyane et le Brésil effectuée par la Légion étrangère.

[1] V. annexe 4 pp. 299 et 300

[2] Commandé à Ouvéa par le colonel Magnificat : Gilbert PICARD, *op. cit.*, p. 55

[3] V. annexe 4, pp. 300 et s.

[4] Patrick FORESTIER, *op. cit.*, p. 66

[5] Entretien du 22 mai 2001

Une autre explication, relevant davantage de la basse politique, fut toutefois avancée.

## b) les préoccupations politiques

Cet aspect de la controverse est remarquablement résumé par le capitaine Legorjus :

> « En métropole, les résultats du premier tour des élections présidentielles ne sont pas très favorables à Jacques Chirac. Le Premier ministre y croit encore et il est décidé à jeter dans la balance tout ce qui peut permettre de la faire pencher en sa faveur. Alors que Charles Pasqua prépare secrètement la libération des otages du Liban, il devient intolérable pour un gouvernement qui fait profession de fermeté que des gendarmes soient prisonniers en territoire français. Et que l'on ne parvienne même pas à les localiser sur une si petite île. »[1]

Dans ce contexte d'affrontement politique, l'envoi de troupes de type « commando » ne pouvait que souligner, sinon une certaine forme de virilité, du moins une fermeté dans l'action qui caractérisait le candidat Chirac face aux supposés atermoiements de son adversaire socialiste et président sortant, François Mitterrand[2].

D'autres auteurs ont mis en avant l'agacement du Premier ministre face à la relative incapacité des gendarmes à régler le problème dont ils semblaient être la cause première. De là viendrait le remplacement, à la tête de l'opération, du général de gendarmerie Antonio Jérôme par le général commandant en chef des forces armées en Nouvelle-Calédonie, Jacques Vidal[3]. Cette suspicion est clairement décelable dans les propos de certains de nos interlocuteurs, qui conservent, encore aujourd'hui, l'amer sentiment d'avoir été perçus comme des

---

[1] Philippe LEGORJUS, *op. cit.*, p. 211

[2] Comparer : « « *La soumission ou l'extermination !* » : c'est l'alternative que M. Jean-Marie Le Pen laisse à ceux qu'il appelle « *les rebelles* » canaques. » *Le Monde*, jeudi 5 mai, p. 17

[3] V. *infra*, pp. 132 et s.

incapables par le pouvoir central, indifférent au climat général du territoire et aux difficultés pratiques qui empêchaient un dénouement rapide du conflit.

Le Haut-commissaire appela finalement les forces armées de troisième catégorie.

### 2) Les réquisitions de la force armée

L'emploi de forces armées de troisième catégorie dans le but de maintenir ou de ramener l'ordre sur l'île d'Ouvéa ne pouvait s'accomplir que par un acte juridique spécifique, savoir une réquisition :

> « Les officiers de la gendarmerie [territoriale] demandent à Destremeau de les aider [dans l'opération de recherche]. À Nouméa, le général Jacques Vidal, patron de toutes les forces armées du territoire, commence par refuser. Il s'agit d'une affaire de maintien de l'ordre dans laquelle aucun élément militaire ne peut être impliqué sans réquisition spéciale. Mais devant les difficultés de la gendarmerie et les faibles moyens dont elle dispose dans l'île (sur la Grande Terre, les troubles mobilisent, en particulier à Canala, la majorité des effectifs), le général Vidal se rend [...] chez le haut-commissaire Clément Bouhin pour lui proposer d'associer les forces armées à une opération de police judiciaire. Le « Haussaire » est réticent. De toutes manières, il doit en avertir Paris. »[1]

Ce mécanisme est souvent mal connu :

> « À Ouvéa, [...] une opération militaire fut menée pour mettre fin à une prise d'otages. Ce qui aurait pu et aurait dû n'être qu'une action de police devint [...] un coup de main guerrier [...]. Une guerre sauvage, puisque dépourvue d'assise légale crédible : ni l'état d'urgence, ni l'état de siège ne furent proclamés, seuls cas où l'armée récupère par la loi les pouvoirs de l'autorité civile. »[2]

---

[1] Patrick FORESTIER, *op. cit.*, p. 53
[2] Edwy PLENEL et Alain ROLLAT, *op. cit.*, p. 8

Faux ! L'association de l'armée à l'opération avait bien un fondement légal, dont les mécanismes peuvent se résumer ainsi :

> « 283. L'idée que les forces armées peuvent participer au maintien ou au rétablissement de l'ordre remonte à la Révolution de 1789 (*L. 14 sept. 1791, art. 1er*). Dans son article 20 la Constitution de 1958 en apporte la confirmation en disposant que le Gouvernement peut utiliser la force armée. Mais cet emploi doit rester exceptionnel, – en dehors de la participation de la gendarmerie, force militaire spécialisée dans les opérations de maintien de l'ordre, – ; il est donc assujetti à une procédure spécifique et doit résulter d'une réquisition.
>
> 284. C'est l'instruction interministérielle du 20 juin 1970[1] qui actuellement régit cette procédure.
>
> Le préfet adresse sa demande au général commandant la région militaire, sous couvert du préfet de zone, car c'est à ce dernier d'établir l'ordre de priorité entre les demandes de concours qui pourraient être simultanées.
>
> Une fois l'accord obtenu le représentant de l'État dans le département est seul juge de la mise en application des mesures nécessaires et du choix du moment opportun ; symétriquement, les responsables militaires, qui doivent déférer à la réquisition, ont compétence pour apprécier la composition et l'étendue des moyens d'intervention susceptibles d'être utilement mis à la disposition de l'autorité civile. »[2]

Cette réquisition se décline de trois manières :

> « La réquisition est l'acte par lequel l'autorité civile demande, dans le respect des dispositions législatives et réglementaires, à l'autorité militaire de « prêter le secours

---

[1] Concernant plus spécifiquement les attroupements, le code pénal, dans sa rédaction ancienne, décrivait les modalités de réquisition et d'emploi de la force dans ses articles D. 1 à D. 7 (articles R. 431-1 et R. 431-2 du Code pénal, complétés par le décret n° 95-573 du 2 mai 1995).

[2] Jacques MOREAU, « Polices administratives : théorie générale » ; *J.-Cl. Administratif*, 1993, fasc. 200, p. 24

des troupes nécessaires afin de rétablir l'ordre »[1] [article D. 3 de l'ancien code pénal]. L'instruction du 20 juillet 1970 distingue trois catégories de réquisitions : la réquisition générale qui permet d'obtenir de l'autorité militaire un ensemble de moyens en vue de leur utilisation pour le maintien de l'ordre ; la réquisition particulière qui confie à une troupe déterminée une mission précise et délimitée pouvant prescrire l'usage de la force mais pas celui des armes ; la réquisition complémentaire spéciale qui accompagne ou fait suite à une réquisition particulière et prescrit l'usage des armes. »[2]

Deux réquisitions furent signées par le haut-commissaire en Nouvelle-Calédonie, Clément Bouhin[3], le 22 avril[4]. La première, particulière, requérait le général Vidal « de prêter le secours des troupes nécessaires pour contribuer sur l'île d'Ouvéa en [*sic*] maintien de l'Ordre public, à la libération des personnels détenus illégalement et à l'arrestation des fauteurs de trouble. » La seconde, complémentaire spéciale, visait le même officier supérieur et les mêmes buts, en précisant toutefois que « l'emploi de la force pour l'exécution de la présente réquisition comporte l'usage des armes ; l'autorité militaire reste libre d'en régler l'emploi. » Par conséquent, l'emploi des forces armées de troisième catégorie dans l'affaire d'Ouvéa remplissait les conditions de légalité posées par le droit de source nationale. Le choix des unités était-il

---

1 « La procédure de réquisition consiste dans l'émission d'un ordre écrit, répondant à certaines conditions légales de fond et de forme, mais qui, exclusif de toute relation hiérarchique, fixe seulement le but à atteindre tout en laissant aux exécutants le choix des moyens à mettre en œuvre [...]. Cette procédure ingénieuse permet ainsi de protéger l'État contre sa force, puisque celle-ci ne peut se mettre en branle sans cet ordre écrit des autorités civiles ; elle garantit aussi les citoyens contre les autorités civiles, puisque ces dernières, pour l'utiliser, doivent suivre les règles posées par la loi que leurs représentants ont délibérées ; enfin, elle couvre la force elle-même ainsi que ses chefs puisque leur responsabilité se limite aux seuls moyens mis en œuvre sans s'étendre aux buts ou à l'objet même de l'opération. » : Étienne PICARD, « Forces de police : définition et missions (généralités) » ; *J.-Cl. Administratif*, 1986, fasc. 201-1, p. 5

2 François DIEU, article précité, p. 23

3 Joint par téléphone, M. Bouhin n'a pas souhaité s'exprimer sur la question. L'on ignore donc s'il prit les réquisitions de son propre chef ou sur ordre supérieur. Toutefois, selon Bernard Pons (entretien précité), la décision d'envoyer des forces de type « commando » fut bel et bien prise par le Premier ministre.

4 V. annexe 3, pp. 293 et s.

cependant conforme à l'article 2 de la Convention européenne des Droits de l'Homme ?

## II) En droit

La première partie du paragraphe 185 de l'arrêt *Andronicou et Constantinou c. Chypre*[1] est ainsi rédigée :

> « 185. La Cour estime justifiée la décision des autorités de faire appel aux agents du *MMAD* dans le contexte tel qu'il était perçu à l'époque. Le recours aux compétences d'une unité fortement entraînée sur le plan professionnel paraît totalement normal vu la nature de l'opération envisagée. La décision d'appeler le *MMAD* a du reste été envisagée comme dernière ressource. Elle a été examinée à la fois au plus haut niveau de la chaîne de commandement de la police et au niveau ministériel [...], pour n'être mise en œuvre que lorsque les négociations eurent échoué et [qu'il] y eut raisonnablement lieu de penser que la vie de la jeune femme était en danger imminent. [...] »

Ces considérations permettent de tirer des enseignements généraux quant au raisonnement mis en œuvre par la Cour (A) qu'il conviendra ensuite d'appliquer aux faits de l'espèce (B).

### A) Présentation du raisonnement de la Cour européenne des Droits de l'Homme

Deux questions sont abordées par la Cour : la première est relative à la compétence des unités (1), la seconde concerne la décision de les engager dans l'intervention (2).

---

[1] Références précitées

## 1) La compétence des unités d'intervention

Le seul critère retenu par la Cour est le suivant : « une unité fortement entraînée sur le plan professionnel » eu égard « à la nature de l'opération envisagée ». Ce bon sens apparent ne saurait masquer une grave lacune dans l'appréciation des faits. Car la Cour semble appliquer le principe selon lequel « qui peut le plus peut le moins » : autrement dit, les juges ne s'interrogent pas sur la nature de l'entraînement des unités, ni sur leurs capacités réelles par rapport aux modalités pratiques de l'opération considérées de façon plus précise. Bref, il suffit aux forces d'intervention d'être professionnelles, peu important le domaine prévu pour leur action.

La question avait été déjà soulevée par les requérants dans l'affaire *McCann, Farell, Savage c. Royaume-Uni*[1] :

> « 151. Les requérants affirment [...] que l'article 2 par. 1 [...] de la Convention impose aux États l'obligation positive de « protéger » la vie. Le droit interne doit notamment contrôler et limiter de façon stricte les circonstances dans lesquelles les agents de l'État sont autorisés à infliger la mort. L'État doit également fournir une formation, des instructions et des consignes appropriées à ses militaires et aux autres agents susceptibles d'avoir recours à la force [...].
>
> [L'article 2 paragraphe 1] est [...] [méconnu] du fait que le droit n'impose pas aux agents de l'État de subir un entraînement compatible avec les règles strictes de l'article 2 par. 1 [...]. »

Et la Cour de répondre ainsi :

> « 156. Quant aux arguments des requérants sur la formation et les instructions reçues par les agents de l'État et la nécessité d'un contrôle opérationnel, la Cour estime qu'il s'agit de questions qui, en l'espèce, posent au regard de l'article 2 par. 2 [...] le problème de la proportionnalité de la riposte de l'État à la menace d'un attentat terroriste telle qu'elle était perçue. À ce titre, il

[1] Références précitées

suffit de relever que les dispositions réglementant l'ouverture du feu communiquées aux militaires et à la police en l'occurrence constituent une série de règles régissant le recours à la force qui reflètent fidèlement la norme interne ainsi que la substance de celle établie par la Convention [...]. »

En définitive, la Cour écarte le problème du choix des unités engagées dans l'opération, du moment que celles-ci ont reçu des consignes conformes à la substance de la protection énoncée par l'article 2 de la Convention. Or, ce raisonnement peut être attaqué sur le plan logique, car la Cour ne vérifie pas si les consignes données sont susceptibles d'être effectivement appliquées par les agents de l'État[1]. En d'autres termes, les juges se bornent à constater la pétition de principe des autorités sans s'assurer de son caractère réalisable, ce qui constitue une faille importante dans la protection de la vie. Un tel flou dans l'analyse se constate aussi dans l'appréciation faite par la Cour de la décision d'engager telle ou telle unité.

### 2) La décision d'engager les unités

L'analyse menée par la Cour européenne des Droits de l'Homme dans l'affaire *Andronicou et Constantinou c. Chypre* soulève deux problèmes. D'une part, qui peut légitimement arrêter le choix des unités appelées à intervenir (a) ? D'autre part, quelle est la nature du contrôle exercé par les juges (b) ?

---

[1] V. le commentaire de l'arrêt *Andronicou* par Axelle REITER-KORKMAZ, références précitées, pp. 570 et 571 : « Enfin, divers agents du MMAD ont reconnu qu'ils étaient entraînés à tirer pour tuer dans toutes les circonstances et chaque fois qu'ils ouvraient le feu ! Cette seule confession devrait constituer une cause inéluctable de condamnation de la République de Chypre puisqu'elle témoigne à suffisance du manque de respect du droit à la vie de ses citoyens dont cet État fait preuve ainsi que d'une méconnaissance manifeste des précautions dans le maniement des armes à feu que l'on est en droit d'attendre des responsables de l'application des lois dans une société démocratique. »

### a) les titulaires de la maîtrise du choix des unités

À première lecture, la Cour développe en la matière une analyse plus fouillée que celles qu'elle peut mener sur d'autres questions. En effet, les juges s'interrogent sur les modalités de désignation des unités engagées. Dans l'affaire *Andronicou*, « la décision d'appeler le *MMAD* [...] a été examinée à la fois au plus haut niveau de la chaîne de commandement de la police et au niveau ministériel [...]. »[1] Bref, l'examen de la Cour portant sur les modalités de cette décision, l'on pourrait s'attendre à ce que la chaîne de commandement soit analysée de façon précise afin de déterminer, premièrement la légalité du choix, secondement les responsabilités éventuelles. Or, il n'en est rien, puisque la Cour borne là son examen des faits. L'analyse est donc des plus réduites, d'autant qu'une grande marge d'appréciation est laissée aux autorités du fait de la nature même du contrôle opéré par les juges sur la question.

### b) la nature du contrôle exercé par la Cour européenne des Droits de l'Homme sur ce choix

Revenons au paragraphe 181 de l'arrêt *Andronicou* :

> « La Cour ne juge [...] pas opportun [...] de substituer son propre point de vue à celui des autorités confrontées à un dilemme sans précédent dans l'État défendeur et à la nécessité de prendre des mesures décisives pour sortir de l'impasse. [...] »

L'on pourrait donc s'attendre à ce que la Cour opère un strict contrôle de légalité des faits, puisqu'elle exclut elle-même le principe d'un contrôle d'opportunité. Par conséquent, il serait de bonne logique que la Cour exprime son interprétation de l'article 2 par l'affirmation de critères généraux applicables à toute espèce. Or, concernant le contrôle du choix des autorités d'engager telle unité plutôt qu'une autre, la conclusion de la Cour est la suivante :

---

[1] § 185

> « 185. La cour estime justifiée la décision des autorités de faire appel aux agents du *MMAD* dans le contexte tel qu'il était perçu à l'époque. Le recours [à cette unité] paraît totalement normal vu la nature de l'opération envisagée. [...] »

« Normal » : tel est l'argument que la Cour retient comme étant décisif, ce qui n'est pas sans rappeler l'adverbe « raisonnablement » employé sur d'autres questions. En outre, la Cour opère son contrôle en replaçant les faits dans le contexte de l'époque, ce qui souligne le caractère pragmatique de son approche. Dans ces conditions, peut-on encore parler d'un contrôle de légalité ? Celui-ci manquerait en effet 'arguments solides. Mais un contrôle d'opportunité est expressément exclu par la Cour.

Indépendamment de la controverse juridique induite par un tel flou, le résultat pratique de cette analyse est que le contrôle exercé par la Cour européenne des Droits de l'Homme est finalement minimal : les autorités disposent, par conséquent, d'une grande liberté dans le choix de leurs moyens d'action. Une telle conclusion complique évidemment l'examen des faits de l'affaire d'Ouvéa.

## B) Application aux faits de l'espèce

La question est la suivante : la décision d'envoyer et d'engager sur le théâtre des opérations des éléments du GIGN, du Onzième Choc et du Commando Hubert était-elle conforme aux prescriptions de l'article 2 de la Convention européenne des Droits de l'Homme tel qu'interprété par la Cour ? Le problème soulevé par la légitimité d'un tel choix eu égard à l'organisation de la chaîne hiérarchique sera envisagé dans l'étude globale du commandement de l'opération *Victor* en raison de sa connexité avec ce dernier point. Nous nous bornerons donc à l'examen du choix même.

Les différentes unités engagées étaient bien différentes : si le GIGN, par son histoire, ses missions et l'entraînement de ses hommes correspondait parfaitement aux nécessités de l'opération en ce qu'elle visait la libération d'otages, les différences avec les commandos étaient flagrantes. En effet, ceux-ci n'étaient pas destinés à intervenir dans une opération de maintien/rétablissement de l'ordre et encore moins dans une opération de police judiciaire[1]. Ces unités étaient davantage formées en vue d'une action en temps de guerre, ou peu s'en fallait. Bref, l'on pourrait presque avancer une différence « culturelle » patente[2]. Ce fossé était encore plus flagrant compte tenu de l'entraînement subi par les éléments qui composaient ces unités. Si le GIGN a développé, au fil de son histoire, une culture de la vie humaine, d'économie des munitions et d'action préalable par la négociation[3], tel n'était pas le cas des commandos ; mais il est vrai que leurs missions théoriques étaient fondamentalement différentes. Pascal Le Pautremat, directeur d'un ouvrage collectif sur les forces spéciales, rapporte :

> « D'après les quelques anciens membres des [forces spéciales] qui ont bien voulu répondre à nos questions, la place de l'éthique est négligeable dans le travail demandé. Ils suivent une mise en condition mentale où l'idée d'être amené à tuer est parfaitement intégrée et admise. Les intéressés ne se posent alors aucune question puisqu'ils ont la ferme conviction de participer à la défense de la nation, avec le sentiment que la vie d'un homme s'efface devant le destin de centaines d'autres. Ils pratiquent une violence légitimée à laquelle ils s'habituent et à

---

[1] « Des hommes du GIGN reprochent au 11e choc d'être spécialisé dans la réduction d'une résistance isolée, et non pas – comme c'était le cas à Ouvéa – dans la lutte contre des preneurs d'otages. « Victor » avait pour but, disent-ils, de libérer des détenus, et non pas de réduire une résistance par la force. Du reste, observent-ils, le 11e choc a été « fixé » sur place par l'action des ravisseurs, qui l'ont tenu sous leur feu. Il fallait déployer de la ruse, là où une unité militaire d'élite, entraînée à des opérations qui consomment beaucoup de munitions pour dresser un rideau de feu face à l'adversaire retranché, manque de finesse. » : « Tiraillements entre forces spéciales et gendarmes », article de Jacques ISNARD, *Le Monde*, vendredi 13 mai 1988, p. 7

[2] « Unité quelque peu secrète, alors que le GIGN offre un visage plus public, les hommes du 11e choc n'ont pas la même formation psychologiques que les « super-gendarmes » : les uns s'entraînent à faire la guerre, les autres à sauver des vies humaines. » : « Sept questions et un mystère sur l'affaire d'Ouvéa », article de Georges MARION et Edwy PLENEL, *Le Monde*, samedi 14 mai 1988, p. 13

[3] « La prise de contact directe ou la négociation sont des méthodes privilégiées utilisées par le GIGN pour résoudre certains problèmes. Mais, quelquefois, ces moyens doivent laisser place à un art tout aussi subtil dans lequel nous sommes passés maîtres : prendre possession du terrain de l'adversaire, tout en assurant sa sécurité, alors qu'il n'en a pas véritablement conscience. » : Philippe LEGORJUS, *op. cit.*, p. 63

> laquelle, une fois sortis des [forces spéciales], ils s'obligent à ne plus penser. »[1]

Cet écart n'est cependant pas décisif vu le raisonnement de la Cour européenne des Droits de l'Homme. En effet, celle-ci ne va pas aussi loin dans son analyse des faits, se contentant de constater le haut niveau d'entraînement des unités engagées. Or, s'il est exact de dire que GIGN et commandos étaient composés de tireurs expérimentés, il serait pour autant faux de conclure que cette grande pratique permettait obligatoirement de neutraliser un individu sans le tuer : autrement dit, il est sans doute plus difficile de tirer pour blesser que de maîtriser son arme de façon à protéger autant que faire se peut la vie humaine.

Raisonnons par analogie avec les faits de l'affaire *McCann, Farell, Savage c. Royaume-Uni*[2], dans laquelle l'intervention fut menée par des agents du *SAS* britannique :

> « 174. [Les requérants] avancent l'idée qu'un complot visant à tuer [les suspects] peut être mené à bien par différents moyens, tels que des allusions et des insinuations et par le choix d'une unité militaire tel le SAS dont les membres, comme il ressort de leur déposition lors de l'enquête, sont entraînés à neutraliser une cible en tirant pour tuer. [...] Le recours au SAS représente en soi une preuve de l'intention de tuer. »

La Cour européenne des Droits de l'Homme tenta de répondre ainsi à l'argument :

> « 183. La Cour ne juge pas non plus recevable l'argument des requérants selon lequel le recours au SAS prouverait en soi qu'il était prévu de tuer les suspects. Elle relève à cet égard que le SAS est une unité spéciale dont les membres ont été formés spécialement pour combattre le terrorisme. Ayant été averties à l'avance de l'attentat terroriste qui se préparait, il est donc tout naturel que les autorités aient fait appel au savoir-faire et à l'expérience du SAS pour

[1] Pascal LE PAUTREMAT (dir.), *op. cit*, p. 126 (« Conclusion : Éthique et efficacité », Pascal LE PAUTREMAT)

[2] Références précitées

parer à cette menace de la façon la plus sûre et la mieux préparée. »

Bien que constituant le droit positif en la matière, cette analyse ne résiste guère à un examen poussé. En effet, la Cour confond injustement le double rapport entraînement-mission des unités avec leur domaine d'intervention. Si le Onzième Choc est proche du *SAS* par la formation de ses membres et ses missions (n'oublions pas que cette unité française fut mise sur pied en prenant pour modèle les commandos britanniques, dont le *SAS*[1]), qui consistent, notamment, dans l'infiltration/exfiltration, d'otages par exemple, leur domaine d'intervention recouvre le temps de guerre[2] et non le maintien ou le rétablissement de l'ordre en temps de paix. Le texte même de la Convention établit cette distinction, du fait de la présence en son sein de l'article 15 qui reconnaît la différence fondamentale de nature en temps de guerre et temps de paix, dont découle un régime juridique lui aussi différent. En ignorant cet aspect des faits, la Cour affaiblit son contrôle.

La *Ligue des Droits de l'Homme* souleva bien le problème posé par un contrôle aussi peu poussé de la Cour :

> « [La Commission de la LDH] a [...] relevé que la réquisition de l'Armée et la passation des responsabilités du pouvoir civil aux militaires – avec pour résultat inéluctable de substituer une logique d'affrontement à celle d'un arrangement [...] – ont eu lieu dès le 22 avril, aussitôt après l'attaque de Fayaoué, avant même de savoir comment allait tourner l'affaire, où seraient emmenés les prisonniers, s'ils seraient maintenus en otages, et dans quelles conditions. Comme si l'on avait voulu *a priori*, sans prendre le temps d'en savoir plus, *sauter sur l'occasion* de déclencher le

---

1 Général AUSSARESSES, *Pour la France, services spéciaux (1942-1954)* ; Éditions du Rocher, 2001, p. 163

2 « Le *Special Air Service* est une organisation militaire britannique de forces spéciales destinée à opérer sur les arrières des forces ennemies pour y recueillir du renseignement, effectuer de sabotages ou mener toute autre action spéciale. » Entre autres interventions, citons : Palestine (jusqu'en 1948), Malaisie, sultanat d'Oman, guerre des Falkland... Le *SAS* cultive l'anonymat le plus complet ». V. Geoffroy d'AUMALE et Jean-Pierre FAURE, *Guide de l'espionnage et du contre-espionnage, histoire et techniques* ; Paris, éd. Le Cherche-midi, 1998, p. 416

marteau-pilon militaire au lieu de suivre la voie normale, moins brutale, de la gendarmerie mobile. »[1]

**Toutefois, la décision d'engager le GIGN, le Onzième Choc et le Commando Hubert était, en définitive, conforme à l'article 2 de la Convention européenne des Droits de l'Homme compte tenu du raisonnement de la Cour, parce que ces unités étaient fortement entraînées sur le plan professionnel.**

Celles-ci, cependant, n'étaient que le bras armé et le moyen d'action mis au service d'une chaîne de commandement, dont il faut à présent présenter les grands traits.

---

[1] LDH, *op. cit.*, p. 39

## Section 2
# Le commandement de l'opération

Conformément à la méthode employée jusqu'ici, nous établirons les faits (I) avant de les confronter à l'article 2 de la Convention européenne des Droits de l'Homme éclairé par la jurisprudence des juridictions de Strasbourg (II).

## I) En fait

La question du commandement de l'opération *Victor* tire sa complexité de son caractère composite. En effet, si les forces de l'ordre furent commandées par des personnes issues de leur rang (A), elles subirent également un contrôle extérieur (B).

### A) Le commandement au sein des forces de l'ordre

Dès les premières heures de la crise, le Premier ministre s'entoura de ses conseillers afin d'organiser la réaction des forces de l'ordre :

> « À Paris, un conseil restreint se réunit autour de Jacques Chirac et d'André Giraud, le ministre de la Défense. Après que tous les participants eurent fait leur rapport, le ministre André Giraud prit la décision d'envoyer d'importants renforts, un peloton du G.I.G.N. et un groupe de l'escadron d'intervention de la Gendarmerie nationale.
>
> Le directeur de cette dernière, M. Régis Mourier, demanda alors, en fonction de l'effectif

> important de gendarmes qui allaient être engagés, qu'un officier général se rende en Nouvelle-Calédonie. »[1]

Il s'agit du général de gendarmerie Antonio Jérôme[2], qui devait organiser et coordonner sur place les forces de l'ordre engagées dans la recherche des otages. Cependant, quelques heures à peine après sa nomination, et alors même qu'il se trouvait dans l'avion qui l'emmenait en Nouvelle-Calédonie, le général Jérôme fut remplacé par le général Jacques Vidal, commandant en chef des forces armées en Nouvelle-Calédonie :

> « Par décision du gouvernement, le général Jean Schmitt, chef d'état-major des armées, a dessaisi la gendarmerie de la direction des recherches des ravisseurs et de leurs otages, ainsi que du rétablissement de l'ordre à Ouvéa.
>
> Le général Vidal, commandant des Forces armées en Nouvelle-Calédonie est dorénavant chargé de cette mission. »[3]

Plusieurs raisons peuvent être avancées pour expliquer ce revirement de la position gouvernementale. L'état-major du Premier ministre pensa tout d'abord que la crise pouvait être réglée rapidement :

> « [...] le Premier ministre a donné les ordres nécessaires pour que le général Vidal soit autorisé à diriger les recherches. André Giraud et la direction de la gendarmerie aurait préféré régler l'affaire « en famille ». C'était une opération dirigée contre elle. À elle de la régler. Et en plus, elle l'aurait certainement réglée « plus en douceur ». « La gendarmerie est tellement impliquée dans la vie civile que sa sensibilité naturelle l'entraîne toujours à privilégier le dialogue et la négociation, estime un proche de Jacques Chirac. Mais on a confié le commandement à l'armée, car il ne fallait pas perdre de temps. On pensait que l'affaire allait se régler dans la foulée, en 24 ou 48 heures. Les militaires étaient déjà en

---

[1] Gilbert PICARD, *op. cit.*, p. 18

[2] Contacté par lettre, celui-ci n'a pas souhaité répondre.

[3] Philippe LEGORJUS, *op. cit.*, p. 207 ; v. aussi Edwy PLENEL et Alain ROLLAT, *op. cit.*, pp. 125 et 126

nombre suffisant, sur place. Mais on avait sous-estimé la détermination des ravisseurs. » »[1]

Attribuer le commandement et la responsabilité de l'opération à un officier supérieur des forces armées de troisième catégorie comportait, en outre, l'avantage de placer à la tête de la plupart des hommes présents sur le terrain « un des leurs ». En effet, les pelotons de gendarmerie mobile disséminés aussi bien sur la Grande Terre que sur les autres îles du territoire avaient fort à faire pour calmer l'agitation indépendantiste[2] concomitante aux scrutins territoriaux et présidentiel[3], si bien que l'opération *Victor* était, dès son origine, une affaire de soldat :

> « [...] le Premier ministre [...] accepte par ailleurs le départ du G.I.G.N. [...]. Outre le fait que la gendarmerie n'a pas obtenu de résultats, Jacques Chirac choisit le général Vidal comme patron, parce que, traditionnellement, l'armée est la plus aguerrie et dispose de plus de moyens et d'hommes sur le terrain », confie un membre du cabinet. »[4]

Nous avons précédemment[5] souligné, cependant, que certains membres de la gendarmerie avaient cru ressentir la défiance du pouvoir politique du fait de la relative faiblesse de résultats qu'ils avaient obtenu sur le terrain. Le remplacement du général Jérôme par le général Vidal n'aurait donc finalement été qu'une expression supplémentaire de cette condescendance :

> « Cette décision, cruciale pour la suite des événements, n'a pas été prise à Nouméa, mais à Paris, où le comportement des gendarmes est jugé désastreux par

---

[1] Patrick FORESTIER, *op. cit.*, p. 161

[2] Le vendredi 29 avril, José Lapetite, l'un des accusés au procès de l'embuscade de Hienghène, fut assassiné par balles : « L'un des auteurs de la fusillade de Hienghène est assassiné », *Le Monde*, samedi 30 avril 1988, p. 12

[3] V. les articles de Frédéric BOBIN, « Les forces de l'ordre tentent de reprendre le contrôle de la situation en Nouvelle-Calédonie » ; *Le Monde*, mercredi 27 avril 1988, p. 48 / « Guérilla à Canala » ; *Le Monde*, vendredi 29 avril, p. 44

[4] Patrick FORESTIER, *op. cit.*, p. 57

[5] V. *supra*, pp. 118 et 119

l'entourage du Premier ministre et certains militaires de haut rang.
Ce lobby impose très rapidement le transfert de l'opération « Recherches » à l'armée. À 18 000 km d'Ouvéa l'information, observent les gendarmes, successivement filtrée, parvient à ses destinataires dénuée de tout contexte. »[1]

L'un des membres du GIGN présents sur place, Michel Bernard, raconte :

> « (...) la gendarmerie a été dessaisie de cette affaire afin, je présume, de « dépassionner » la situation après la terrible attaque. Le commandement militaire du Pacifique a pris le relais. Bien que très respectable, l'idée de confier la direction des opérations à nos frères d'armes ne fait pas l'unanimité parmi les gendarmes, qui ressentent cette décision comme une remise en cause de leur compétence. »[2]

Le général Norlain, alors chef du cabinet militaire de Jacques Chirac, avance toutefois une autre version des faits :

> « - La gendarmerie nationale ne pouvait plus remplir son rôle. Elle était sur tous les fronts [les barrages sur le reste du territoire], et il y avait eu des antécédents.
> - Poindimié[3] ?
> - Oui. Le politique avait perdu confiance dans la gendarmerie. C'est pour cette raison que le contrôle de l'opération a été transféré au pouvoir militaire.
> - Pourtant, le général Jérôme...
> - Le général Jérôme n'a jamais été le chef. Il a été envoyé sur place pour superviser la gendarmerie nationale et uniquement la gendarmerie. De plus, c'était des gendarmes qui étaient retenus en otages. »[4]

---

1 Henri WEILL, *op. cit.*, p. 26
2 Michel BERNARD, *op. cit.*, pp. 207 et 208
3 V. *supra*, p. 38
4 Entretien précité

Tandis que, selon Bernard Pons, la gendarmerie a bel et bien été « dessaisie » au profit de l'armée : « on passait à l'échelon au-dessus. »[1]

Quoi qu'il en fût, le général Vidal réunit autour de lui son état-major :

> « Le patron du G.I.G.N. est inclus dans l'état-major du général Vidal au même titre que le patron du R.I.M.A.P. qui est sur le terrain, au même titre que le lieutenant-colonel Benson qui représente la gendarmerie territoriale. »[2]

L'attribution du commandement de l'opération au général Vidal était, du reste, conforme aux règles régissant les réquisitions de la force armée telles que nous les avons exposées précédemment :

> « L'autorité militaire demeure [...] seule responsable de l'exécution des réquisitions, l'autorité civile ne pouvant s'immiscer dans la conduite des opérations de maintien de l'ordre. Les troupes utilisées sont ainsi placées sous un commandement militaire unique (et ne peuvent de ce fait recevoir d'ordre de l'autorité civile), l'autorité militaire étant seule responsable des moyens à mettre en œuvre et des mouvements à effectuer pour mener à bien la mission confiée. »[3]

De plus, l'île d'Ouvéa avait été déclarée zone militaire par les autorités[4], ce qui induisait l'application de règles spécifiques :

> « 292. L'ordonnance n° 59-147 du 7 janvier 1959 portant organisation générale de la défense, modifiée notamment par la loi du 23 décembre 1972, prévoit diverses éventualités où de commandants militaires peuvent être investis de compétences qui appartiennent d'ordinaire aux seules autorités civiles de police.

---

[1] Entretien du 3 avril 2001

[2] Patrick FORESTIER, *op. cit.*, p. 85

[3] François DIEU, article précité, p. 23

[4] Edwy PLENEL et Alain ROLLAT, *op. cit.*, p. 126

> 293. Il en est tout ainsi [...] dans les zones où se développent des opérations militaires (*Ord. 1959, art. 17, al. 6*) ; le Gouvernement peut décider d'attribuer au commandement militaire la responsabilité de l'ordre public et la coordination des mesures de défense civile avec les opérations militaires. »[1]

Bref, compte tenu des règles exposées, le général Vidal aurait pu assumer seul le commandement de l'opération *Victor*. Tel ne fut cependant pas le cas, puisque d'autres personnes participèrent activement à la réflexion et à l'action générales, du fait de leur fonction de représentant d'autres pouvoirs.

## B) Le contrôle extérieur aux forces de l'ordre

Deux autorités différentes furent impliquées, à des degrés dissemblables, dans la chaîne de commandement, montrant par là-même l'ambivalence de l'opération *Victor*, relevant à la fois du maintien/rétablissement de l'ordre et de l'opération de police judiciaire : il s'agit des autorités politiques (1) et judiciaires (2).

### 1) Les autorités politiques

Sans doute s'agit-il là de la question la plus confuse soulevée par l'opération *Victor*. En effet, le régime politique instauré par la constitution de la V^ème^ République connaissait une situation inédite jusqu'alors, la cohabitation entre un Président de la République et une Assemblée nationale, donc un gouvernement, de sensibilités différentes, initiée par la défaite socialiste aux élections législatives du printemps 1986. Une distinction s'était rapidement fait jour sur le partage des compétences entre les deux titulaires du pouvoir exécutif, le Président de la République, François Mitterrand, gardant un pouvoir exclusif en son « domaine réservé »[2], c'est-à-dire les affaires étrangères et la défense nationale conformément, sur ce second point, à l'article 15 de la Constitution :

---

[1] Jacques MOREAU, article précité, p. 25

[2] Lequel sera « partagé » lors de la deuxième cohabitation entre 1993 et 1995.

« Le Président de la République est le chef des armées. Il préside les conseils et comités supérieurs de la Défense Nationale. »

Une participation active et décisive du chef de l'État aurait donc été, non seulement conforme au texte de la Constitution, mais obligatoire[1]. Cependant, n'oublions pas que les événements d'Ouvéa s'inscrivaient dans le cadre d'une opération de maintien/rétablissement de l'ordre, domaine de compétence du Premier ministre[2] en vertu de l'article 21 de la Constitution :

« Le Premier Ministre dirige l'action du Gouvernement. Il est responsable de la Défense Nationale. [...] »

Ce pouvoir attribué au chef du gouvernement se fonde, en outre, sur le lien hiérarchique qui existe entre le ministre de l'Intérieur – donc, par ricochet, le Premier Ministre – et les préfets (ou le haut-commissaire concernant la Nouvelle-Calédonie), ces derniers disposant des pouvoirs de police générale[3].

Or, il apparaît qu'une certaine concurrence ait joué entre les deux têtes de l'exécutif (a), sans pour autant empêcher, finalement, l'élaboration d'une position relativement commune (b).

### a) la concurrence entre le Président de la République et le Premier ministre

Une action commune aux deux représentants du pouvoir exécutif n'était possible que par une information commune à François Mitterrand et Jacques Chirac. Or, il semble qu'il n'en fut pas ainsi. L'ouvrage de Jacques Attali, alors conseiller de François Mitterrand, *Verbatim II, 1986-1988*[4] est riche sur la question :

---

[1] V. sur les notions de « monarchie nucléaire et dyarchie conventionnelle » (entre autres) l'article d'Olivier GOUHIN, « Les fondements juridiques de la défense nationale » ; revue *Droit et Défense*, 1er trimestre 1993, pp. 4 à 13. V. aussi l'article de Franck LAFFAILLE, « Défense nationale et cohabitation (juin-août 1997) » dans cette même revue, 3ème trimestre 1993, pp. 32 à 37.

[2] Jacques MOREAU, article précité, p. 15

[3] Jacques MOREAU, article précité, pp. 15 et 16

[4] Jacques ATTALI, *Verbatim II, 1986-1988* ; Paris, éd. Fayard, 1995

« **Vendredi 22 avril 1988**

[...] À l'Élysée, nous apprenons [l'attaque de la brigade de Fayaoué] par la presse ; nous n'avons été informés par le gouvernement, ni de la prise d'otages, ni de la suite des événements. À la demande du Président, Jean-Louis Bianco adresse une note de protestation à Maurice Ulrich pendant que le général Fleury proteste auprès du général Norlain, chef d'état-major du Premier ministre. [...] »[1]

« **Samedi 23 avril 1988**

Philippe Legorjus [...] part pour Nouméa [...] pour « gérer » la prise d'otages. Gilles Ménage essaie de se tenir informé. »[2]

« **Mercredi 4 mai 1988**

L'action à Ouvéa n'a pas eu lieu. L'Élysée n'en a même pas été informé. »[3]

« **Jeudi 5 mai 1988**

Nous apprenons par l'AFP que l'assaut a été donné à 6 heures du matin à Ouvéa (mercredi 4 mai à 21 h 30, heure de Paris). »[4]

Le Président de la République bénéficia cependant d'une voie d'information officieuse, mais précise, par l'intermédiaire du capitaine Legorjus. Confronté sur place à ce qui lui apparut comme une situation anormale et dangereuse, constituée par l'attitude de certains membres de la hiérarchie militaire et leur désir supposé de privilégier l'action de vive force au détriment d'une solution négociée[5], l'officier décida de joindre son ancien chef au GIGN, le préfet Christian Prouteau, conseiller de François Mitterrand :

« Un seul homme peut retenir les militaires : le chef des armées, le président de la République.

Je décide de contacter l'Élysée, où je connais un homme qui peut joindre le Président : Christian Prouteau.

---

[1] *Ibid.*, p. 491

[2] *Ibid.*, p. 492

[3] *Ibid.*, p. 500

[4] *Ibid.*

[5] V. *supra*, pp. 93 et 94

Je lui explique la situation, en lui brossant un tableau des forces actuellement en jeu à Nouméa. Je ne lui cache pas mes craintes, ni mes limites.

À mon avis, tout se joue et va se jouer à Paris, où sont prises les décisions importantes, et ma marge de manœuvre sur place est très étroite. J'espère beaucoup de mon entrevue avec Wahuzue, mais je souhaite que le Président fasse un geste en faveur de la négociation.

Christian me promet de transmettre mon message à François Mitterrand et de me rappeler plus tard. »[1]

Selon le capitaine Legorjus, ce contact fut salutaire :

« Je lui [le général Jérôme] fais part de mes contacts avec l'Élysée et nous décidons de rappeler Christian Prouteau.

Nous le tenons informé des dernières orientations gouvernementales et, à ses questions, je comprends que le Président n'est pas tenu intégralement au courant de la situation sur place. »[2]

Plus clairement, l'on peut résumer ainsi la chaîne d'information qui liait la Nouvelle-Calédonie à la métropole. Les deux schémas présenteront successivement la chaîne de commandement théorique et la chaîne de commandement réelle.

---

[1] Philippe LEGORJUS, *op. cit.*, p. 238 ; v. aussi Patrick FORESTIER, *op. cit.*, pp. 208 et 209

[2] Philippe LEGORJUS, *op. cit.*, p. 243

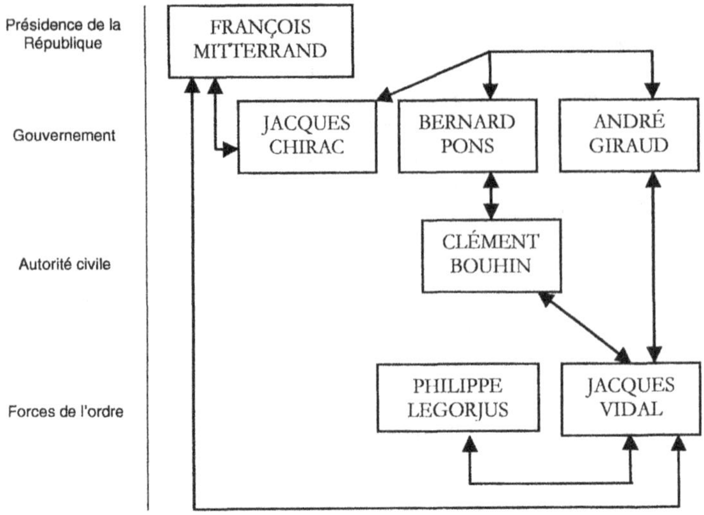


Dans cette hypothèse théorique, les forces de l'ordre dirigées par le général Vidal en liaison notamment avec le capitaine Legorjus, se trouvent sous la dépendance des autorités civiles, c'est-à-dire d'abord le haut-commissaire puis le ministre des DOM-TOM, le gouvernement enfin sous la direction du Premier ministre qui rend compte de son action au Président de la République. Or, puisque celui-ci est chef des armées, le lien hiérarchique qui l'unit au général Vidal demeure, comme l'autorité du ministre de la défense.

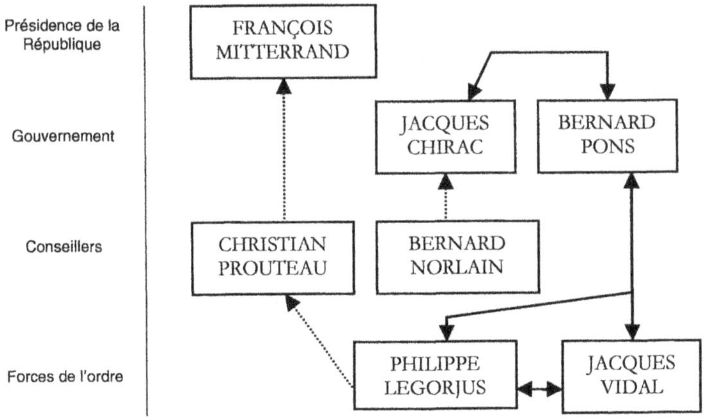


En réalité, si le Premier ministre disposait d'une source d'information (pointillés) en la personne du général Norlain, le Président de la République n'était presque exclusivement tenu au courant des événements que par l'intermédiaire de son conseiller Christian Prouteau.

Le déséquilibre devient alors flagrant ! Toutefois, selon Bernard Pons, François Mitterrand

> « était tenu au courant tous les jours. J'ai souhaité que le Président de la République ait une information directe. Le capitaine Legorjus m'a informé de son contact avec Christian Prouteau ; j'ai accepté qu'il le tienne au courant. »[1]

La situation était donc complexe, et les divers témoignages recueillis ne permettent pas de la débrouiller de façon certaine. Un semblant de régularisation survint cependant par la suite, si bien que le Président de la République put s'impliquer davantage dans les prises de décision.

### b) la décision commune

Poursuivons le récit au jour le jour élaboré par Jacques Attali :

> « **Dimanche 1er mai 1988**
> [...] La situation demeure bloquée dans la grotte d'Ouvéa. Le Président craint qu'on envoie l'armée contre les preneurs d'otages. Il écrit à Jacques Chirac. Il demande qu'on lui fasse un rapport avant demain sur l'état des effectifs armés stationnés sur le territoire, ainsi que sur leur implantation, leur engagement et leurs missions. D'ici là, ordonne-t-il, aucune opération d'envergure ne devra être lancée sans son accord préalable. [...]
>
> Jacques Chirac répond qu'il n'est plus possible de négocier, car les otages sont en péril de mort. Pour lui, la France est offensée, les intérêts de la patrie passent avant tout : la force doit parler.
>
> François Mitterrand me dit : *Il va tenter un coup de force. C'est affreux et indigne. Politiquement, il croit y gagner. Si ça tourne bien, il pense qu'on dira que c'est grâce à lui. Et si ça se termine mal, il pense que je serai*

---

[1] Entretien précité

*responsable pour avoir tardé à agir. Les Français ne sont pas si bêtes.* »[1]

> « **Mardi 3 mai 1988**
> Jacques Chirac extorque à François Mitterrand (qui est à Strasbourg) un accord de principe pour donner l'assaut à la grotte d'Ouvéa.
>
> À 13 heures, le Président est de retour à l'Élysée. Il reçoit André Giraud à la demande de Jacques Chirac. Il ne voit pas le moyen de s'opposer à l'assaut devant les menaces pesant sur les otages. [...] »[2]

L'assaut fut donc bel et bien donné avec l'accord du chef des armées, le Président de la République. Ceci est confirmé par Bernard Pons et le général Norlain[3], qui indique par ailleurs que les forces armées attendaient un ordre écrit de l'Élysée pour intervenir. Certes, l'on ne peut déduire de ce constat que François Mitterrand ait pris sa décision en toute connaissance de cause, c'est-à-dire en vertu d'informations complètes et dignes de foi. En tout cas, le chef de l'État assuma sa prise de position :

> « [...] le 5 mai, François Mitterrand fera la déclaration au micro d'*Europe N° 1* :
> « J'ai préconisé la conciliation, et lorsqu'il a été question, faute de celle-ci, de parvenir à une opération de type militaire, j'ai demandé toutes les garanties possibles et imaginables, c'est-à-dire des rapports écrits des chefs militaires responsables, pour qu'ils étudient absolument tous les aspects d'une question aussi difficile.
> « Tout le temps que ces rapports ont laissé entendre que l'opération était très coûteuses en vies humaines, elle a été refusée. J'ai donc besoin maintenant de vérifier par un dossier les conditions dans lesquelles l'action s'est déroulée, très loin d'ici, hors de ma vue et de mon contrôle direct[4]. » »[5]

---

[1] *Op. cit.*, pp. 498 et 499
[2] *Op. cit.*, p. 499
[3] Entretien précité
[4] *In cauda venenum…*
[5] Gilbert PICARD, *op. cit.*, p. 92

En définitive, la confusion qui régna sur le plan politique résultait à la fois de la situation de cohabitation et du double conflit de personnalités et d'intérêts électoraux entre le Premier ministre et le Président de la République ; du moins est-ce là notre opinion. Tout aussi complexe, mais pour d'autres raisons, était la situation des autorités judiciaires.

## 2) Les autorités judiciaires

La situation du substitut Jean Bianconi révèle toute l'ambiguïté de l'opération *Victor*, qui prit sa source dans la commission d'infractions pénales, mais qui poursuivit un but à la fois judiciaire (arrestation des délinquants) et de maintien/rétablissement de l'ordre public. Dans la première hypothèse, l'intervention d'un magistrat du parquet aurait été indispensable pour diriger l'action des forces de l'ordre[1] ; dans la seconde, sa présence même n'aurait pas été obligatoire.

Or, le substitut Bianconi, selon ses propres termes[2], fut envoyé sur Ouvéa par le procureur général près la Cour d'appel de Nouméa « en tant qu'observateur », non pour s'impliquer et, *a fortiori*, diriger l'opération[3]. Vue de Nouméa, la situation est bien décrite par Gilles Lucazeau, alors avocat général au Parquet de Nouméa[4]. Selon ce magistrat, les autorités judiciaires furent informées par les militaires dès le premier stade des événements. Cependant, afin de bénéficier d'éléments « plus internes à la maison judiciaire »[5], il fut décidé d'envoyer sur place le premier substitut Jean Bianconi, en raison de l'ancienneté de sa présence sur le territoire, donc de sa bonne connaissance du milieu indépendantiste.

La capture de cet observateur « tétanisa » l'appareil judiciaire qui, « pris de panique », céda le pas aux autorités politiques et

---

[1] Article 41 du Code de procédure pénale : « Le procureur de la République procède ou fait procéder à tous les actes nécessaires à la recherche et à la poursuite des infractions à la loi pénale. À cette fin, il dirige l'activité des officiers et agents de la police judiciaire dans le ressort de son tribunal. [...] »

[2] Entretien téléphonique précité

[3] Patrick FORESTIER, *op. cit.*, p. 144

[4] Entretien du 24 janvier 2001

[5] *Ibid.*

militaires, alors « qu'il aurait dû prendre le contrôle de l'opération »[1]. La situation était d'autant plus délicate que le clivage politique qui scindait le territoire entre pro-indépendantistes et loyalistes traversait également, mais sans doute dans une moindre mesure et de façon plus feutrée, le palais de justice. Bref, avec le recul, « les autorités judiciaires auraient dû s'impliquer davantage dans la résolution du conflit »[2].

Une version sensiblement différente est avancée par Bernard Pons[3] :

> « J'ai demandé la présence d'un magistrat auprès du général Vidal. Dans un premier temps, il s'agissait du substitut Bianconi. Durant les deux premiers jours de sa présence, Bianconi, qui connaissait bien certains des ravisseurs, a persuadé le général Vidal d'accorder au capitaine Legorjus l'autorisation de mener une opération pour localiser les otages, en précisant : « si le contact est établi, pas de problème, je les connais. » [...] Comme Bianconi a été fait prisonnier, j'ai demandé un autre juge : il s'agissait du procureur de la République Belloli, qui avait de bonnes relations avec les Canaques. [...] Il y a toujours eu un magistrat sur Ouvéa[4]. [...] Même s'il n'a pas été consulté sur le déroulement de l'opération, il y avait toujours un magistrat lors des réunions au haut-commissariat. »

En définitive, l'autorité judiciaire fut plus ou moins associée aux décisions prises par la cellule de crise installée au haut-commissariat, mais jamais le parquet ne conduisit les opérations. Ce constat confirme donc que le but premier de l'opération consistait dans le maintien et le rétablissement de l'ordre sur l'île d'Ouvéa et non la poursuite d'un objectif de nature plus strictement judiciaire.

---

[1] *Ibid.*
[2] *Ibid.*
[3] Entretien précité
[4] Comme le confirme M. Lucazeau : « Un magistrat du parquet assistait toujours aux réunions tenues au haut-commissariat. » (entretien précité)

Le commandement de l'opération *Victor* fut donc, sinon confus, du moins complexe, du fait de l'interférence des autorités militaire et politique entre elles, et de la difficulté de dégager nettement le fonctionnement de l'autorité politique elle-même. Il convient à présent de s'interroger sur la manière dont la Cour européenne des Droits de l'Homme aurait pu apprécier cette situation.

## II) En droit

La présentation du raisonnement mis en œuvre par la Cour européenne des Droits de l'Homme (A) permettra de dégager les critères d'appréciation à appliquer aux faits de l'espèce (B).

### A) Présentation du raisonnement de la Cour européenne des Droits de l'Homme

Le titre choisi pour ces développements passerait presque pour abusif tant il est douteux que la Cour ait élaboré une véritable analyse de la question. En effet, le sujet est envisagé de façon allusive au paragraphe 185 de l'arrêt *Andronicou et Constantinou c. Chypre*[1], avec un renvoi au paragraphe 55 :

> « [La décision d'appeler le MMAD] a été examinée à la fois au plus haut niveau de la chaîne de commandement de la police et au niveau ministériel (paragraphe 55 ci-dessus) [...]. »

> « 55. À 22 h 40, un autre entretien eut lieu au domicile du directeur général de la police entre celui-ci et son adjoint. Le directeur général adjoint [...] déclara au directeur général [...] que Lefteris Andronicou avait l'intention de tuer Elsie Constantinou, puis de se suicider. À 22 h 45, [le directeur général] téléphona au ministre qui exprima l'avis que « la police devait prendre une décision sur le

[1] Références précitées

point de savoir si les forces d'intervention devaient lancer une opération de sauvetage en se fondant sur leur appréciation de la situation et après avoir passé en revue toutes les informations pertinentes et éliminé toutes les autres possibilités ». [Le directeur général adjoint] exposa alors le plan de sauvetage [au directeur général] qui lui ordonna de retarder le plus possible l'intervention du *MMAD* afin que les efforts visant à convaincre Lefteris Andronicou puissent se poursuivre. La réunion prit fin à 23 heures. »

La confrontation entre les deux paragraphes est troublante : la Cour retient que la décision de faire intervenir les forces de l'ordre a été prise à la fois par la police et par le ministre, alors que ce dernier avait renvoyé les policiers à leur appréciation... N'y aurait-il pas là une divergence flagrante entre l'exposé des faits et leur appréciation ? En outre, à aucun moment la Cour ne s'interroge sur la légitimité des autorités en cause à prendre les décisions cruciales. Autrement dit, un choix formellement ou fondamentalement illégal échapperait au contrôle de la Cour, puisque celle-ci ne s'est pas donnée les moyens d'une telle appréciation. Or, les faits de l'affaire d'Ouvéa ont montré l'importance capitale de la nature des autorités impliquées dans la chaîne de commandement.

## B) Application aux faits de l'espèce

Il est fort regrettable que la Cour européenne des Droits de l'Homme ne se soit pas dotée de moyens de contrôle plus appropriés car plus larges. En effet, nous avons montré que le choix des unités appelées à intervenir revêtait une importance majeure eu égard à la protection de la vie humaine imposée par l'article 2 de la Convention européenne des Droits de l'Homme[1]. Or, en l'espèce, étant donné que les commandos relevaient, de par leur nature purement militaire, de l'autorité du Président de la République-chef des armées, tandis que le GIGN était sous la tutelle du ministre des DOM-TOM, donc, par ricochet, du Premier ministre, et que les membres du Onzième Choc et du

[1] V. *supra*, pp. 123 et s.

Commando Hubert étaient les moins aptes à opérer dans le but de limiter autant que faire se peut l'usage de la force, le choix d'engager ces unités à la formation plus guerrière était des plus cruciaux et aurait dû être minutieusement pesé par les autorités compétentes. Ce ne fut cependant pas le cas, puisque François Mitterrand fut placé devant le fait accompli[1].

**Cependant, compte tenu de la jurisprudence de la Cour européenne des Droits de l'Homme, la manière dont le commandement de l'opération *Victor* fut assuré ne constitue pas une violation de l'article 2 de la Convention.**

Cette absence de contrôle ou, à tout le moins, cette analyse des plus minimales de la Cour européenne des Droits de l'Homme doit cependant être tempérée. Car, si les juges ne s'attardent guère sur la nature des unités engagées, et encore moins sur la légalité d'un tel choix, leur contrôle porte davantage sur les missions qui sont assignées aux forces de l'ordre par les options stratégiques retenues.

---

[1] V. *supra*, p. 138

## Section 3
## Les options stratégiques retenues

Les enseignements tirés de la jurisprudence de la Cour européenne des Droits de l'Homme (II) fourniront un grille de lecture des faits (I).

### I) En fait

Plusieurs problèmes distincts se posèrent aux forces de l'ordre qui devaient, d'abord s'assurer la maîtrise de la cuvette au fond de laquelle se trouvait l'entrée de la grotte (A), ensuite garantir la sécurité des otages durant l'opération (B), enfin déclencher celle-ci au moment opportun (C).

#### A) La maîtrise des abords de la grotte

Deux aspects doivent être ici dégagés : matériels (1) et humains (2).

##### 1) Les aspects matériels

Rappelons que le lieu de la détention était particulièrement choisi. La végétation luxuriante[1] ainsi que les dépressions du relief permettaient, non seulement de camoufler l'entrée de la grotte aux

---

[1] Le capitaine Picon, second du capitaine Legorjus, organisa la surveillance des lieux pendant la première nuit qui suivit la localisation du lieu de détention. Il tenta alors une lente progression vers l'entrée de la grotte. La vue d'une lueur suspecte à travers ses lunettes de vision nocturne le fit stopper net jusqu'au petit jour, où il comprit que ce qu'il avait pris pour une lumière d'origine humaine n'était rien d'autre que le reflet de la lune sur une feuille d'arbre. Le capitaine Picon nous a raconté cette anecdote afin d'illustrer la densité végétale qui protégeait naturellement les abords de la grotte (entretien précité).

yeux des forces de l'ordre, mais aussi d'aménager des postes de combat armés dans le relief corallien. Cette situation n'a pas échappé aux autorités[1] : « Il ressort que la plus grande difficulté réside dans la luxuriante végétation autour de la grotte où les ravisseurs ont installé des postes de combat. »[2]

Plusieurs options tactiques furent donc envisagées pour dégager et sécuriser les abords de la grotte. La première d'entre elles consistait à larguer une bombe incendiaire au-dessus de la cuvette afin de lever l'obstacle végétal à la progression des forces de l'ordre, sans menacer la vie des otages réfugiés dans la grotte. Cette solution fut vite écartée : une telle bombe, d'ailleurs inexistante dans l'arsenal militaire français, n'aurait pu être larguée avec une précision suffisante[3], fût-ce avec l'aide d'un guidage par rayon laser. L'emploi d'un canon de vingt millimètres monté sur un hélicoptère fut aussi proposé[4]. La seconde possibilité, moins radicale que la précédente, consistait à administrer un narcotique aux ravisseurs : l'inefficacité d'un tel plan fut cependant démontrée[5] par des tests effectués à l'hôpital de Nouméa[6].

Il ne faudrait pas s'étonner de telles propositions en dépit de leur caractère franchement meurtrier. En effet, ces hypothèses furent émises dans le cadre d'une réflexion générale et collective lors des conseils qui se tenaient au haut-commissariat, durant lesquels toute idée, même incongrue ou par trop violente se devait d'être émise, ne fût-ce que pour être jaugée et finalement écartée[7] en raison des risques trop grands pour les vies humaines.

---

1 D'où l'envoi de commandos : v. *supra*, pp. 114 et s.

2 Gilbert PICARD, *op. cit.*, p. 57

3 Gilbert PICARD, *op. cit.*, p. 58

4 Patrick FORESTIER, *op. cit.*, pp. 202 et 203 ; Philippe LEGORJUS, *op. cit.*, p. 242 ; Henri WEILL, *op. cit.*, p. 59

5 Patrick FORESTIER, *op. cit.*, pp. 206 et 207 ; Philippe LEGORJUS, *op. cit.*, p. 242 ; Gilbert PICARD, *op. cit.*, pp. 8 et 59

6 Et Bernard Pons, docteur en médecine, de noter non sans ironie, lors de notre entretien (précité), l'efficacité affirmée d'un tel procédé dans les films d'espionnage…

7 « Il est du devoir des militaires de préparer une opération militaire en envisageant toutes les options possibles. » : général Norlain, entretien précité.

## 2) Les aspects humains

L'opération fut finalement arrêtée selon les modalités d'un combat rapproché. Une telle solution ne pouvait manquer de soulever de légitimes inquiétudes relativement aux pertes humaines envisageables, d'un côté comme de l'autre.

> « Bernard Pons mesure les risques d'une telle opération. Selon son expression, « pour détacher l'affaire de tout contexte politique » et pour obtenir des chefs militaires un document écrit qui engagera leur responsabilité, le ministre des Dom-Tom adresse, le 3 mai, [une lettre] au général Vidal (...).
>
> Cette lettre et la réponse du destinataire, transmises par télécopie, de Nouméa à Paris, serviront de feu vert politique donné officiellement par Jacques Chirac et par le président de la République en tant que chef suprême de l'Armée.»[1]

Le général Vidal répondit par une fourchette : un à deux tués et six à huit blessés dans le meilleur des cas, une dizaine de tués et une vingtaine de blessés dans le pire, moitié pour le commando et moitié pour les otages[2].

Le caractère aléatoire de l'opération n'a donc pas échappé à l'officier supérieur. En revanche, aucune précision ne fut apportée concernant les pertes éventuellement subies par les ravisseurs[3]. Il semble, de surcroît, que peu d'instructions furent données aux forces d'intervention relativement à ceux-ci :

> « Avant le départ, j'ai [Legorjus] tenu à rappeler que nous nous trouvions devant une opération de police menée avec des moyens militaires. Ce qui implique que pendant la phase d'assaut, nous utilisions les méthodes de combat du temps de guerre, mais qu'ensuite nous

---

[1] Gilbert PICARD, *op. cit.*, pp. 64 à 67 avec une reproduction des lettres visées ; Edwy PLENEL et Alain ROLLAT, *op. cit.*, pp. 136 et 137 ; Henri WEILL, *op. cit.*, pp. 72 et 73

[2] Patrick FORESTIER, *op. cit.*, p. 232 ; Gilbert PICARD, *op. cit.*, p. 66

[3] *Contra :* Patrick FORESTIER, *op. cit.*, p. 232, « quinze morts à quinze blessés »

revenions à la procédure normale dans une intervention de maintien de l'ordre. Je veux qu'après l'action, les combattants se retirent aussitôt et laissent la gendarmerie et les OPJ faire les constations d'usage. »[1]

« Un discours semblable avait été tenu par Vidal, quelques heures auparavant, devant un petit groupe d'officier : « Si quelqu'un pose son arme à terre et fuit, on ne lui tire pas dessus. » »[2]

« [...] les chefs d'unité écoutent le général Vidal. « Messieurs, la France compte sur vous. Vous allez réaliser une mission difficile. Faites votre travail de soldat, mais je ne souhaite pas une atmosphère de vengeance. Respectez la dignité humaine. » [...] « Je me permets d'insister sur la légalité de l'emploi de la force et du respect de la dignité humaine », répète le général qui ajoute : « Une chaîne d'évacuation des blessés amis ou ennemis, a été mise en place. Civils ou militaires, ne faites pas de distinguo.

Le lieutenant-colonel de gendarmerie Benson prend la parole à son tour : « N'oubliez pas qu'une enquête judiciaire va être ouverte. Aussi, je me permets d'insister à mon tour sur la légalité de l'emploi de la force. Ce n'est pas la guerre, mais une opération de police judiciaire. Une fois l'assaut terminé, ne touchez à rien. Laissez tout en l'état. Ne bougez pas les corps ni les pièces à conviction. » »[3]

« J'avais [le général Vidal] donné des consignes très strictes pour ne tirer ni sur les blessés, ni sur les gens désarmés, ni sur ceux qui se rendaient. »[4]

Toutefois, « l'objectif de limiter les pertes chez les ravisseurs était secondaire » comme l'indique le général Norlain[5].

---

[1] Philippe LEGORJUS, *op. cit.*, pp. 266 et 267

[2] Henri WEILL, *op. cit.*, p. 79

[3] Patrick FORESTIER, *op.cit.*, p. 235

[4] Propos tenus par le général Vidal dans un entretien au journal *La Croix* du 11 mai 1988, repris par *Le Monde*, « Le général Vidal conteste qu'Alphonse Dianou se soit rendu », jeudi 12 mai 1988, p. 13

[5] Entretien précité

Cette affirmation est confirmée par le fait que l'échange de lettres entre Bernard Pons et le général Vidal ne s'attachait qu'aux pertes éventuellement subies par les forces de l'ordre et les otages, et non par les ravisseurs[1]. La logistique prévue sur le plan médical ne devait cependant pas distinguer selon les blessés, pour lesquels une évacuation vers l'aérodrome d'Ouloup devait être réalisée tandis que les prisonniers seraient dirigés vers la tribu se Saint-Joseph[2]

En tout état de cause, les conséquences de l'opération en termes de vies humaines furent diversement prévues du fait de la dangerosité extrême de l'action. Seule la nécessaire protection[3] des otages à l'intérieur de la grotte avait été envisagée avec le plus de certitude possible.

## B) La protection des otages

Une double nécessité s'imposa : libérer les gendarmes du GIGN de leurs menottes en leur fournissant les clés adéquates et introduire des armes dans la grotte. Le dimanche 1er mai, une première clé fut glissée dans le ravitaillement quotidien ; celle-ci ne correspondait malheureusement pas aux menottes utilisées par les ravisseurs[4]. Le capitaine Legorjus ne pouvant retourner dans la grotte, sur ordre de Bernard Pons pour assurer sa sécurité du fait de la possible communication de ses réelles fonctions et identités aux ravisseurs, seul le substitut Bianconi était en mesure d'introduire clés et armes.

Le magistrat n'était certes plus fouillé[5] par les ravisseurs, mais la manœuvre n'en demeurait pas moins des plus risquées. Au surplus, la participation active d'un membre du Parquet, présent à l'origine en tant que tel, donc dans l'exercice de ses fonctions, à cet aspect d'une opération de vive force n'alla pas sans soulever des problèmes d'ordre déontologique. Dépassant

---

[1] LDH, *op. cit.*, p. 40

[2] Entretien avec le capitaine Legorjus, précité

[3] Patrick FORESTIER, *op.cit.*, p. 225 ; Philippe LEGORJUS, *op. cit.*, p. 257

[4] Gilbert PICARD, *op. cit.*, p. 62 ; Henri WEILL, *op. cit.*, p. 73

[5] Henri WEILL, *op. cit.*, p. 72

ces préoccupations, le substitut Bianconi accepta son rôle de « passeur » et parvint, le lundi 2 mai, à introduire auprès de deux otages – le capitaine Picon et le maréchal des logis-chef Dubois, tous deux gendarmes du GIGN – la clé de leurs menottes ainsi que deux armes de poing dissimulées sous son t-shirt et dans ses sous-vêtements[1]. En outre, il les informa que le déclenchement de l'opération leur serait notifié par un message codé envoyé par radio[2]. L'assaut ne fut cependant pas donné à la date prévue.

## C) La date de l'opération

Quelle était la situation au soir du mardi 3 mai ? Les unités d'intervention s'étaient entraînées ensemble sur un îlot non loin d'Ouvéa durant les jours précédents[3], afin d'appliquer au mieux le plan arrêté par les autorités militaires et politiques. À l'intérieur de la grotte, les otages bénéficiaient de la fragile protection des deux armes introduites par le substitut Bianconi. De plus, une pluie continuelle s'abattait sur la forêt. Ce dernier détail revêtait une importance tactique considérable aux yeux des militaires : en effet, le bruit de la pluie aurait permis d'assurer une approche plus silencieuse de la cuvette, dont certains postes de combat auraient été, en outre, désertés par les ravisseurs réfugiés dans la grotte ou les tribus voisines. Par conséquent, et compte tenu du fait que le trajet, à pied, jusqu'aux abords de la grotte était estimé à une dizaine d'heures, les forces d'intervention auraient dû quitter Saint-Joseph au soir du 3 mai afin de bénéficier de conditions optimales[4]. Or, leur départ fut reporté de vingt-quatre heures.

Les raisons de ce report sont troubles ; il est cependant probable qu'elles tenaient à la décision du pouvoir politique. Rappelons que, le mardi 3 mai, la réponse du général Vidal à la lettre de Bernard Pons fut transmise à Paris afin de recueillir l'assentiment du pouvoir exécutif.

Selon Gilbert Picard :

---

[1] Patrick FORESTIER, *op. cit.*, pp. 226 et 227 ; Philippe LEGORJUS, *op. cit.*, pp. 259 à 261 ; Edwy PLENEL et Alain ROLLAT, *op. cit.*, p. 128

[2] Henri WEILL, *op. cit.*, p. 73

[3] Henri WEILL, *op. cit;*, p. 75

[4] Henri WEILL, *op. cit.*, p. 73

« À 23 heures (heure locale), 14 heures à Paris, André Giraud avait en ligne Bernard Pons et l'informait des décisions favorables prises par François Mitterrand. Le général Vidal est immédiatement prévenu. Mais il argue qu'un délai de dix heures est nécessaire pour que le commando puisse être à pied d'œuvre. [...] Comme l'opération est prévue au lever du jour, elle est reportée. Le départ des troupes aura lieu le lendemain 4 mai à 22 h 15. »[1]

Tandis qu'Henri Weill rapporte :

« À Saint-Joseph, Legorjus souhaite que l'assaut se déroule mercredi matin [4 mai]. C'est le scénario le plus favorable. [...]

Alors, lorsqu'en fin d'après-midi le général Vidal part pour Nouméa, « afin de recueillir les ordres », Legorjus lui affirme « qu'une telle occasion de réussite ne se représentera peut-être plus avant longtemps ».

Soirée des espoirs déçus pour les forces d'intervention.

Vers 20 heures, le général Vidal fait savoir que l'opération est reportée : il n'a pas reçu l'accord de Paris. »[2]

Selon Philippe Legorjus :

« Bernard Pons a reçu le message signé de l'Élysée et de Matignon donnant le feu vert, la veille [mardi 4 mai] à 23 h 15 (heure locale). »[3]

« Il semble que l'ordre, signé par le Président et le Premier ministre, ait transité au ministère de la Défense et à l'État-major des Armées à Paris pendant plusieurs heures avant d'être transmis à Nouméa. On avancera l'hypothèse que c'était pour des raisons électorales : certains responsables politiques souhaitaient faire coïncider l'assaut avec la libération des otages du Liban.

Je pencherais plutôt pour une explication plus prosaïque. L'armée française est ainsi faite qu'un ordre

---

[1] Gilbert PICARD, *op. cit.*, pp. 67 et 68

[2] Henri WEILL, *op. cit.*, p. 73 ; v. aussi Philippe LEGORJUS, *op. cit.*, p. 261

[3] Henri WEILL, *op. cit.*, p. 77

> doit passer par une cascade d'intermédiaires avant d'être transmis. Même en situation de crise – à plus forte raison si elle a lieu à vingt mille kilomètres – la hiérarchie militaire est incapable de se passer de cette bureaucratie. »[1]

Selon Bernard Pons[2] :

> « Le 3 mai, j'ai envoyé une note au Premier ministre sur la nécessité de l'opération de force. Mais il fallait un ordre commun entre le Premier ministre et le Président de la République. Jacques Chirac a reçu la lettre dans la matinée (heure de Paris) et a donné son accord à 10 h 30. André Giraud a demandé un rendez-vous à François Mitterrand, qui l'a reçu vers 13 h 30[3]. Giraud m'a ensuite téléphoné pour me faire part de l'accord du Président de la République, lequel a insisté sur la nécessité d'aboutir au moins de pertes possible ; il avait lu la lettre que le général Vidal m'avait envoyée en réponse à la mienne. André Giraud m'a téléphoné alors qu'il était 23 heures sur place. J'ai convoqué le général Vidal pour passer à l'action le plus rapidement possible. Il est arrivé au haussariat vers 23 h 30. Il m'a informé que l'opération ne pouvait avoir lieu que le surlendemain : il fallait six à huit heures pour prendre position. Je pensais que l'opération était pré-préparée. [...] François Mitterrand avait donc vingt-quatre heures pour revenir sur son ordre. »

En définitive, l'opération *Victor* fut préparée avec un grand soin par les autorités ; cela suffit-il pour conclure à sa conformité avec l'article 2 de la Convention européenne des Droits de l'Homme ?

---

[1] Philippe LEGORJUS, *op. cit.*, p. 263

[2] Entretien précité. Cette version est confirmée par le général Norlain (entretien précité).

[3] Ce qui confirme sur ce point le récit de Jacques Attali (v. *supra*, p. 142).

## II) En droit

Conformément à la méthode que nous avons adoptée, le raisonnement élaboré par la Cour européenne des Droits de l'Homme (A) sera exposé avant son application aux faits de l'espèce (B).

### A) Présentation du raisonnement de la Cour européenne des Droits de l'Homme

Le paragraphe 181 de l'arrêt *Andronicou et Constantinou c. Chypre*[1] pose les limites de l'examen de la Cour européenne des Droits de l'Homme :

> « 181. L'unique souci de la Cour doit être d'évaluer si, dans ces conditions, la préparation et le contrôle de l'opération de sauvetage [...] montrent que les autorités ont déployé la vigilance voulue pour s'assurer que toute mise en danger des vies d'Elsie Constantinou et de Lefteris Andronicou avait été réduite au minimum et que les autorités n'ont pas fait preuve de négligence dans le choix des mesures prises. La Cour ne juge dès lors pas opportun d'examiner, avec le bénéfice du recul, l'avantage d'une tactique de rechange, par exemple l'administration de drogues dans la nourriture de Lefteris Andronicou [...] ou le recours à des psychologues en cours de négociations, ni de substituer son propre point de vue à celui des autorités confrontées à un dilemme sans précédent dans l'État défendeur et à la nécessité de pendre des mesures décisives pour sortir de l'impasse. Il faut relever que des stratégies de rechange ont en fait été examinées et analysées devant la commission d'enquête interne et que les avis d'experts différaient quant à l'opportunité d'y recourir dans ces circonstances [...]. »

La position de la Cour est contradictoire. En effet, si elle exclut expressément un contrôle d'opportunité en refusant de se mettre à

---

[1] Références précitées

la place des autorités et, par conséquent d'examiner les autres tactiques applicables, elle ne les mentionne pas moins. Dès lors, l'analyse est brouillée par l'absence de clarté du raisonnement de la Cour. Cependant, l'analogie entre les faits de cette affaire et les événements d'Ouvéa permet de conclure que l'administration de drogues aux ravisseurs ne doit pas entrer en ligne de compte.

Les paragraphes 185 et 186 de l'arrêt *Andronicou* comportent les éléments de compréhension nécessaires pour apprécier si les options stratégiques retenues en vue de l'opération *Victor* étaient conformes à l'article 2 de la Convention européenne des Droits de l'Homme, tel qu'interprété par le principe général posé par la Cour au paragraphe 181 :

> « 185. [...] S'il est exact que les agents [du *MMAD*] étaient entraînés pour tuer si on leur tirait dessus, il faut noter qu'ils avaient reçu des instructions claires quant au moment de se servir de leurs armes. On leur a dit de n'utiliser qu'une force proportionnée et de ne tirer que si la vie d'Elsie Constantinou ou la leur était en danger [...]. »

> « 186. Eu égard aux considérations qui précédent, la Cour estime qu'il n'a pas été démontré que l'opération de sauvetage n'ait pas été programmée et organisée de manière à réduire autant que possible tout risque pour la vie [du ravisseur et de son otage]. »

En réalité, il conviendrait d'inverser l'ordre de présentation des arguments. Car, la Cour procède à un examen général de façon à déterminer si le risque d'atteinte à la vie a bien été minimisé, ce contrôle se traduisant de façon particulière par une analyse des consignes données aux forces de l'ordre et des données techniques relatives à l'armement des agents. Il semble cependant qu'il ne s'agisse là que de points spéciaux, lesquels n'excluent nullement l'examen d'autres éléments de fait sous l'angle du principe général posé. Par conséquent, le champ d'investigation de la Cour est ouvert, ce qui autorise un contrôle poussé conforme à l'interprétation étroite qui doit être faite des termes de l'article 2 de la Convention. C'est par le prisme de ce principe qu'il convient d'envisager les faits de l'espèce.

## B) Application aux faits de l'espèce

Nos développements s'articuleront autour des deux points soulevés par la Cour dans l'arrêt *Andronicou*, savoir les consignes données aux agents quant à l'usage de leurs armes (1) et les données techniques des celles-ci (2), complétés par des précisions concernant le traitement des blessés (3), et la date choisie pour le déroulement de l'opération (4), lesquelles s'intègrent bien au principe général de protection maximale de la vie humaine posé par la Cour.

### 1) Les consignes données aux agents

Ainsi qu'il est expressément indiqué au paragraphe 185 de l'arrêt *Andronicou*, la Cour attache une grande importance aux consignes données aux agents de l'État relativement à l'usage de leurs armes. Pour être conformes à la substance du droit protégé par l'article 2 de la Convention, ces instructions doivent avoir pour finalité la légitime défense de l'otage ou des agents eux-mêmes, ce qui implique la proportionnalité de la force utilisée avec le risque encouru[1].

Appliqué aux faits d'Ouvéa, ce raisonnement ne permet pas d'aboutir à une solution claire et définitive. En effet, l'existence de consignes quant à l'usage des armes n'a pas été fermement établie, que ce soit par l'examen de la littérature ou les questions posées à nos interlocuteurs. Avancer une quelconque réponse relèverait, par conséquent, de l'hypothèse. Tout au plus nous bornerons-nous à poser l'alternative : **soit les consignes que nous avons rapportées furent effectivement données et, en ce cas, aucune violation de l'article 2 ne peut être encourue de ce chef, soit ces instructions ne furent jamais données et ce**

[1] Nous avons précédemment montré que cette analyse ne tenait pas compte de la capacité des agents en cause à appliquer correctement les consignes reçues : v. *supra*, pp. 123 et s.

**fait est susceptible d'entraîner à lui seul un constat de violation.**

La question des consignes éventuellement données aux agents quant à l'usage de leurs armes doit être complétée par l'examen de ces dernières.

### 2) L'armement des agents

La question fut soulevée au paragraphe 185 de l'arrêt *Andronicou* :

> « Quant à la décision de doter les agents de mitraillettes, il faut souligner une fois de plus que l'utilisation d'une quelconque arme à feu n'a jamais été prévue dans l'exécution du plan. Cependant, étant donné que Lefteris Andronicou était pourvu d'un fusil de chasse à deux coups et qu'il n'était pas exclu qu'il eût d'autres armes, les autorités devaient parer à toute éventualité. [...] »

Par conséquent, le critère retenu par la Cour est la capacité de défense des agents fondée sur toute éventualité raisonnablement envisagée compte tenu des éléments d'information dont disposaient les autorités au moment d'agir.

Sur ce point, l'opération menée à Ouvéa doit être déclarée conforme à l'article 2 de la Convention en vertu d'un raisonnement *a fortiori*. En effet, l'armement des ravisseurs réfugiés aux abords de la grotte était, et de loin, supérieur à celui de Lefteris Andronicou. Les autorités en étaient d'ailleurs conscientes, puisque l'armurerie de la brigade de Fayaoué avait été dévalisée[1]. Le capitaine Legorjus et le substitut Bianconi avaient en outre pu vérifier de leurs yeux la présence d'armes à feu aux mains des indépendantistes (d'où, d'ailleurs, la nécessité de protéger les otages en armant deux d'entre eux[2]). Enfin, les forces de l'ordre

---

[1] V. *supra*, p. 40
[2] V. *supra*, pp. 153 et 154

savaient qu'une mitrailleuse lourde de type AA 52 était logée dans une niche corallienne.

**Par conséquent, le fait que les forces de l'ordre montèrent au combat armées de fusil d'assaut, c'est-à-dire des armes de guerre, ne constitue pas une violation de l'article 2 de la Convention compte tenu de l'armement adverse.**

Les autorités s'attendaient cependant à de nombreux blessés.

### 3) L'organisation de la gestion des blessés

Bien que cette question n'ait jamais été abordée par la Cour européenne des Droits de l'Homme en raison de la nature des circonstances soumises à son appréciation, il est sans doute nécessaire de confronter les dispositions prises par les autorités avec le principe général dégagé par la Cour au paragraphe 186 de l'arrêt *Andronicou.* En effet, la mort peut-être non seulement provoquée par l'usage des armes, mais également par l'absence ou la mauvaise organisation des soins apportés aux blessés éventuels.

La Commission, quant à elle, évoqua la question dans l'affaire *Margit Wolfgram c. RFA*[1] :

> « D'autre part, [les requérants] allèguent une négligence de part de la police de Munich lorsqu'elle a organisé l'arrestation. Par exemple, aucune ambulance ni moyen de soins médicaux n'avait été prévu pour être immédiatement disponible. »[2]

La Commission répondit de la façon suivante :

> « Dans la mesure où les requérants se plaignent de l'organisation de l'arrestation, la Commission relève que la police avait expressément envisagé l'arrestation de manière à éviter le risque de dommages corporels à des tiers. L'ambulance, alertée au préalable, est arrivée peu après l'incident en question. »[3]

---

[1] Références précitées

[2] Décision précitée, p. 218

[3] Décision précitée, p. 220

L'existence même d'unités médicales prêtes à intervenir montre que les autorités eurent le souci de limiter autant que faire se peut les risques courus par les protagonistes blessés. Certes, l'on pourrait légitimement douter que les capacités médicales prévues le furent avant tout pour soigner les ravisseurs. Cependant, des consignes claires auraient été données par le général Vidal[1] afin que forces de l'ordre et indépendantistes en profitassent également. Si la véracité de ces instructions ne put être démontrée, la distribution des blessés et des prisonniers respectivement entre l'aérodrome d'Ouloup et la tribu de Saint-Joseph fut confirmée par le capitaine Legorjus[2] (l'erreur dans cette répartition dont fut victime Alphonse Dianou[3] conforte aussi ce fait).

**Bref, à cet égard, l'opération de sauvetage fut « programmée et organisée de manière à réduire autant que possible tout risque pour la vie » des ravisseurs et des otages[4] et doit donc être déclarée conforme, de ce point de vue, à l'article 2 de la Convention européenne des Droits de l'Homme.**

La date choisie pour le déclenchement de l'opération et son report mérite en revanche une autre conclusion.

### 4) La date de l'opération

Initialement prévu pour le matin du 4 mai, l'assaut eut finalement lieu le lendemain. Les interrogations relatives à ce report ont été exposées précédemment[5] : il convient à présent de l'apprécier au regard de l'article 2 de la Convention et du principe général d'interprétation posé par la Cour au paragraphe 181 de l'arrêt *Andronicou*, selon lequel les autorités doivent déployer la vigilance voulue pour s'assurer que toute mise en danger des vies

---

[1] V. *supra*, pp. 151 et 152
[2] Entretien précité
[3] V. *infra*, pp. 208 et s.
[4] Arrêt *Andronicou et Constantinou c. Chypre*, références précitées, § 186
[5] V. *supra*, pp. 154 et s.

soit réduite au minimum et que les autorités n'ont pas fait preuve de négligence dans le choix des mesures prises.

Dans l'hypothèse où l'assaut se serait effectivement déroulé à la date prévue, les autorités auraient pu bénéficier d'un effet de surprise du fait du bruit de la pluie qui aurait couvert leur approche. Cet argument doit être pour le moment écarté ; nous expliquerons ultérieurement pourquoi[1]. En revanche, l'affirmation selon laquelle les forces de l'ordre auraient eu à affronter des combattants en nombre moindre est pertinente :

> « Hier [3 mai], à cause de la pluie et de la visite, en même temps, de plusieurs ravisseurs à leur famille, le camp était pratiquement vide de défenseurs. Il ne restait plus qu'une quinzaine de combattants – sur une trentaine habituellement – qui s'étaient mis tranquillement à l'abri dans l'entrée de la grotte. Tous les otages dormaient au fond. »[2]

Modifions les faits et imaginons une situation dans laquelle un otage est menacé par deux ravisseurs : si l'un d'entre eux vient à s'absenter, la situation devient plus favorable à la fois pour les forces de l'ordre et pour l'otage lui-même en raison de la moindre force nécessaire pour le libérer ; en outre et logiquement, le ravisseur absent ne risque plus pour sa vie. Transposée aux faits d'Ouvéa, cette analyse permet de conclure que le report de l'assaut mit inutilement en danger, d'une part les agents des forces de l'ordre, d'autre part leurs adversaires, moins nombreux mais cependant toujours présents aux abords de la grotte[3].

Le report de l'opération aurait pu être justifié, par exemple pour faire aboutir une ultime négociation rendant tout recours à la force superflu, donc non conforme à l'article 2 de la Convention. Or, et compte tenu des informations disponibles, il apparaît que ce furent les seules formalités administratives qui aient induit une situation plus défavorable.

---

[1] V. *infra*, pp. 181 et s.

[2] Philippe LEGORJUS, *op. cit.*, p. 263

[3] Entretien avec l'adjudant-chef Coquet, précité

**Par conséquent, le report de l'opération *Victor* constitue une négligence dans le choix des mesures prises par les forces de l'ordre en ce qu'elle fit courir aux ravisseurs et aux agents de forces de l'ordre un risque superflu. Un constat de violation de l'article 2 s'impose de ce fait.**

## Conclusion du chapitre

**La préparation et le contrôle de l'opération *Victor* n'appellent aucune conclusion de violation de l'article 2 eu égard du choix des unités engagées, du commandement de l'opération ou des options stratégiques retenues, à l'exception, sur ce dernier point, du report de l'assaut qui fit courir, aussi bien aux ravisseurs qu'aux agents des forces de l'ordre, un risque inutile pour leur vie. La violation de l'article 2 de la Convention européenne des Droits de l'Homme doit donc être retenue de ce chef.**

Ce fut donc le jeudi 5 mai au petit matin que les forces de l'ordre menèrent leur assaut afin de mettre fin à la détention des otages. Le déroulement des combats est susceptible de recevoir une appréciation par le prisme de la Convention européenne des Droits de l'Homme.

## CHAPITRE 3

# LE DÉROULEMENT DE L'OPÉRATION *VICTOR*

La façon dont l'opération *Victor* fut menée ce jeudi 5 mai 1988, entre 6 heures 30 et 13 heures, ne peut se comprendre que par un rappel de la situation physique du lieu de détention des otages. En effet, la grotte dans laquelle ils étaient prisonniers se trouvait au fond d'un cratère naturel, couvert par une végétation dense et parsemé de postes de combat, fixes ou non, tenus par des hommes en armes. L'assaut ne put donc se dérouler en un trait de temps, car les forces de l'ordre durent d'abord se rendre maîtresses de la cuvette (section 1) avant de pouvoir investir la grotte elle-même (section 2) tout en gérant les blessés et les prisonniers (section 3).

## Section 1
# La première phase : la conquête de la cuvette

Conformément à la méthode qui fut la nôtre jusqu'ici et fidèle en cela à la présentation formelle des arrêts de la Cour européenne des Droits de l'Homme, nous exposerons dans un premier temps les éléments de fait (I) avant de les confronter à la Convention européenne des Droits de l'Homme (II).

## I) En fait

Deux temps seront ici dégagés : d'une part la mise en place des unités autour de la cuvette (A) et, d'autre part, les affrontements entre forces de l'ordre et ravisseurs (B).

### A) La mise en place des unités d'intervention sur le site

Le mercredi 4 mai à 22h15[1], le commando composé d'hommes du GIGN, de l'EPIGN, du Onzième Choc et du commando Hubert prit à pied la direction de la « grotte des guerriers » le long d'un parcours balisé au préalable par l'EPIGN. Maquillé et silencieux, ce cortège lourdement armé devait prendre par surprise les occupants des postes de combat disséminés aux abords de la grotte. Sept heures et demie furent nécessaires aux militaires pour parcourir les dix kilomètres qui les séparaient du lieu de leur

[1] Gilbert PICARD, *op. cit.*, p. 68 ; Edwy PLENEL et Alain ROLLAT, *op. cit.*, p. 152

intervention[1], en toute discrétion jusqu'à l'endroit choisi comme point de départ du déploiement des unités.

Initialement fixé à cinquante mètres du bord de la cuvette, celui-ci fut finalement déplacé de cent mètres en arrière. Deux explications furent avancées pour expliquer ce changement tactique. La première se fonde sur la forte densité végétale au lieu choisi à l'origine, qui aurait empêché une approche silencieuse[2]. La seconde consiste simplement en une erreur de positionnement[3]. Selon le capitaine Legorjus[4], cette dernière hypothèse doit être retenue. Ce mauvais positionnement des forces d'intervention les priva de l'effet de surprise escompté en donnant aux indépendantistes l'initiative du combat.

Afin de permettre les prises de position, du Onzième Choc à l'est et à l'ouest du cratère, du commando Hubert au nord, du GIGN et de l'EPIGN au sud[5], et de localiser avec précision l'emplacement de l'entrée de la grotte, un hélicoptère se plaça à la verticale de celle-ci, couvrant du bruit de son rotor la progression du commando de libération. De prime, la présence de cet appareil n'inquiéta pas les ravisseurs : en effet, il était prévu qu'une équipe de journalistes vînt les rencontrer ce jour-là en empruntant la voie aérienne[6]. Alphonse Dianou, toutefois, remarqua rapidement à la porte de l'hélicoptère une mitrailleuse servie par un militaire. Il ordonna alors à l'un de ses hommes de faire feu, blessant le gendarme Marc Ledrenn[7]. Ce tir fut le premier échangé en ce mercredi 5 mai.

---

[1] Philippe LEGORJUS, *op. cit.*, p. 266 ; Gilbert PICARD, *op. cit.*, p. 73 ; Henri WEILL, *op. cit.*, p. 80

[2] Gilbert PICARD, *op. cit.*, p. 73 ; Henri WEILL, *op. cit.*, p. 81

[3] Patrick FORESTIER, *op. cit.*, pp. 242 et 243 ; Philippe LEGORJUS, *op. cit.*, p. 267 ; Edwy PLENEL et Alain ROLLAT, *op. cit.*, p. 155

[4] Entretien précité

[5] Philippe LEGORJUS, *op. cit.*, pp. 264 et 265 ; Gilbert PICARD, *op. cit.*, p. 77 ; Henri WEILL, *op. cit.*, p. 78

[6] Patrick FORESTIER, *op. cit.*, pp. 209 à 211

[7] Henri WEILL, *op. cit.*, p. 81 ; Gilbert PICARD, *op. cit.*, pp. 76 et 77 ; Edwy PLENEL et Alain ROLLAT, *op. cit.*, p. 156

## B) Les affrontements

Sitôt le coup de feu tiré sur l'hélicoptère, l'assaut fut donné par les forces de libération. Il dura quarante-cinq minutes[1]. Décrire la scène avec précision serait impossible en raison, d'une part, du nombre élevé des protagonistes de la bataille – ce mot est choisi à dessein – et, d'autre part, de l'absence de témoignages détaillés et dignes de foi. Sans doute un tel récit ne saurait être valablement fait que par ceux qui ont reçu le baptême du feu au cours de leur vie ou, mieux encore, par des témoins directs. C'est pourquoi seront d'abord exposées des considérations subjectives (1), complétées ensuite par des éléments objectifs (2).

### 1) Considérations subjectives

Le lieutenant-colonel Benson, ancien d'Algérie, qui se trouvait non loin du théâtre des opérations, semble bien résumer les faits : « Chacun y est allé avec sa bite et son couteau ! » Derrière cette expression imagée se devinent aisément les trésors de courage, de détermination et d'improvisation que les militaires durent déployer pour accomplir leur mission. Quatre témoignages de première main permettent de mieux imaginer la scène. Le premier émane du capitaine Legorjus :

> « Ces tirs à l'initiative des ravisseurs sont extrêmement dangereux. La végétation est tellement touffue que la distance entre les combattants n'est que de quelques mètres. Au bruit aigu des rafales de Famas répond celui plus soutenu des bandes de l'AA 52. Je reconnais le claquement sec des coups de fusil de chasse et des pistolets mitrailleurs HK et le sifflement des balles perdues qui viennent se ficher dans un tronc au-dessus de nos têtes. De temps à autres, le bruit plus rauque d'un fusil à pompe. [...]
>
> C'est la guerre totale ! »[2]

Michel Bernard, l'un des membres du GIGN ayant participé à l'assaut :

---

[1] LDH, *op. cit.*, p. 41

[2] Philippe LEGORJUS, *op. cit.*, p. 268

> « « Feu ! »
> Un déluge, c'est immédiatement un déluge. En une seconde, la tempête s'abat après un court recul du doigt sur la détente. La ligne d'armes taille, hache tout devant moi. D'abord vient la grêle de fer, puis les bruits de claquement des culasses, puis le feu et l'éclair qui jaillissent comme des flèches de la bouche des canons. »[1]

L'adjudant-chef Coquet, qui se trouvait alors à l'extérieur de la grotte et non loin de son entrée, raconte :

> « Dès les premiers tirs, je me suis protégé comme j'ai pu en m'allongeant sur le sol. [...] Ça pétait de partout ! [...] J'ai senti la chaleur du lance-flammes qui montait vers moi. Je me suis abrité derrière un gros rocher pour me protéger. J'entendais les balles siffler et se planter dans les troncs d'arbres. »[2]

Le gendarme mobile Alberto Addari se trouvait non loin de l'adjudant-chef Coquet, également à l'extérieur de la grotte :

> « Je ne sais pas combien de temps ça a duré. Je savais que les soldats approchaient parce que je voyais que les impacts des balles sur les arbres étaient de plus en plus bas. J'ai entendu le gros ronflement du lance-flammes à deux, trois reprises. »[3]

Bref, il est impossible de décrire précisément cette première phase de l'assaut. Quelques éléments objectifs autorisent cependant une analyse plus poussée.

### 2) Considérations objectives

Plusieurs éléments concordants peuvent être dégagés de cette confusion, les uns tenant aux armes employées de part et d'autre (a), les autres relativement aux blessures constatées à l'issue de cet assaut (b) .

---

1 Michel BERNARD, *op. cit.*, p. 260

2 Entretien précité

3 Entretien précité

### a) les armes employées

La compréhension du lourd bilan en termes de vies humaines dressé à l'issue de l'assaut passe obligatoirement par la description des forces en présence. Les ravisseurs, exploitant au mieux le relief tourmenté de la cuvette, fait d'affleurements coralliens, avaient disposé plusieurs postes de combat tenus par des hommes disposant d'armes à feu, dont certaines provenaient sans doute du pillage de l'armurerie de la brigade de Fayaoué[1]. L'un de ces postes était équipé d'un fusil-mitrailleur de type AA 52 servi par deux hommes, et niché dans un repli du terrain qui les protégeait efficacement tout en leur permettant de tenir sous leur feu le chemin d'accès à la grotte[2]. Bien que les forces d'intervention aient choisi d'investir la cuvette par une autre voie que celle-ci, la neutralisation de ce poste de combat s'avéra indispensable du fait de la large surface qu'il couvrait de son tir. Protégés des fusils d'assaut Famas des forces de l'ordre tout autant que des grenades offensives[3] par la barrière naturelle formée par le corail, les ravisseurs tinrent bon, si bien que le chef du commando prit la décision d'appeler par radio deux hommes du 17ème régiment de génie parachutiste équipés d'un lance-flammes[4] qu'ils utilisèrent avec succès contre le poste de tir. Selon le capitaine Legorjus, ce lance-flammes fut uniquement utilisé pour dégager le terrain et former un écran derrière lequel les unités purent avancer sans être vues : il n'aurait pas fait de victimes[5]. Cette assertion est cependant incompatible avec certaines des blessures constatées.

---

[1] V. *supra*, p. 40
[2] Gilbert PICARD, *op. cit.*, p. 78
[3] Contrairement aux grenades défensives, celles-ci produisent un aveuglant éclat de lumière accompagné d'une détonation assourdissante, mais ne se fragmentent pas.
[4] Patrick FORESTIER, *op. cit.*, p. 243 ; Philippe LEGORJUS, *op. cit.*, pp. 269 et 270 ; Gilbert PICARD, *op. cit.*, pp. 79 et 80
[5] Entretien précité

### b) les blessures infligées

Des témoignages visuels font état des blessures suivantes, constatées sur les cadavres de certains des ravisseurs retrouvés dans le cratère après l'assaut :

- Patrick Ihily : plaie dorsale para-médiane gauche de forme ovalaire, plaie lombaire gauche de forme ovalaire, plaie frontale gauche selon une trajectoire de haut en bas quasi-verticale ;
- Martin Haiwe : plaie dorsale à la jonction thoraco-lombaire droite ;
- Bohama Dao : plaies de forme circulaire situées de part et d'autre de la ligne des épineuses ;
- Nicolas Nine : plaie dorsale dans la région sous-scapulaire droite, plaie dorsale médiane ;
- Zéphiren Kela : plaie sur l'arrière du pavillon de l'oreille gauche, fracas cranio-occipital ;
- Vincent Daoume : fracas facial, dislocation de la voûte crânienne avec fractures, treize plaies de forme circulaire aux bords soulignés de sombre dans la région thoracique, quatre plaies de forme circulaire dans le dos
- Philippot Nine : deux plaies de forme ovalaire au niveau scapulaire droit et médio-dorsal gauche, phlyctènes dans le dos, sur l'aine droite et l'épaule gauche ;
- Louis Ouckewen : larges phlyctènes sur le thorax, plaie frontale au-dessus du sourcil droit selon une trajectoire légèrement de haut en bas ;
- Jean Lavelloi : phlyctène sur la face supérieure de l'épaule droite ;
- Donatien Wadieno : phlyctènes sur la face antérieure du thorax et à la base du cou, plaie de forme ovalaire sous l'omoplate ;
- Samuel Dao : phlyctènes au-dessus du sourcil gauche et dans le dos, plaie dorsale médiane inférieure de forme ovalaire aux bords

déchiquetés, plaie de forme circulaire à la racine de la nuque ;
- Michel Wadieno : plaie cranio-cérébrale gauche dans la région temporale, phlyctènes thoraciques, inguinales droites et dans la région fessière ;
- Nicodème Teimboueone : plaie temporale gauche, larges phlyctènes sur la jambe et le pied gauches.

Plusieurs enseignements peuvent être tirés de ce cruel mais nécessaire panorama. Tout d'abord, sept individus au moins subirent l'effet du lance-flammes employé par les commandos, du fait de la présence de phlyctènes plus ou moins importantes sur leur corps. Ensuite, la multiplicité des blessures infligées, parfois sur un même homme, témoigne du feu nourri dans lequel le cratère baigna durant l'affrontement. Enfin, la localisation de certains impacts (dans les régions dorsale ou crânienne) soulève des interrogations. Il convient, toutefois, de se garder des conclusions hâtives et d'examiner à présent les faits sous l'angle de la Convention européenne des Droits de l'Homme et du raisonnement de la Cour de Strasbourg.

## II) En droit

La présentation du raisonnement de la Cour européenne des Droits de l'Homme (A) permettra de dégager les moyens d'analyse utilement applicables aux faits de l'espèce (B).

### A) Présentation du raisonnement de la Cour européenne des Droits de l'Homme

La première phase de l'assaut de la grotte d'Ouvéa peut être envisagée selon trois angles, c'est-à-dire les trois alinéas du second paragraphe de l'article 2 de la Convention. Or, nous avons précédemment expliqué que les deuxième et troisième cas visés par le texte, savoir l'arrestation des ravisseurs et la répression d'une émeute ou d'une insurrection, n'avaient pas reçu d'explication jurisprudentielle suffisante pour en autoriser une application, sinon certaine, du moins satisfaisante[1]. Par conséquent, l'étude se bornera à la légitime défense d'autrui contre la violence illégale, dont nous présenterons les éléments constitutifs (1) avant son appréciation par la Cour (2).

### 1) Les éléments constitutifs de la légitime défense

La Cour européenne des Droits de l'Homme a consacré le paragraphe 191 de son arrêt *Andronicou et Constantinou c. Chypre*[2] à la caractérisation de la légitime défense au sens de la Convention. Ainsi :

> « 191. [...] Il faut remarquer que l'usage de [la force meurtrière] par les agents du *MMAD* dans ces conditions était le résultat direct de la réaction violente de Lefteris Andronicou lors de l'attaque de son appartement. Ce dernier a cherché à tuer le premier agent qui est entré dans la pièce.
>
> La commission d'enquête a conclu, sur la base des éléments de preuve à sa disposition, que Lefteris Andronicou a en réalité tiré la seconde cartouche sur Elsie Constantinou [...]. Sa réaction a dès lors induit une situation dans laquelle des décisions devaient être prises en quelques fractions de secondes pour écarter le danger, réel et imminent, qu'il présentait pour Elsie Constantinou et pour les membres de l'équipe d'intervention [...]. »

En somme, la définition de la légitime défense telle que l'entend la Cour européenne des Droits de l'Homme n'est pas très éloignée de celle retenue en droit de source nationale, c'est-à-dire que, « conformément aux règles classiques de la justification pénale, il

---

[1] V. *supra*, pp. 103 et s.
[2] Références précitées. V. aussi le paragraphe 200 de l'arrêt *McCann, Farell et Savage c. Royaume-Uni* (références précitées) pour des développements moins précis.

faut à la fois un danger grave et actuel, ainsi qu'une réponse nécessaire et proportionnée à ce péril »[1], la proportionnalité s'appréciant « essentiellement au regard du danger pour les vies humaines et l'intégrité corporelle par rapport à la nature du but recherché et de la situation. »[2] La démarche de la Cour est donc davantage subjective qu'objective.

## 2) L'appréciation subjective de la légitime défense

La Cour européenne des Droits de l'Homme a adopté une analyse fort pragmatique qui laisse une grande marge de manœuvre aux autorités. En effet, son raisonnement se fonde sur une appréciation subjective de la légitime défense[3], c'est-à-dire selon ce que les agents ont perçu au moment de leur action :

> « 200. La Cour admet que les militaires pensaient de bonne foi, compte tenu des informations qu'ils avaient reçues [...], qu'il était nécessaire de tirer sur les suspects pour les empêcher de déclencher la bombe et de causer ainsi d'importantes pertes en vies humaines [...]. Ils ont donc accompli leurs actes, obéissant en cela aux ordres de leurs supérieurs, en les considérant comme absolument nécessaires pour protéger des vies innocentes.
>
> Elle estime que le recours à la force par des agents de l'État pour atteindre l'un des objectifs énoncés au paragraphe 2 de l'article 2 [...] de la Convention peut se justifier au regard de cette disposition [...] lorsqu'il se fonde sur une conviction honnête considérée, pour de bonnes raisons, comme valable à l'époque des événements mais qui se révèle ensuite erronée. Affirmer le contraire imposerait à l'État et à ses agents chargés de l'application des lois une charge irréaliste qui risquerait

---

[1] Jean-François RENUCCI, *Droit européen des droits de l'homme* ; Paris, éd. LGDJ, 2ème édition, 2001, p. 72

[2] *Ibid.*, p. 73

[3] « Il reste que le contrôle de proportionnalité est très délicat en matière de recours à la force meurtrière, surtout que cela aboutit en fin de compte à une appréciation qui est très relative [...]. » : *ibid.*, p. 74

de s'exercer aux dépens de leur vie et de celle d'autrui. »[1]

> « 192. La Cour reconnaît cependant [...] que les agents [...] croyaient de bonne foi dans ces conditions qu'il était nécessaire de tuer Lefteris Andronicou pour sauver Elsie Constantinou et leur propre vie [...].Elle relève à cet égard que l'usage de la force par des agents de l'État pour atteindre l'un des objectifs énoncés au paragraphe 2 de l'article 2 de la Convention peut se justifier au regard de cette disposition lorsqu'il se fonde sur une conviction honnête considérée, pour de bonnes raisons, comme valable à l'époque des événements mais qui se révèle ensuite erronée. Affirmer le contraire imposerait à l'État et à ses agents chargés de l'application des lois une charge irréaliste qui risquerait de s'exercer aux dépens de leur vie et de celle d'autrui [...]. »[2]

« Bonne foi », « conviction honnête », « bonnes raisons » : comment interpréter ces concepts sur lesquels la Cour fonde sa décision ? Et comment les appliquer, étant donné que la Cour ne précise pas comment elle juge « bonnes » les raisons qui ont poussé les agents à agir ? Une chose semble certaine : ce ne sont pas des notions juridiques ; leur contenu ressort davantage de l'analyse factuelle. Pour autant, puisqu'il ne s'agit pas d'un contrôle de légalité, la Cour se livre-t-elle à un contrôle d'opportunité ? Une réponse négative s'imposerait, car :

> « La Cour ne saurait toutefois, en réfléchissant dans la sérénité des délibérations, substituer sa propre appréciation de la situation à celle des agents qui devaient réagir, dans le feu de l'action, à ce qui était pour eux une opération unique et sans précédent de sauvetage d'une vie humaine. Les intéressés étaient habilités à tirer dans ce but et à prendre toutes mesures que, de bonne foi, ils estimaient raisonnablement nécessaires pour éliminer tout risque soit pour la vie de la jeune femme, soit pour leur vie propre. »[3]

---

[1] Arrêt *McCann, Farell, Savage c. Royaume-Uni*, références précitées
[2] Arrêt *Andronicou et Constantinou c. Chypre*, références précitées
[3] *Ibid.*, § 192

Par conséquent, la question déjà soulevée demeure : quelle est la nature du contrôle opéré par la Cour et sur quoi se fonde-t-il ? Sans doute le moment est-il venu d'esquisser une réponse, fondée sur l'*obiter dictum* glissé par la Cour à la fin du paragraphe 200 de l'arrêt *McCann* et au milieu du paragraphe 192 de l'arrêt *Andronicou*, par lequel les juges font la part du feu entre le droit et les contraintes pratiques qui s'imposent aux États. Cette considération souligne le caractère très pragmatique de l'approche de la Cour, qui n'emploie, en outre, aucun critère juridiquement définissable. De plus, les juges décrivent les processus mentaux en œuvre dans le for intérieur des agents. Enfin, les références fréquentes aux notions de bonne foi, de raison, d'honnêteté s'inscrivent dans une démarche de compréhension des mécanismes de décision.

En définitive, et en dépit de l'assertion contraire émise par la Cour, c'est bel et bien un contrôle d'opportunité[1] qui est exercé par les juges, de façon, certes, camouflée, mais réelle. Il suffit pour s'en persuader d'examiner la manière dont la décision finale est adoptée par la Cour et de raisonner par l'absurde. Si celle-ci procédait à un contrôle de légalité, fondé sur des concepts juridiques intelligibles et, avançons le mot, scientifiques, les différences d'appréciation entre les juges devraient être marginales ou byzantines. Or, dans l'arrêt *McCann*, la Cour a conclu à la violation de l'article 2 paragraphe 2 par dix voix contre neuf, alors que la Commission s'était prononcée par onze voix contre six en faveur de la non violation (l'arrêt donna lieu à neuf opinions dissidentes ou partiellement dissidentes et partiellement concordantes) ; la non violation dans l'affaire *Andronicou* fut acquise par cinq voix contre quatre, alors que la Commission avait conclu à la violation par quinze voix contre trois (cinq opinions dissidentes ou partiellement dissidentes et partiellement concordantes). Autrement dit, dans ces deux cas, la Cour a désavoué la Commission pour dégager une majorité d'une voix, et

---

[1] *Contra* : Gilbert GUILLAUME, « Article 2 », *La Convention européenne des Droits de l'Homme, commentaire article par article*, ouvrage collectif dirigé par Louis-Edmond PETTITI, Emmanuel DECAUX et Pierre-Henri IMBERT ; Paris, éd. Économica, 2ème édition, 1999, p. 151

ce alors même que les faits étaient suffisamment établis[1], ce qui n'est pas le cas pour les événements d'Ouvéa.

## B) Application aux faits de l'espèce

Il ne saurait être question dans ce paragraphe d'appliquer entièrement le raisonnement de la Cour européenne des Droits de l'Homme. Le résultat obtenu serait, en effet, par trop aléatoire, d'abord parce que, contrairement à la Cour dans les affaires *McCann* et *Andronicou*, nous ne disposons pas d'un scénario complet et suffisamment fiable du déroulement de l'assaut et, ensuite, parce qu'un seul auteur ne pourrait substituer son opinion à celle émise par deux collèges de juges, au demeurant opposés sur les décisions finalement rendues. En outre, aucun élément de fait ne nous permettrait d'apprécier la mort ou les blessures infligées aux agents des forces d'intervention, savoir la blessure du pacha du Commando Hubert Laurent Jayot[2] et de l'un de ses hommes[3], la mort de l'adjudant Régis Pedrazza et du soldat Yves Véron[4], tous deux du Onzième Choc, et les blessures infligées à Jean-Marie Grivel[5] et au lieutenant Laurent Thimothée[6] du GIGN. Nous nous bornerons, par conséquent, à analyser les faits objectifs relatifs aux indépendantistes, sans toutefois prétendre à un quelconque constat global de violation ou de conformité.

Les éléments de fait que nous étudierons sont les suivants : le positionnement des unités avant l'assaut (1), la multiplicité des impacts sur certains corps (2), la localisation de certains impacts (3) et les blessures causées par le lance-flammes (4).

---

[1] V. le commentaire de l'arrêt *Andronicou* par Axelle REITER-KORKMAZ, références précitées, pp. 572 et 573

[2] Patrick FORESTIER, *op. cit.*, p. 243 ; Philippe LEGORJUS, *op. cit.*, p. 268 ; Edwy PLENEL et Alain ROLLAT, *op. cit.*, p. 156

[3] Gilbert PICARD, *op. cit.*, p. 80 ; Henri WEILL, *op. cit.*, p. 84

[4] Philippe LEGORJUS, *op. cit.*, p. 269 ; Gilbert PICARD, *op. cit.*, p. 83 ; Edwy PLENEL et Alain ROLLAT, *op. cit.*, p. 156 ; Henri WEILL, *op. cit.*, p. 83

[5] Patrick FORESTIER, *op. cit.*, p. 244 ; Henri WEILL, *op. cit.*, p. 83

[6] Patrick FORESTIER, *op. cit.*, p. 244 ; Philippe LEGORJUS, *op. cit.*, p. 269 ; Gilbert PICARD, *op. cit.*, p. 83 ; Edwy PLENEL et Alain ROLLAT, *op. cit.*, p. 156 ; Henri WEILL, *op. cit.*, p. 83

### 1) Le mauvais positionnement des unités avant l'assaut

Cet élément de fait doit être confronté au principe général posé par la Cour relativement à la préparation d'une opération incluant un recours à la force dégagé au paragraphe 194 de l'arrêt *McCann* et en vertu duquel

> « [...] la Cour doit examiner très attentivement [...] la question de savoir [...] si l'opération [...] a été préparée et contrôlée par les autorités de façon à réduire au minimum, autant que faire se peut, le recours à la force meurtrière. »

En d'autres termes, la question se pose de savoir si le mauvais positionnement des forces d'intervention avant l'assaut induisit un recours superflu à la force. Un renversement de la perspective permet d'apporter un premier élément de solution : comment l'opération se serait-elle déroulée si les unités s'étaient lancées à l'assaut du point initialement prévu ? Dans cette hypothèse, les militaires auraient bénéficié d'un effet de surprise ; mais celui-ci aurait-il empêché d'ouvrir le feu sur leurs adversaires ?

Rien n'est moins sûr. En effet, la seule vue d'un hélicoptère équipé d'une mitrailleuse suffit pour déclencher le tir des ravisseurs sur ce dernier. Par conséquent, il ne fait guère de doute que ceux-ci auraient tiré de la même façon sur les soldats, quand bien même leur action aurait été plus fulgurante. L'argument est donc inopérant de ce fait[1].

La question présente davantage d'intérêt concernant le gendarme Ledrenn, celui-là même qui fut blessé à l'intérieur de l'hélicoptère. En effet, un positionnement correct des militaires n'aurait pas nécessité l'envoi d'un hélicoptère au-dessus de l'entrée de la grotte afin de les guider. De ce point de vue, la mauvaise préparation de l'opération porta préjudice au gendarme de l'EPIGN.

---

[1] V. *supra*, p. 163

**Toutefois, parce que le mauvais positionnement des unités avant l'assaut ne valut qu'une blessure au gendarme Ledrenn, aucune violation de l'article 2 de la Convention européenne des Droits de l'Homme ne peut être retenue, pour des motifs sur lesquels nous reviendront ultérieurement**[1]**.**

Le problème de la multiplicité des impacts constatés sur les cadavres de certains des ravisseurs appelle une conclusion plus nuancée.

## 2) La multiplicité des impacts

Certains corps présentaient la particularité d'avoir subi plusieurs impacts, ce qui supposait, soit qu'un tireur unique ait fait feu plusieurs fois, éventuellement en rafale, soit l'action de plusieurs tireurs, simultanée ou non. Ce constat rappelle les faits de l'affaire *McCann* :

> « 199. [...] D'après les dépositions des pathologistes, huit balles atteignirent Mlle Farell, cinq M. McCann et seize M. Savage [...]. »

De même dans l'affaire *Andronicou* :

> « 187. [...] [le premier agent] a tiré deux à trois fois d'abord, puis encore dix fois dès que Lefteris Andronicou a commencé à glisser au sol. [...] [Le second agent] s'est associé aux tirs alors que Lefteris Andronicou était à ce moment-là affaissé à terre et que rien n'indiquait qu'il fût armé. [Cet agent] a néanmoins tiré treize coups de mitraillette au total. [...] »

Le constat des blessures infligées à certains ravisseurs, tel que nous l'avons exposé précédemment[2] n'a pas manqué d'émouvoir la *Ligue des Droits de l'Homme* :

---

[1] V. *infra*, pp. 195 et s.

[2] V. *supra*, pp. 174 et 175

> « Enfin, les médecins qui ont pratiqué le 6 mai un rapide examen médico-légal, ont noté que :
> - la plupart des morts sont atteints de plusieurs blessures dont chacune suffisait à les mettre hors de combat ; [...]
> - trois morts sont atteints, respectivement, de 8, 10 et 11 blessures, sous des angles divers de face et de dos, ce qui témoigne d'un acharnement sur des cadavres ou sur des blessés.
>
> Cet ensemble de constations force à se demander [...] combien de blessés, ou de prisonniers, ont été abattus sans être menaçants, achevés ou exécutés. »[1]

Si les faits avancés par la *Ligue des Droits de l'Homme* ne peuvent être discutés, tel n'est pas le cas de ses conclusion, pour des raisons à la fois pratiques et juridiques. En effet, d'un strict point de vue factuel, la multiplicité des blessures ne saurait prouver, à elle-seule, l'absence de légitime défense. Dans le rapport de forces établi en vue de l'opération, savoir trois soldats pour un ravisseur[2], il n'aurait guère été surprenant que plusieurs tireurs fissent feu sur une seule et même cible ; en outre, compte tenu de l'armement des forces de l'ordre, essentiellement des fusils d'assaut, et de leur entraînement, un tir en rafale ou plusieurs tirs successifs n'auraient rien eu d'étonnant.

Juridiquement, cette fois, la Commission et la Cour apprécièrent différemment ce genre de situation :

> « 190. [...] Selon la Commission, le nombre de projectiles tirés par les deux agents démontre une réaction qui n'était pas assortie des précautions dans le maniement des armes à feu que l'on est en droit d'attendre de responsables de l'application des lois dans une société démocratique, même lorsqu'il s'agit de faire face à une personne menaçant la vie d'autrui. [...] »[3]

La Cour estima, quant à elle :

---

[1] LDH, *op. cit.*, p. 50

[2] LDH, *op. cit.*, p. 40

[3] Arrêt *Andronicou et Constantinou c. Chypre*, références précitées

« 192. [...] Il est manifestement regrettable qu'une si grande puissance de feu ait été utilisée dans ces conditions pour neutraliser un quelconque risque provenant de Lefteris Andronicou. [...] »[1]

... Sans pour autant conclure à la violation de l'article 2 de la Convention. Et de fonder sa décision sur la bonne foi des agents et leur appréciation raisonnable des faits tels qu'ils les avaient perçus à l'époque[2].

La comparaison des deux solutions illustre nettement la difficulté d'aboutir à une solution certaine, compte tenu du véritable caractère opportuniste, et non légaliste, du contrôle exercé par la Cour. Nous privilégierons cependant cette dernière au détriment de la Commission, puisque, finalement, la décision suprême lui appartenait.

**La multiplicité des impacts ne constitue donc pas, intrinsèquement, une violation de l'article 2 paragraphe 2 de la Convention européenne des Droits de l'Homme, à condition qu'elle réponde à l'exigence de légitime défense telle que nous l'avons exposée précédemment.**

Ainsi en va-t-il également de la localisation de certains impacts.

### 3) La localisation des impacts

La localisation de certaines des blessures infligées aux ravisseurs soulève des interrogations, en ce qu'elles se situaient, soit dans le crâne, soit dans le dos. La *Ligue des Droits de l'Homme* ne manqua pas, d'ailleurs, de conclure ainsi[3] :

« - quinze [des morts] ont à la tête une blessure mortelle, dont trois pourraient avoir été faites à la machette ;
- pour trois d'entre eux [...] c'est la seule blessure ;

---

[1] *Ibid.*
[2] V. aussi l' arrêt *McCann, Farell, Savage c. Royaume-Uni*, références précitées, § 200
[3] LDH, *op. cit.*, p. 50

- quatre morts, dont Martin Haïwé, à part leur blessure à la tête n'ont été touchés que dans le dos, sans doute en fuyant [...]. »

Deux aspects de la question doivent être distingués. Concernant les blessures à la tête, d'une part, l'entraînement des agents d'intervention permet de conclure sans aucun doute possible qu'elles furent infligées dans l'intention de tuer. Si la Cour européenne des Droits de l'Homme n'a jamais expressément admis ce raisonnement, rien n'autorise à l'exclure *a priori*. Par comparaison, le droit français de source nationale déduit l'existence de l'intention homicide, l'*animus necandi*, « lorsque l'agent a frappé sur une partie vitale du corps et avec une arme dangereuse [...]. »[1] Or, l'intention de tuer pour assurer la légitime défense d'un tiers ne constitue pas en elle-même une violation de l'article 2 de la Convention. Les débats portant sur ce point se situaient, d'ailleurs, dans la perspective opposée, c'est-à-dire sur l'admission de l'homicide involontaire[2]. Par conséquent, le seul élément pertinent réside dans les circonstances de ces tirs : les agents durent-ils faire usage de la force pour assurer leur propre défense ou celle de leurs compagnons ? En l'absence d'informations, il n'est malheureusement pas possible d'apporter une réponse certaine à cette question.

Quant aux blessures dans le dos, d'autre part, si elles ne peuvent être admises dans l'hypothèse de la légitime défense de l'agent qui les a infligées (sauf à retenir l'hypothèse d'un agresseur fuyant tout en tirant à l'aveugle avec une arme dans le dos), elle seraient en revanche compatibles avec la défense d'autrui, par exemple dans la situation où un soldat aurait eu à tirer sur un adversaire menaçant la vie d'un autre agent. Mais, encore une fois, une appréciation définitive ne pourrait être portée que sur le fondement d'éléments qui ne sont pas à notre disposition.

**Bref, compte tenu des éléments de fait disponibles, il n'est possible de conclure, ni à une violation de l'article 2 de la**

---

[1] Jean PRADEL et Michel DANTI-JUAN, *Droit pénal spécial* ; Paris, éd. Cujas, 1995, p. 33

[2] V., par exemple, les paragraphes 148 de l'arrêt *McCann* précité ou 171 de l'arrêt *Andronicou* précité

**Convention européenne des Droits de l'Homme parce que les constations recueillies ne prouvent pas, à elles-seules, l'absence de légitime défense, ni, pour la même raison, à une non-violation du texte.**

Pour frustrant qu'il soit, ce raisonnement sera aussi appliqué aux blessures causées par le lance-flammes.

### 4) Les blessures causées par le lance-flammes

Il ressort des constations présentées précédemment[1] qu'au moins sept individus subirent l'effet du lance-flammes utilisé par les forces de l'ordre pour neutraliser le poste de tir équipé d'un fusil-mitrailleur[2]. La formule est volontairement vague : en effet, il n'est pas possible de conclure avec certitude que ces victimes décédèrent des brûlures infligées. Un examen par trop rapide conduirait même à l'affirmation opposée, car les cadavres ne présentaient pas de carbonisation extrême, mais de larges phlyctènes.

Leur décès pourrait cependant être la conséquence de l'utilisation d'une telle arme. En effet, si, dans un milieu ouvert, la surpression atmosphérique induite par l'émission brutale de gaz chauds ne put provoquer un *blast*, c'est-à-dire un éclatement des cellules, les victimes étaient susceptibles, en revanche, soit d'être intoxiquées par les gaz de combustion toxiques, soit de subir de graves brûlures de la muqueuse pulmonaire, celle-ci étant plus fragile que la peau. Il convient, par conséquent, de mettre en doute l'affirmation du capitaine Legorjus, selon lequel le lance-flammes ne fit aucune victime[3].

**La jurisprudence de la Cour européenne des Droits de l'Homme ne permet pas de conclure que l'utilisation d'une telle arme constitue par elle-même une violation de l'article 2. En effet, si le fait de diriger intentionnellement le jet de flammes sur un individu laisse logiquement présumer l'intention homicide, compte tenu de son potentiel**

---

[1] V. *supra*, pp. 174 et 175

[2] V. *supra*, p. 173

[3] *Ibid.*

**mortifère, cette intention ne sort pas, au contraire, des prévisions de l'article 2 de la Convention.**

Bref, en dépit du doute qui subsiste encore sur la légalité d'une telle arme en temps de guerre[1], force est de conclure qu'en l'absence d'éléments de fait relatifs à la situation de légitime défense des servants du lance-flammes employé ou de leurs compagnons, il n'est pas possible de conclure à une violation de l'article 2 de la Convention européenne des Droits de l'Homme de la seule utilisation de celui-ci.

---

[1] Éric DAVID, *Principes de droit des conflits armés* ; Bruxelles, éd. Bruylant, 2ème éd., 1999, pp. 274 à 293 et 304

## Conclusion de la section

**En définitive, sur la première phase de l'assaut, compte tenu de l'indigence des informations disponibles, et considérant que les éléments à notre disposition se sauraient fonder à eux-seuls la non conformité des faits à la Convention européenne des Droits de l'Homme, il n'est pas possible de conclure à une violation de l'article 2 concernant :**

- **les blessures et les décès des agents des unités d'intervention,**
- **les décès de douze des ravisseurs.**

**Le mauvais positionnement des unités avant l'assaut ne permet pas davantage de conclure à une violation de l'article 2 sur le fondement de l'examen du contrôle et de la préparation de l'opération pour le gendarme Ledrenn[1].**

Sans remettre en cause cette conclusion et avant d'envisager la deuxième phase de l'opération, savoir l'investissement de la grotte, il est bon de soumettre à la sagacité du lecteur, sans les commenter, les deux analyses suivantes :

> « En fait, la proportion finale des victimes, 90 % du côté de la défense canaque, indique que la violence a prévalu du côté des attaquants. »[2]

> « La consigne était de ne pas tirer. [...] il n'y avait pas d'alternative : ou les gens de rendaient ou ils étaient morts. Il n'y a guère d'autre possibilité. L'assaillant ne peut pas prendre de risques. Au moment de l'assaut, il faut tirer jusqu'au moment où ça ne tire plus en face. »[3]

---

[1] V. *infra*, p. 195

[2] LDH, *op. cit.*, p. 41

[3] « Le général Vidal : « Ils ont été tirés parce qu'ils sortaient avec des armes. » » ; Le Monde, vendredi 3 juin 1988, p. 34

## Section 2
## La deuxième phase : l'investissement de la grotte et la libération des otages

À 7 heures 30, la situation était la suivante : les forces de l'ordre avaient conquis la cuvette au fond de laquelle se trouvait l'entrée de la grotte ; à l'intérieur de celle-ci, le capitaine Picon et le maréchal des logis-chef Dubois, tous deux armés d'un pistolet, protégeaient le fond de la caverne où s'étaient réfugiés les autres otages[1]. Peu de coups de feu furent échangés : les gendarmes du GIGN conservèrent ainsi une dizaine de munitions[2]. Tandis que les forces d'intervention soignaient leurs blessés, évacuaient leurs morts et se préparaient pour l'assaut final, le capitaine Legorjus tenta une ultime négociation auprès du bureau politique du FLNKS, en vain[3], si bien qu'à 12 heures 30[4], un groupe composé de huit membres du GIGN et deux soldats du Commando Hubert[5], et placé sous le commandement du maréchal des logis-chef Lefèvre (du GIGN) se lancèrent à l'assaut de la grotte sous la couverture des tireurs d'élite disséminés sur le pourtour du cratère. Cette seconde phase de l'assaut se solda par cinq victimes : deux otages blessés à l'extérieur de la grotte (I) et trois Kanak tués dans celle-ci (II).

---

[1] Edwy PLENEL et Alain ROLLAT, *op. cit.*, pp. 154 et 155

[2] Patrick FORESTIER, *op. cit.*, pp. 247 et 248 ; Edwy PLENEL et Alain ROLLAT, *op. cit.*, pp. 154 et 155 ; Gilbert PICARD, *op. cit.*, p. 81

[3] Philippe LEGORJUS, *op. cit.*, p. 271 ; v. *supra*, p. 100

[4] Gilbert PICARD, *op. cit.*, p. 85

[5] Gilbert PICARD, *op. cit.*, p. 87

## I) Les otages victimes des combats

Tous les otages n'étaient pas réfugiés à l'intérieur de la grotte sous la maigre protection des armes aux mains du capitaine Picon et du maréchal des logis-chef Dubois. En effet, plusieurs gendarmes se trouvaient dans le cratère depuis le début de l'assaut[1]. Deux d'entre eux furent blessés durant la deuxième phase de l'opération : le gendarme mobile Alberto Addari (A) et l'adjudant-chef Jean Coquet (B), tous deux du peloton de Villeneuve d'Ascq.

### A) Le gendarme mobile Alberto Addari

L'analyse juridique de cet épisode (2) ne peut être effectuée sans une clarification préalable des faits par le principal protagoniste lui-même (1).

#### 1) En fait

À l'entrée de la grotte, Alphonse Dianou se servait du gendarme Addari comme porte-parole pour éviter d'être localisé grâce à sa voix. Certains auteurs ont évoqué à ce sujet les effets du syndrome de Stockholm, qui aurait poussé Alberto Addari à réclamer l'arrêt des tirs. Ce dernier nous confirma qu'il n'en fut rien, puisqu'il ne faisait office que de relais des paroles d'Alphonse Dianou. Par conséquent, son comportement ne présente pas les caractéristiques d'une soumission active aux ravisseurs et semble exclure un syndrome de Stockholm.

Différents récits tentèrent d'expliquer les faits. Face à la confusion et aux divergences de ceux-ci[2], la sagesse impose de laisser s'exprimer le principal intéressé :

---

[1] D'après nos recoupements, les gendarme mobiles Jean-Pierre Roger et son collègue surnommé « Miam-miam »

[2] Gilbert PICARD, *op. cit.*, pp. 87 et 88 ; Edwy PLENEL et Alain ROLLAT, *op. cit.*, p. 159 ; Henri WEILL, *op. cit.*, p. 85

« Les Kanak nous avaient placés en écran à l'entrée de la grotte. J'avais vu les tireurs d'élite au sommet du cratère. J'ai communiqué par gestes avec l'un d'eux [extension du pouce et de l'index, bras croisés à hauteur des poignets, pouce tendu vers le bas, de nouveau bras croisés à hauteur des poignets, pouce tendu vers l'arrière au-dessus des épaules] pour lui faire comprendre qu'il y avait deux otages ici et d'autres dans la grotte. Il m'a demandé combien d'otages il y avait dans la grotte ; j'ai répondu que je ne savais pas. Il m'a fait [déplacement latéral de la main tendue à la verticale de la droite vers la gauche] pour que je me déplace hors de la ligne de tir. Les Kanak ont compris que nous communiquions, et m'ont fait asseoir en tailleur dos au tireur. Mes genoux étaient à la hauteur de leur tête. Je me retournais de temps en temps ; le tireur me faisait le même geste. J'ai soudain entendu un coup de feu et une balle me blessa à la jambe. J'ai aussitôt roulé en contrebas. »[1]

La balle qui blessa le gendarme Addari marqua le début de la deuxième phase de l'assaut. En effet, les forces de l'ordre durent dégager l'entrée de la grotte avant d'y pénétrer. En outre, ce tir avait pour but de « sidérer » les ravisseurs, d'autant plus que le Mélanésien qui fut finalement abattu avait été pris pour Alphonse Dianou[2]. Il convient à présent d'envisager les faits sous le prisme de la Convention européenne des Droits de l'Homme.

## 2) En droit

Il paraît de prime abord surprenant de confronter cet épisode à l'article 2 de la Convention. En effet, le gendarme Addari, quoique aujourd'hui handicapé à 80 % en raison de la complication de sa blessure[3], a survécu. Ces faits rappellent une affaire dont la Cour

---

[1] Entretien précité

[2] « Les militaires veulent attirer Alphonse le plus prêt [*sic*] possible de l'entrée de la grotte et tenter de l'abattre pour semer le désarroi dans les rangs adverses. Technique employée en 1985, lors de l'opération Machoro. Deux officiers marins du commando Hubert indiquent au capitaine Legorjus avoir dans leur viseur un visage qui ressemble à celui de Dianou. [...] Quelques secondes après, un Mélanésien [...] qui n'est pas Alphonse [...] est abattu. » : Henri WEILL, *op. cit.*, p. 85

[3] Entretien précité

européenne des Droits de l'Homme eut à connaître et qui donna lieu à l'arrêt *Ilhan c. Turquie* du 27 juin 2000[1] :

> « 75. La Cour rappelle qu'en l'espèce la force utilisée à l'encontre d'Abdüllatif Ilhan ne fut en définitive pas meurtrière. Cela n'exclut pas un examen des griefs formulés par le requérant sous l'angle de l'article 2 : dans trois affaires antérieures la Cour s'est penchée sur des griefs énoncés sur le terrain de cette disposition alors que les victimes alléguées n'étaient pas décédées des suites des comportements incriminés[2]. »

Cet obstacle étant levé, il sera possible d'appliquer aux faits (b) le raisonnement de la Cour (a).

### a) présentation du raisonnement de la Cour européenne des Droits de l'Homme

Le cas du gendarme Addari est différent de celui des requérants dans les affaires *Osman c. Royaume-Uni*[3], *Yaşa* et *L.C.B.* précitées. Cette mise au point fut, d'ailleurs, émise par la Cour au paragraphe 76 de l'arrêt *Ilhan* :

> « 76. La Cour observe que les trois affaires précitées concernaient l'obligation positive que la première phrase de l'article 2 § 1 impose à l'État : protéger la vie de l'individu contre les tiers[4] ou contre le risque de maladie. »

En l'espèce, la blessure infligée découlait d'un acte positif d'un agent de l'État, et peut donc être assimilée aux faits de l'affaire

---

[1] Requête n° 22277/93

[2] Affaires *L.C.B. c. Royaume-Uni*, *Osman c. Royaume-Uni* et *Yaşa c. Turquie* (2 septembre 1998, affaire n° 63/1997/847/1054)

[3] Affaire n° 87/1997/871/1083. Les faits étaient les suivants : un enseignant vouait une affection intense à l'un de ses élèves, qu'il finit par blesser lors d'une fusillade, lors de laquelle le père de l'adolescent trouva la mort, après que les autorités scolaires et judiciaires eussent été alertées de diverses menaces et dégradations de biens.

[4] Il s'agit là de l'effet horizontal de la Convention européenne des Droits de l'Homme.

*Ilhan*. Le raisonnement développé par la Cour devint alors plus ténébreux :

> « Elle considère toutefois que ce n'est que dans des circonstances exceptionnelles que des sévices corporels infligés par des agents de l'État peuvent s'analyser en une violation de l'article 2 de la Convention lorsqu'il n'y a pas décès de la victime. [...] Dans pratiquement tous les cas, lorsqu'une personne est agressée ou maltraitée par des policiers ou des militaires, ses griefs doivent être examinés plutôt sous l'angle de l'article 3 de la Convention. »[1]

Ces motifs soulèvent deux interrogations. D'une part, la Cour ne définit pas le critère des « circonstances exceptionnelles » qu'elle employa pour admettre le bien-fondé d'une requête. D'autre part, un tel principe induit une différence de traitement entre les requérants : en effet, l'exigence de circonstances exceptionnelles n'est pas posée par la Cour dans l'examen des requêtes alléguant un manquement dans l'obligation positive de protection de la vie (ainsi dans les affaires *Osman*, *Yaşa* et *L.C.B.* précitées) alors qu'une action positive demande l'administration d'une telle preuve, par définition plus difficile à apporter. La différence des faits fonde-t-elle cette écart de traitement ? Dans l'affirmative, cela reviendrait à considérer l'action des agents de l'État comme étant plus grave que leur abstention, ce qui, d'un strict point de vue conceptuel, pourrait marginalement être admis mais au risque de ne pas tenir compte de la situation pratique du requérant, pour lequel les dommages demeurent identiques.

Bref, le raisonnement posé par la Cour dans l'arrêt *Ilhan* est inapplicable aux faits de l'espèce, sauf à opérer une simple comparaison des faits.

### b) application aux faits de l'espèce

Comparons les blessures infligées, d'une part à Alberto Addari et, d'autre part, à Abdüllatif Ilhan. Le gendarme mobile reçut une balle dans le genou : cette blessure n'entraîna pas de risque mortel

---

[1] Arrêt *Ilhan* précité, § 76

par elle-même[1], mais elle se compliqua ultérieurement d'une phlébite qui justifie aujourd'hui l'incapacité dont souffre le gendarme. Abdüllatif Ilhan, quant à lui,

> « a subi un dommage au cerveau à la suite d'au moins un coup à la tête asséné au moyen d'une crosse de fusil par des gendarmes qui avaient reçu l'ordre de l'arrêter lors d'une opération et qui lui donnèrent des coups de pied et des coups de poing lorsqu'ils le découvrirent caché dans les buissons. Deux rapports médicaux contemporains des faits qualifièrent la blessure à la tête de potentiellement mortelle. Cette blessure entraîna pour l'intéressé une perte fonctionnelle durable. Sa gravité n'est donc pas douteuse. »[2]

Si les blessures initiales ne sont pas comparables dans leur nature et leur gravité, leurs suites sont, en revanche, suffisamment similaires pour fonder un raisonnement par analogie. Par conséquent, il convient de conclure au sujet du gendarme Addari à une non-violation de l'article 2. Car, en dépit du terrible constat dressé par la Cour dans l'affaire *Ilhan*, les juges affirmèrent :

> « Eu égard aux circonstances de l'espèce, la Cour n'est toutefois pas persuadée que la force utilisée par les gendarmes au moment où ils arrêtèrent Abdüllatif Ilhan était d'une nature ou d'un degré propres à emporter violation de l'article 2 de la Convention. »[3]

Ainsi guidée par les principes qu'elle posa elle-même au paragraphe 76 de l'arrêt, savoir « le degré et le type de force utilisé, de même que l'intention ou le but non-équivoque sous-jacents à l'usage de la force » et éclairée sur la gravité de l'état de santé du requérant, la Cour, oubliant en outre de confronter les faits au principe des « circonstances exceptionnelles » n'aboutit pas à un constat de violation, au point que l'on peut se légitimement se

---

[1] Alberto Addari fut ensuite soigné dans un hôpital militaire et ne fut donc pas interné dans un établissement psychiatrique comme l'a supposé la *Ligue des Droits de l'Homm*e, *op. cit.*, p. 42

[2] Arrêt *Ilhan* précité, § 77

[3] Arrêt *Ilhan* précité, § 77 *in fine*

demander où les juges situent la limite de la souffrance (in)acceptable !

**Cependant, en raison de son caractère mystérieux[1], la jurisprudence de la Cour empêche de conclure à une violation de l'article 2 au sujet d'Alberto Addari[2].**

Abordons à présent le cas de son compagnon d'infortune, l'adjudant-chef Jean Coquet.

## B) L'adjudant-chef Jean Coquet

Les éléments de fait (1) seront confrontés à l'article 2 de la Convention européenne des Droits de l'Homme tel qu'interprété par la Cour (2).

### 1) En fait

À l'instar de l'épisode « Addari », les faits relatifs à la blessure de l'adjudant-chef Coquet reçurent divers récits. C'est pourquoi nous laisserons la parole au principal protagoniste :

> « Le 4 au soir, Bianconi nous a demandé de tous dormir dans la grotte. Mais quatre ou cinq sont restés dehors, dont Addari, Roger et moi. Lors de l'attaque, c'était l'affolement général. Ça pétait de partout ! [...] Hilaire et quelques gars ont poussé tout le monde au fond de la grotte, mais Addari et moi sommes restés en surface. Nous avions prévu de plonger en contrebas en cas d'assaut. Dès le premier coup de feu, j'ai plongé. Dès que j'ai atterri, Hilaire Dianou a tiré sur moi et m'a blessé au genou. »[3]

Une brève appréciation de ces faits au regard de l'article 2 de la Convention ne permet pas d'aboutir à une conclusion certaine.

[1] Et choquante

[2] Cette solution s'applique également pour la blessure infligée au gendarme Ledrenn : v. *supra*, pp. 182 et s.

[3] Entretien précité

### 2) En droit

La présentation du raisonnement mis en œuvre par la Cour européenne des Droits de l'Homme (a) permettra d'en appliquer les enseignements aux faits étudiés (b).

#### a) présentation du raisonnement de la Cour européenne des Droits de l'Homme

Une première approche du problème fut avancée par la Cour dans son arrêt *L.C.B. c. Royaume-Uni* du 9 juin 1998[1]. La Cour posa alors un principe :

> « 36. [...] À cet égard, la Cour estime que la première phrase de l'article 2 § 1 astreint l'État non seulement à s'abstenir de provoquer la mort de manière volontaire et irrégulière, mais aussi à prendre les mesures nécessaires à la protection de la vie des personnes relevant de sa juridiction [...]. Nul n'a laissé entendre que l'État défendeur aurait délibérément herché à provoquer la mort de la requérante. La Cour a donc pour tâche de déterminer si, dans les circonstances de l'espèce, l'État a pris toutes les mesures requises pour empêcher que la vie de la requérante soit inutilement mise en danger. »

Cette analyse fut complétée lors de l'arrêt *Osman c. Royaume-Uni* du 28 octobre 1998[2]. À l'occasion de cette affaire, la Cour ajouta d'autres éléments à son raisonnement :

> « 115. La Cour note que la première phrase de l'article 2 § 1 astreint l'État non seulement à s'abstenir de provoquer la mort de manière volontaire et irrégulière mais aussi à prendre les mesures nécessaires à la protection de la vie des personnes relevant de sa juridiction (arrêt L.C.B. c. Royaume-Uni du 9 juin 1998, [...] § 36). Nul ne conteste que l'obligation de l'État à cet égard va au-delà du devoir primordial d'assurer le droit à la vie en mettant en place une législation pénale concrète dissuadant de commettre des atteintes contre la

---

[1] Références précitées

[2] Références précitées

personne et s'appuyant sur un mécanisme d'application conçu pour en prévenir, réprimer et sanctionner les violations. Aussi les requérants acceptent-ils que l'article 2 de la Convention puisse, dans certaines circonstances bien définies, mettre à la charge des autorités l'obligation positive de prendre préventivement des mesures d'ordre pratique pour protéger l'individu dont la vie est menacée par les agissements criminels d'autrui. Les parties ne sont pas d'accord sur l'étendue de cette obligation.

116. Pour la Cour, et sans perdre de vue les difficultés pour la police d'exercer ses fonctions dans les sociétés contemporaines, ni l'imprévisibilité du comportement humain, ni les choix opérationnels à faire en termes de priorités et de ressources, il faut interpréter cette obligation de manière à ne pas imposer aux autorités un fardeau insupportable ou excessif. Dès lors, toute menace présumée contre la vie n'oblige pas les autorités, au regard de la Convention, à prendre des mesures concrètes pour en prévenir la réalisation. Une autre considération pertinente est la nécessité de s'assurer que la police exerce son pouvoir de juguler et de prévenir la criminalité en respectant pleinement les voies légales et d'autres garanties qui limitent légitimement l'étendue de ses actes d'investigations criminelles et de traduction des délinquants en justice, y compris les garanties figurant aux articles 5 et 8 de la Convention. [...] »

À quelques différences stylistiques près, n'affectant pas la substance du principe, la Cour réaffirma sa position dans les arrêts *Mahmut Kaya c. Turquie*[1] et *Kiliç c. Turquie*[2] du 28 mars 2000. Ces quatre affaires permettent de préciser le fondement (α) et l'étendue (β) de l'obligation positive dont l'État est débiteur vis-à-vis des individus placés sous sa juridiction.

---

[1]Requête n° 22535/93, §§ 85 et 86 La requérante se plaignait du décès de son mari, qui avait été auparavant menacé par les autorités turques en raison de sa sympathie pour le PKK, mouvement indépendantiste kurde.

[2] Requête n° 22492/93, §§ 62 et 63 Le frère du requérant, journaliste dans un organe de presse réputé sensible aux prétentions du PKK, trouva la mort lors d'une agression alors que des menaces avaient auparavant visé le personnel de son journal.

### α) le fondement de l'obligation positive de protection de la vie

Si la mise en place d'une législation adaptée constitue le moyen ordinaire pour l'État de protéger la vie des individus de sa juridiction, l'application de mesures plus spécifiques, extraordinaires, de protection doit être motivée par des circonstances particulières. Celles-ci ne reçurent pas la même appréciation par la Cour au fil du temps. En effet, dans le premier état de sa jurisprudence, la Cour européenne des Droits de l'Homme estima qu'elles n'avaient besoin d'être, ni certaines, ni simplement éventuelles :

> « La Cour estime qu'on aurait pu exiger de l'État qu'il [prît les mesures adéquates] de son propre chef seulement s'il était apparu à l'époque comme vraisemblable que [pareil risque fût] susceptible d'entraîner des risques réels pour la santé de la requérante. »[1]

C'est donc le critère de la vraisemblance du risque qui fut d'abord retenu par la Cour. Or, les juges exigèrent ensuite une preuve d'une autre nature :

> « La Cour estime que, face à l'allégation que les autorités ont failli à leur obligation positive de protéger le droit à la vie dans le cadre de leur devoir de prévenir et réprimer les atteintes contre la personne [...], il lui faut se convaincre que lesdites autorités savaient ou auraient dû savoir sur le moment qu'un ou plusieurs individus étaient menacés de manière réelle et immédiate dans leur vie du fait d'actes criminels d'un tiers, et qu'elles n'ont pas pris, dans le cadre de leurs pouvoirs, les mesures qui, d'un point de vue raisonnable, auraient sans doute pallié ce risque. »[2]

En d'autres termes, le niveau de la preuve admissible fut élevé d'un cran. En revanche, l'analyse de la Cour se fonda sur le même

---

[1] Arrêt *L.C.B.* précité, § 38

[2] Arrêt *Osman* précité, § 116 ; arrêt *Mahmut Kaya* précité, § 86 *in fine* ; arrêt *Kiliç* précité, § 63 *in fine*

critère de l'appréciation « raisonnable »[1] des juges, fondée, notamment, sur des rapports d'experts[2]. Ce critère est des plus imprécis : qu'est-ce que la « raison » selon la Cour européenne des Droits de l'Homme ? Cette notion renvoie-t-elle à l'intime conviction des juges, telle qu'entendue dans l'expression « preuve au-delà de tout doute raisonnable »[3] ? Nous avons précédemment montré que le contrôle exercé par la Cour relevait en réalité de l'opportunité[4]. Quoi qu'il en soit, l'existence d'une menace réelle et immédiate à l'encontre de la vie d'une personne impose à l'État concerné de prendre des mesures de protection dont il faut à présent préciser l'étendue.

#### β) l'étendue de l'obligation positive de protection de la vie

La Cour établit de façon générale l'obligation pour les autorités de protéger la vie des individus en respectant les prescriptions de la Convention :

> « Dans les circonstances de l'espèce, [la police] ne saurait être critiquée pour avoir accordé du poids à la présomption d'innocence, ou n'avoir pas usé de son pouvoir d'arrêter, de perquisitionner et de saisir compte tenu du caractère raisonnable de son point de vue selon lequel le degré de suspicion requis n'étant pas atteint aux moments déterminants, elle ne pouvait pas exercer ces pouvoirs, ou qu'aucune action de sa part n'aurait produit des résultats concrets. »[5]

---

[1] « La Cour ne peut donc pas, raisonnablement, conclure qu'à la fin des années 60 les autorités britanniques pouvaient ou devaient prendre des mesures relatives à la requérante sur la base d'un tel lien non établi. » : arrêt *L.C.B.* précité, § 39 *in fine*. V. aussi l'arrêt *Osman* précité, § 116 in fine ; arrêt *Mahmut Kaya* précité, § 86 *in fine* ; arrêt *Kiliç* précité, § 63 *in fine*.

[2] Arrêt *L.C.B.* précité, §§ 39 et 40 ; arrêt *Osman* précité, § 118

[3] Article 353 du Code de procédure pénale : « [...] La loi [...] prescrit [aux juges] [...] de chercher, dans la sincérité de leur conscience, quelle impression ont faite, sur leur raison, les preuves rapportées contre l'accusé [...]. La loi ne leur fait que cette seule question, qui renferme toute la mesure de leur devoir : « Avez-vous une intime conviction ? » »

[4] V. *supra*, p. 179

[5] Arrêt *Osman* précité, § 121 *in fine*

En définitive, tout est question d'appréciation[1], ce qui empêche d'aboutir à une conclusion certaine.

### b) application aux faits de l'espèce

La blessure infligée à l'adjudant-chef Coquet ne découlait pas d'une action des forces de l'ordre, mais du tir de l'un des ravisseurs. Par conséquent, c'est dans son effet horizontal qu'il convient d'appliquer la Convention européenne des Droits de l'Homme, plus précisément sous l'angle de l'obligation positive de protection de la vie qui incombe aux États. En d'autres termes, il faudrait répondre à la question suivante : les agents des unités d'intervention auraient-ils dû prévoir de protéger l'adjudant-chef Coquet, le sachant sous la menace du feu des ravisseurs ?

La jurisprudence de la Cour ne permet guère d'élaborer une réponse certaine, en raison, notamment, du contrôle d'opportunité que les juges exercent en réalité sur les faits qui leur sont soumis. Cependant, les autorités ne pouvaient ignorer que l'adjudant-chef Coquet était menacé « de manière réelle et immédiate » dans sa vie[2], puisqu'il se trouvait dans le champ de vision des forces de l'ordre[3].

**En l'absence d'éléments complémentaires, il n'est toutefois pas possible de déterminer si les agents des unités d'intervention ont pris toutes les mesures nécessaires à la protection de la vie du gendarme**, par exemple en ordonnant à un tireur d'élite de neutraliser immédiatement le ravisseur qui fit finalement feu.

Il ne sera pas davantage possible d'aboutir à une conclusion satisfaisante concernant la mort des trois ravisseurs à l'intérieur de la grotte.

---

[1] V. l'opinion partiellement dissidente et partiellement concordante de M. le juge de Meyer, à laquelle déclarent se rallier MM. les juges Lopes Rocha et Casadevall, au sujet de l'arrêt *Osman* précité.

[2] Arrêt *Osman* précité, § 116 ; arrêt *Mahmut Kaya* précité, § 86 *in fine* ; arrêt *Kiliç* précité, § 63 *in fine*

[3] Étant donné qu'il se trouvait non loin du gendarme mobile Alberto Addari : v. *supra*, p. 195

## II) Les ravisseurs victimes des combats

Tandis que le commando formé essentiellement d'hommes du GIGN pénétra dans la grotte, les otages prirent la fuite par une cheminée naturelle qui débouchait à l'air libre[1]. Une description des combats à l'intérieur de la caverne relèverait de la pure imagination : seules quelques lignes y furent consacrées par la littérature et les protagonistes que nous avons pu rencontrer n'y assistèrent pas. La certitude ne porte que sur deux éléments.

D'une part, les agents d'intervention durent abattre trois ravisseurs[2]. L'indigence des éléments de fait ne permet pas plus d'établir la légitime défense que de l'exclure. Aucune appréciation juridique ne sera donc menée sur ce point.

L'armement des agents est, en revanche, plus précisément connu :

> « Nous allons utiliser tout le matériel à notre disposition : grenades flash, assourdissantes, lacrymogènes, aveuglantes, offensive sans éclats. Un arsenal qui permet une sidération totale à laquelle, nous le savons par expérience, personne ne peut résister, surtout dans un endroit confiné. Bien que ce traitement soit terriblement offensif, il est uniquement psychologique et mental. Il ne libère pas de forces destructrices.
>
> L'armement individuel des hommes du GIGN pour ce dernier assaut est sélectif ; outre les armes de poing, certains sont équipés de PM [pistolets mitrailleurs] à marquage de cible laser qui permettent de tirer à coup sûr dans l'obscurité. »[3]

> « Grenades offensives sans éclats, grenades aveuglantes, lacrymogènes sont lancées en direction du dernier carré des ravisseurs. »[4]

---

[1] Patrick FORESTIER, *op. cit.*, p. 251 ; Philippe LEGORJUS, *op. cit.*, pp. 274 et 275 ; Gilbert PICARD, *op. cit.*, pp. 89 et 90 ; Henri WEILL, *op. cit.*, pp. 86 et 87.

[2] Philippe LEGORJUS, *op. cit.*, p. 274

[3] *Ibid.*, p. 273

[4] Henri WEILL, *op. cit.*, p. 86

> « Les éléments du G.I.G.N. craignant qu'un tireur embusqué dans la grotte ne l'abatte pendant son repli, déclenchent l'assaut. Exactement comme cela avait été prévu lors du briefing. Ils procèdent d'abord à un tir intensif de grenades offensives et flashes. Surtout pas de défensives, dont les éclats meurtriers feraient des ravages à l'intérieur de la grotte. »[1]

> « Pour le G.I.G.N., la mission n'est pas terminée. Les gendarmes font sortir les anciens les uns après les autres (les vieux Mélanésiens), les bras en l'air. Pour investir la grotte, ils se sont constitués en équipes de deux, reliés par une cordelette, afin de ne pas se perdre dans l'obscurité. Les deux éléments de ces binômes de combat se protègent mutuellement. Ils ont troqué leur Famas pour des fusils équipés de désignateurs de cible laser. Ce qui évitera toute méprise. »[2]

Il semblerait donc que l'armement des agents qui pénétrèrent dans la grotte fut particulièrement sélectif, en tout cas davantage que celui employé par les forces de l'ordre dans l'affaire *Andronicou*[3]. En outre, cette phase de l'assaut fut conduite par le GIGN, qui retrouvait là son terrain de prédilection, savoir un milieu clos.

**Par conséquent, et compte tenu des éléments à notre disposition, aucune critique ne saurait être formulée sur la façon de cette phase de l'opération fut conduite.**

Si l'assaut proprement dit prit fin vers 13 heures avec l'évacuation des otages par la cheminée naturelle qui communiquait avec l'intérieur de la grotte, l'opération *Victor* se prolongea dans la gestion des prisonniers et des blessés, épisode qui fit couler beaucoup d'encre.

---

[1] Gilbert PICARD, *op. cit.*, pp. 87 et 88
[2] Gilbert PICARD, *op. cit.*, pp. 90 et 91
[3] V. *supra*, pp. 160 et 161

## Section 3
# La troisième phase : la gestion des prisonniers et des blessés

Vers 13 heures 30, otages et ravisseurs avaient quitté la « grotte des guerriers ». L'heure était au bilan de l'opération : du côté des militaires, deux morts au Onzième Choc, deux blessés au Commando Hubert, deux blessés au GIGN, un blessé à l'EPIGN ; deux blessés chez les otages ; pour les ravisseurs, douze morts durant la première phase de l'assaut et trois morts pendant l'investissement de la grotte. Le bilan final de l'opération *Victor*, celui qui put être dressé en toute fin de ce jeudi 5 mai 1988, fut toutefois plus lourd de quatre victimes, toutes kanak et décédées dans de troubles circonstances qu'il nous faudra tenter d'établir (I) avant de les confronter à l'article 2 de la Convention européenne des Droits de l'Homme (II).

## I) En fait

L'ordre choisi pour la présentation des faits sera arbitraire : en effet, il est impossible de situer exactement dans le temps ces quatre décès. Si Alphonse Dianou mourut probablement le dernier (D), trois de ses compagnons le précédèrent : Wenceslas Lavelloi (A), Patrick Amossa Waigna (B), Samuel Wamo (C).

### A) Wenceslas Lavelloi

Les circonstances entourant le décès de Wenceslas Lavelloi demeurent troubles. Pourtant, deux auteurs en livrèrent un récit semblable. Ainsi, pour Gilbert Picard :

> « Quant à Waceslas Lavellois [*sic*], il aurait été victime d'une « corvée de bois », c'est-à-dire d'une exécution

sommaire. Le récit en a été fait par des témoins mélanésiens. Ils ont entendu un commando appeler Lavellois [*sic*] :

« C'est toi Rambo ? Alors, viens par ici ! »

Le preneur d'otage est descendu dans le cratère et aurait été tué d'une balle en plein front.

Selon les porteurs de thé, l'auteur des coups de feu serait un gendarme du G.I.G.N. Mais il faut noter que l'ensemble du détachement portait rigoureusement la même tenue de combat, sans aucun signe distinctif, du moins apparent… »[1]

Tandis que, selon Henri Weill :

> « Lavelloi était assis à côté de moi », raconte Joseph Tangopi, ce porteur de thé qui a convaincu Alphonse de se rendre. « Un militaire est venu. Il a demandé : « Où est Lavelloi ? »
>
> Lavelloi s'est levé et a répondu : « C'est moi. »
>
> Le militaire lui a dit : « C'est toi Rambo, eh bien descend ! »
>
> Après, poursuit Joseph Tangopi, j'ai entendu un coup de fusil. Wenceslas était mort. » »[2]

Ces récits doivent être complétés par le témoignage capital du capitaine Legorjus, qui affirme avoir vu sortir Wenceslas Lavelloi indemne de la grotte[3]. Or, des témoignages visuels font état des blessures suivantes constatées sur le cadavre de Lavelloi :

> plaie médio-frontale de forme ovalaire à bords relativement nets et cernés d'un fin liseret, selon une trajectoire quasi-verticale ; plaie sous-claviculaire droite de forme ovalaire.

Bref, si les circonstances de la mort de l'indépendantiste demeurent troubles, et disons dès à présent qu'il n'est pas possible de les éclaircir, force est de constater que le décès est intervenu

---

[1] Gilbert PICARD, *op. cit.*, p. 98

[2] Henri WEILL, *op. cit.*, p. 87 ; v. aussi Edwy PLENEL et Alain ROLLAT, *op. cit.*, p. 166

[3] Entretien précité

pendant que Lavelloi était retenu prisonnier par les forces de l'ordre. La mort de Patrick Amossa Waigna est aussi sujette à interrogations.

### B) Patrick Amossa Waigna

Gilbert Picard et Henri Weill livrèrent, ici encore, deux versions concordantes :

> « Les conditions dans lesquelles Waina Amossa, un autre extrémiste, a été tué sont plus précises. Porteur de thé, il arbore un treillis aux couleurs du F.L.N.K.S. Il est assis avec les autres prisonniers, à quelques mètres de l'endroit où Dianou a été blessé. Un commando lui a intimé l'ordre de se lever. Le Mélanésien, pris de panique, aurait esquissé un geste de fuite. Un autre commando, qui se trouvait à une quinzaine de mètres, a tiré pour le stopper. Amossa s'est écroulé, touché au foie. »[1]

> « Un porteur de thé, un de ceux qui venaient quotidiennement ravitailler les prisonniers, est assis un peu plus loin. Il se lève.
> Un gendarme qui n'a pas participé à l'assaut tire. Tué.
> « Il a voulu se sauver… » »[2]

Il n'est pas possible de dire avec certitude si le tir fut commandé pour empêcher la fuite du prisonnier[3]. Les faits relatifs à Samuel Wamo, quoique moins détaillés, sont tout aussi troublants.

### C) Samuel Wamo

Cet indépendantiste fut blessé durant la première phase de l'assaut et évacué avant la seconde. Henri Weill rapporte le témoignage suivant :

---

[1] Gilbert PICARD, *op. cit.*, p. 98

[2] Henri WEILL, *op. cit.*, p.87 ; v. aussi Edwy PLENEL et Alain ROLLAT, *op. cit.*, pp. 165 et 166

[3] V. les consignes données aux agents : *supra*, pp. 151 et s.

« Samuel Wamo, le jeune ravisseur blessé évacué entre les deux assauts est mort lui aussi « de ses blessures » selon la version officielle.

« Faux » dit Martial Laouniou, un autre indépendantiste. « Quand il était avec moi, il n'avait reçu qu'une balle ; après il a été criblé et ils l'ont achevé. » »[1]

Tandis que pour Edwy Plenel et Alain Rollat :

« [...] au sud-est, à l'extrémité opposée du cratère par rapport à l'entrée de la grotte, non loin du chemin de ronde qui le longe, [se trouve] le cadavre de Samuel Wamo, le blessé du matin, celui qui avait été remis à deux militaires, celui que l'on pensait parti pour l'antenne chirurgicale. « Son visage est maculé de sang », notent les gendarmes dans leur procès-verbal. Il a reçu sept projectiles : trois au thorax, trois au bras droit, et un à trois centimètres sous le pavillon de l'oreille droite, percutant la base de crâne. »[2]

L'exposé de ces trois cas s'est essentiellement fondé sur des témoignages. Or, concernant le décès d'Alphonse Dianou, une preuve photographique vint semer le doute dans l'esprit des observateurs.

### D) Alphonse Dianou

Le décès de celui qui était perçu par les acteurs des événements d'Ouvéa comme le chef des ravisseurs est la plus grande source d'interrogations, en dépit de la relative richesse des éléments à la disposition du commentateur. En effet, Alphonse Dianou ne trouva pas la mort lors de l'investissement de la grotte, mais quelques heures plus tard. À l'issue des combats à l'intérieur de la caverne, Dianou se rendit aux forces de l'ordre et sortit dans le cratère. C'est à partir de ce moment que les récits divergent :

---

1 Henri WEILL, *op. cit.*, pp. 87 et 88

2 Edwy PLENEL et Alain ROLLAT, *op. cit.*, p. 160 ; v. aussi LDH, *op. cit.*, p. 46

« De nombreux Mélanésiens qui se trouvaient parmi les ravisseurs ont livré des témoignages qui ont été publiés par *Le Monde* et le *Nouvel Observateur.*

L'un d'entre eux a expliqué :

« On est sorti. Ils nous ont tabassés. Ils nous ont mis à plat ventre et nous ont donné des coups. J'ai entendu un coup de feu, suivi d'un hurlement. C'était Alphonse. Ils lui ont mis une balle dans la jambe. Plus tard, Alphonse était sur le brancard, un des otages G.I.G.N. lui donnait des coups de pied sur la figure. Je tenais le brancard avec Hilaire (frère d'Alphonse). Nous avons porté le brancard jusqu'à l'hélicoptère.

« Quand on est arrivés à Saint-Joseph, ils ont balancé Alphonse par terre... » »[1]

Il semblerait, toutefois, que la blessure au genou infligée à Dianou ait une autre cause, présentée par Gilbert Picard. L'épisode qu'il relate eut lieu lors de l'enquête de commandement menée par les généraux Berthier et Rouchaud[2] :

« Ils reçurent rapidement un témoignage « inattendu et non sollicité » qui provoqua une accélération du processus engagé. Il s'agit d'une lettre extrêmement précise et détaillée d'un militaire ayant participé de bout en bout à l'opération « Victor ». Son auteur révèle le nom du gendarme du G.I.G.N. qui a tiré sur Dianou et précise que ce dernier s'étant rendu était allongé sur le sol au moment du coup de feu.

Cette version correspond exactement aux témoignages des différents porteurs de thé qui ont assisté à la scène.

Les généraux entendirent le gendarme du G.I.G.N. incriminé. Celui-ci ne nia pas avoir tiré sur Dianou, mais il soutint que le chef des ravisseurs lui était apparu, à travers la fumée des grenades lacrymogènes, debout et menaçant. Il portait une sculpture recouverte d'un tissu que le gendarme aurait soupçonné être un casse-tête. L'assaut n'étant pas complètement terminé, et jugeant que Dianou représentait encore un réel danger, il lui

---

[1] Gilbert PICARD, *op. cit.*, p. 94

[2] V. *infra*, pp. 229 et s.

aurait alors tiré avec un fusil à pompe une balle dans la jambe pour le neutraliser. »[1]

Du reste, Henri Weill expose une version similaire :

« Les Canaques sortent à leur tour. Alphonse qui s'est rangé aux arguments d'un vieux porteur de thé a accepté de déposer les armes. Il émerge en tenant un casse-tête enroulé dans un chiffon rouge, au-dessus de sa tête. Un gendarme du GIGN posté à la sortie de la grotte lui tire dans les jambes. Alphonse s'écroule, touché au genou.

Alphonse est perfusé et allongé sur une civière, une large tache de sang sous lui. Il a les yeux vitreux. »[2]

Témoin privilégié, le capitaine Legorjus confirma cette version :

« Dianou est sorti en hurlant de la grotte, dans le brouillard émis par les grenades. Il tenait un casse-tête dans la main. Le gendarme posté à l'entrée lui a tiré dans les jambes. »[3]

Le blessé reçut les premiers soins, comme le confirme le capitaine Legorjus :

« Les ravisseurs et les porteurs de thé sont maintenant prisonniers, assis en rond sous la garde des commandos. [...] Je cherche Dianou des yeux, sans savoir s'il a été tué pendant le combat. Je l'aperçois au milieu des prisonniers. Il est blessé à la jambe. J'appelle le médecin du 11e Choc qui lui fait un pansement compressif, une piqûre et lui pose une perfusion. »[4]

Dès lors, Dianou aurait dû être considéré, non plus comme un prisonnier, mais comme un blessé et, par conséquent, être évacué vers l'aérodrome d'Ouloup. Or, il n'en fut rien, puisqu'il arriva à Saint-Joseph. Ce fait est confirmé par la photo publiée par le

---

[1] Gilbert PICARD, *op. cit.*, pp. 94 et 95 ; v. aussi Edwy PLENEL et Alain ROLLAT, *op. cit.*, p. 170

[2] Henri WEILL, *op. cit.*, p. 87

[3] Entretien précité

[4] Philippe LEGORJUS, *op. cit.*, p. 275

magazine *Paris-Match* le 27 mai 1988, sur laquelle on distingue nettement, au sein d'un groupe d'hommes allongés à plat ventre et gardés par des militaires en tenue, un prisonnier qui porte un bandage autour du genou gauche, mais qui ne bénéficie plus d'aucune perfusion[1]. Ce prisonnier fut reconnu comme ayant l'allure générale d'Alphonse Dianou. Un autre élément intéressant est avancé par Gilbert Picard :

> « Les ombres prouvent que la photo a été prise en début de soirée. Déduction, donc le blessé est resté de longues heures au soleil. »[2]

Dianou fut finalement envoyé vers Ouloup. Il serait décédé durant le trajet :

> « Dianou, et les deux autres Mélanésiens qui ont été tués dans des conditions mal définies (Amossa et Lavellois [*sic*]), arrivèrent à Saint-Joseph avec le visage extrêmement tuméfié, à un point tel que le médecin qui les réceptionna crut un moment qu'ils avaient reçu une balle dans la tête. Ils avaient été victimes « d'un massage cardiaque à coups de rangers »… »[3]

> « On apprendra par des sources militaires que Dianou pouvait encore être sauvé. Mais le commandement n'a pas jugé bon de le transporter par hélicoptère jusqu'à l'antenne chirurgicale installée sur l'aérodrome d'Ouloup, à quelques dizaines de kilomètres de là. C'est donc en camion, avec les cadavres de ses camarades, que sera acheminé le chef des ravisseurs. Il décédera pendant son transfert ; il souffrait aussi d'un enfoncement de la cage thoracique attribué par les militaires au souffle d'une grenade… »[4]

---

[1] Edwy PLENEL et Alain ROLLAT, *op. cit.*, pp. 171 et 172.

[2] Gilbert PICARD, *op. cit.*, pp. 93 et 94

[3] Gilbert PICARD, *op. cit.*, p. 98

[4] Article de Frédéric FILLIOUX, repris par *Le Monde*, « Témoignages confirmés », mercredi 11 mai 1988, p. 15

Selon le capitaine Legorjus, la blessure infligée à Alphonse Dianou n'était pas mortelle[1] : correctement soigné, l'indépendantiste aurait dû survivre. Vengeance ? Négligence ? En tout état de cause, il est certain qu'Alphonse Dianou fut victime d'une « erreur d'aiguillage », pour reprendre l'expression du capitaine Legorjus[2], puisqu'il fut évacué à Saint-Joseph et non vers Ouloup.

Le récit de ces quatre décès mystérieux soulève d'emblée le problème de la preuve des faits allégués par les uns et les autres, d'autant plus que le terrain de l'intervention n'était occupé que par les belligérants. La jurisprudence de la Cour européenne des Droits de l'Homme permet toutefois de dépasser cet obstacle.

## II) En droit

Il conviendra de présenter le raisonnement mis en œuvre par la Cour européenne des Droits de l'Homme (A) avant de l'appliquer aux faits de l'espèce (B).

### A) Présentation du raisonnement de la Cour européenne des Droits de l'Homme

Les « affaires turques » dont eut à connaître la Cour sont riches d'enseignements utiles pour porter une appréciation sur les événements d'Ouvéa. En effet, dans la plupart de ces arrêts, la portée des faits, quand ils étaient établis, était discutée par les parties, sans qu'il fût possible d'opter pour l'une ou l'autre version. Ainsi, dans l'arrêt *Kaya c. Turquie*, du 19 février 1998[3] :

> « 74. La Cour observe d'emblée qu'elle se trouve face à deux versions totalement contradictoires des conditions dans lesquelles le frère du requérant est mort. Ce dernier

---

[1] Philippe LEGORJUS, *op. cit.*, p. 278
[2] Entretien précité
[3] Affaire n° 158/1996/777/978

> et le Gouvernement ont tous deux plaidé que les faits établis sans conteste par la Commission [...] militaient en faveur de leur propre récit eu égard aux arguments et éléments qu'ils ont présentés à la Cour. [...] »

Ou encore dans l'arrêt *Kurt c. Turquie*, du 25 mai 1998[1] :

> « 103. La requérante soutient en outre que la propre jurisprudence de la Cour fournit deux raisons supplémentaires de constater un manquement à l'article 2 dans le chef de l'État défendeur puisqu'il est établi que le fils de l'intéressée a été arrêté le 25 novembre 1993 et n'a pas été vu depuis. »

Par conséquent, les problèmes posés à la Cour relevaient de l'administration et de l'appréciation de la preuve. Or, cette dernière était souvent difficile à produire, du fait de l'absence ou de la mauvaise qualité des enquêtes effectuées par les autorités. En dépit de ce constat, la Cour avait d'abord adopté le critère de la preuve « au-delà de tout doute raisonnable », c'est-à-dire de l'intime conviction eu égard aux éléments probants à sa disposition comme, par exemple, dans l'arrêt *Ismail Ertak c. Turquie*, du 9 mai 2000[2] :

> « 131. Comme l'a souligné la Commission, de très puissantes déductions peuvent être tirées des dépositions devant les délégués de Süleyman Ertak pour ce qui concerne l'arrestation de Mehmet Ertak, de Mustafa Malay, préfet de Şirnak, qui reconnaît avoir rencontré dans son office des personnes qui avaient indiqué avoir vu Mehmet Ertak lors de la garde à vue et d'Abdurrahim Demir qui affirme avoir parlé avec Mehmet Ertak pendant sa détention et l'avoir vu comme « mort » dans les locaux de la sûreté suite aux tortures infligées par les fonctionnaires de police. La Cour constate sur cette base qu'il existe des preuves suffisantes permettant de conclure, au-delà de tout doute raisonnable, que Mehmet Ertak, après avoir été arrêté et détenu, a été victime de graves sévices non reconnus et a trouvé la

[1] Affaire n° 15/1997/799/1002

[2] Requête n° 20764/92

mort alors qu'il se trouvait dans les mains des forces de l'ordre. [...] »

La Cour eut même l'occasion de préciser son critère, par exemple dans l'arrêt *Yaşa c. Turquie*[1] :

> « 96. [...] S'il est vrai que le niveau de preuve requis peut être atteint grâce à un faisceau d'indices, ou de présomptions non réfutées, suffisamment graves, précis et concordants, force est de conclure que leur valeur probante doit être considérée en ayant égard aux circonstances de l'espèce ainsi qu'à la gravité et à la nature de la charge qu'ils font peser sur l'État défendeur. [...] »[2]

Ce raisonnement était toutefois inadéquat, d'une part en raison des circonstances de ces « affaires turques », où la Cour elle-même connut de nombreuses difficultés pour collationner les éléments de fait, d'autre part à cause de l'évolution de la jurisprudence concernant l'article 3 de la Convention, qui avait opéré un renversement de la charge de la preuve pour les affaires en rapport avec des actes de torture, des traitements inhumains ou dégradants commis pendant une garde à vue. Une requérante tenta, en vain, de faire appliquer cette innovation à l'article 2 de la Convention (arrêt *Kurt c. Turquie*):

> « 103. [...] D'abord, les autorités n'ont pas fourni d'explication convaincante quant à la manière dont serait survenu le décès présumé d'Üzeyir Kurt. Considérant la démarche de la Cour dans l'arrêt Tomasi c. France du 27 août 1992 [...] face à des preuves de mauvais traitements d'un détenu, [la requérante] soutient qu'il y a lieu d'adopter une attitude analogue, *mutadis mutandis*, quant au décès présumé de son fils. [...] »

> « 106. [...] Dans ces conditions, on ne saurait juger sans fondement les craintes de la requérante que son fils soit décédé pendant sa détention non reconnue alors qu'il se trouvait entre les mains de ses ravisseurs. [...]

---

[1] Références précitées

[2] V. aussi lesarrêts *Kaya c. Turquie*, § 77 ; *Tanrikulu c. Turquie* (8 juillet 1999), § 97

107. Toutefois, comme la Commission, la Cour doit examiner de près s'il existe bien des preuves concrètes lui permettant de conclure au-delà de tout doute raisonnable que le fils de l'intéressée a été tué par les autorités, soit alors qu'il était détenu au village, soit par la suite. [...].

108. Il faut relever à cet égard que la thèse de la requérante repose entièrement sur des présomptions tenant aux circonstances de la détention initiale du fils de l'intéressée, présomptions renforcées par l'analyse plus générale d'une prétendue pratique officiellement tolérée de disparitions s'accompagnant de mauvais traitements et d'homicides extrajudiciaires de détenus dans l'État défendeur. La Cour estime quant à elle que ces arguments ne pallient pas en soi l'absence d'indices plus convaincants que le fils de l'intéressé a en réalité trouvé la mort alors qu'il était en détention. »

Dans un premier temps, la Cour maintint donc le critère de l'appréciation au-delà de tout doute raisonnable. Un léger fléchissement se fit toutefois sentir dans deux affaires postérieures, d'abord dans l'arrêt *Tanrikulu c. Turquie*, du 8 juillet 1999[1] :

« 98. [...] La Cour n'exclut pas que l'on puisse, en certaines circonstances, tirer des conclusions du fait qu'un Gouvernement, sans raison valable, ne produit pas des éléments sollicités. [...] »

Puis, plus nettement, lors de l'arrêt *Ismail Ertak c. Turquie*, du 9 mai 2000[2] :

« 132. Rappelant l'obligation pour les autorités de rendre compte des individus placés sous leur contrôle, la Cour observe qu'aucune explication n'a été fournie sur ce qui s'est passé après l'arrestation de Mehmet Ertak. »

Finalement, dans l'arrêt *Salman c. Turquie*, du 27 juin 2000[1], la Cour établit de façon lumineuse[2] sa nouvelle jurisprudence[3] :

---

[1] Requête n° 237/63/94

[2] Références précitées

« 99. Compte tenu de l'importance de l'article 2, la Cour doit examiner de façon extrêmement attentive les cas où l'on inflige la mort, en prenant en considération non seulement les actes des agents de l'État mais également l'ensemble des circonstances de l'affaire. Les personnes en garde à vue sont en situation de vulnérabilité et les autorités ont le devoir de les protéger. Par conséquent, lorsqu'un individu est placé en garde à vue alors qu'il se trouve en bonne santé et que l'on constate qu'il est blessé au moment de sa libération, il incombe à l'État de fournir une explication plausible pour l'origine de ses blessures (voir, parmi d'autres, *Selmouni c. France* [...], § 87). L'obligation qui pèse sur les autorités de justifier le traitement infligé à un individu placé en garde à vue s'impose d'autant plus lorsque cet individu meurt.

100. Pour apprécier les preuves, la Cour a généralement adopté jusqu'ici le critère de la preuve « au-delà de tout doute raisonnable » [...]. Toutefois, une telle preuve peut résulter d'un faisceau d'indices, ou de présomptions non réfutées, suffisamment graves, précis et concordants. Lorsque les événements en cause, dans leur totalité ou pour une large part, sont connus exclusivement des autorités, comme dans le cas des personnes soumises à leur contrôle en garde à vue, toute blessure ou décès survenu pendant cette période de détention donne lieu à de fortes présomptions de fait. Il convient en vérité de considérer que la charge de la preuve pèse sur les autorités, qui doivent fournir une explication satisfaisante et convaincante. »[4]

---

[1] Requête n° 21986/93

[2] Sous la forme d'un paragraphe posant clairement les principes de son analyse, méthode dont elle n'était pourtant et malheureusement pas coutumière. Une telle explication mérite donc d'être saluée.

[3] Esquissée au paragraphe 87 de l'arrêt *Çakici c. Turquie* du 8 juillet 1999 (requête n° 23657/94) : « Étant donné que l'on doit présumer qu'Ahmet Çakici est décédé à la suite d'une détention non reconnue par les forces de l'ordre, la Cour constate que la responsabilité de l'État défendeur est engagée quant à ce décès. Elle observe que les autorités n'ont fourni aucune explication sur ce qui s'est passé après l'arrestation de l'intéressé, et que le Gouvernement n'a invoqué aucun motif apte à justifier un quelconque recours de ses agents à la force mortelle. la responsabilité de la mort d'Ahmet Çakici est dès lors imputable à l'État défendeur et il y a donc eu violation de l'article 2 de ce chef. » V. aussi, l'arrêt *Paul et Audrey Edwards c. Royaume-Uni* du 14 mars 2002 (requête n° 46477/99), § 56

[4] V. aussi l'arrêt *Demiray c. Turquie* du 21 novembre 2000, requête n° 27308/95, § 43

En d'autres termes, la Cour européenne des Droits de l'Homme opéra un spectaculaire renversement de la charge de la preuve concernant les décès survenus lors de gardes à vue. Ce nouveau principe, interprété et élargi, trouve un exemple flagrant de son utilité dans son application aux faits de l'affaire d'Ouvéa.

## B) Application aux faits de l'espèce

En vertu du dernier stade de la jurisprudence de la Cour européenne des Droits de l'Homme, il n'importe guère que l'on ne puisse reconstituer avec précision le scénario des décès de Wenceslas Lavelloi, Patrick Waigna Amossa et Alphonse Dianou. En effet, ceux-ci répondent aux critères fixés par la Cour, qui permettent de renverser la charge de la preuve tel que nous venons de le montrer. Ces critères sont au nombre de trois.

Tout d'abord, ces quatre indépendantistes se trouvaient en situation de vulnérabilité, parce qu'ils étaient, soit prisonniers (Wenceslas Lavelloi, Patrick Waigna Amossa), soit blessés (Samuel Wamo, Alphonse Dianou). Même si l'on ignore l'effectivité de leur placement en garde à vue lors de leur capture, il ne fait aucun doute que les enseignements de la jurisprudence de la Cour puissent trouver application en ce cas. Car, les motifs de l'arrêt *Salman c. Turquie* ne visent la garde à vue qu'en tant qu'exemple, non de critère exclusif ; c'est davantage la situation de vulnérabilité[1] des prisonniers et des blessés, autrement dit leur soumission à la puissance publique, qui est retenue par la Cour.

Ce cas de figure impose, d'autre part, aux autorités de protéger les individus placés sous leur coupe[2]. Cette obligation se justifie aisément du fait que les prisonniers ou les blessés sont, par définition, privés légalement ou pratiquement d'une partie de leur faculté d'agir. La vulnérabilité particulière opèrerait, en quelque sorte, un transfert de responsabilité au profit des autorités.

---

[1] § 99

[2] *Ibid.*

Ce glissement induit, enfin, un renversement de la charge de la preuve des actes subis par les prisonniers et les blessés durant le temps de leur « incapacité » (qui n'est pas envisagée dans son sens juridique). Ceci se traduit par une présomption simple qu'il incombe à l'État de combattre. Or, en l'espèce, la France n'a fourni aucun élément d'explication « satisfaisante et convaincante »[1] pour expliquer les raisons des décès mentionnés. En effet, l'enquête de commandement les expliqua ainsi :

> « - Lavelloi Wenceslas figure parmi les deux Mélanésiens trouvés morts à l'entrée immédiate de la grotte, l'autre étant le preneur d'otages tué par les tireurs d'élite au début du deuxième assaut. Tout laisse à penser en conséquence que Lavelloi est également mort au cours de l'action.
>
> - Dans la phase de négociations entre les deux assauts, un ravisseur grièvement blessé a été sorti de la grotte par deux otages et placé, à la demande des Mélanésiens, au milieu du cratère où des éléments des forces engagées ont pu le récupérer. Il est pratiquement établi que la gravité des blessures (poumon et abdomen) a entraîné la mort assez rapidement. »[2]

Quant à Alphonse Dianou :

> « - Dianou n'a pas été évacué selon les procédures prévues pour les blessés, alors même que le général Vidal avait donné des ordres stricts pour éviter une discrimination entre ceux-ci. Il a subi le sort commun aux prisonniers mélanésiens.
>
> - Dianou a été l'objet de sévices graves entre le moment de son stationnement à Saint-Joseph et celui de son arrivée à Ouloup.
> - Dianou est mort au cours de son transfèrement par voie routière.
>
> S'il est impossible d'affirmer que les sévices subis ont entraîné la mort de Dianou, il est indéniable que des fautes graves ont été commises, tant dans la chaîne

[1] Arrêt *Salman c. Turquie*, § 100
[2] LDH, *op. cit.*, p. 182

d'évacuation que dans le comportement de l'officier responsable du transport de Saint-Joseph à Ouloup. »[1]

Une conclusion de violation s'impose. En effet, le décès de Patrick Waina Amossa n'est pas expliqué ; celui de Samuel Wamo est à peine plus étayé, de même que la mort de Wenceslas Lavelloi. Quant à Alphonse Dianou, les autorités elles-mêmes apportent tous les éléments nécessaires pour aboutir à la conclusion qui est la nôtre, ce qui pose le problème suivant : les éléments prouvant une violation de la Convention apportés par une enquête insatisfaisante[2] peuvent-ils être retenus à l'appui de cette violation ? En effet, nous montrerons ultérieurement que l'enquête de commandement, celle-là même que nous visons, ne pouvait remplir les critères de l'obligation positive d'enquête posés par la Cour. Or, rien n'indique que la Cour, si elle renversa bien la charge de la preuve, abandonna pour autant le critère de la preuve au-delà de tout doute raisonnable, appliqué cette fois aux arguments présentés par l'État. Par conséquent et *a fortiori*, une enquête insatisfaisante est susceptible d'introduire un doute quant à la défense présentée par l'État, donc lui être, *in fine*, défavorable.

**En définitive, les décès de Wenceslas Lavelloi, Patrick Waigna Amossa et Samuel Wamo constituent une violation de l'article 2 de la Convention parce que l'État français ne put expliquer de façon satisfaisante et convaincante les circonstances de leur mort[3]. Quant au décès d'Alphonse Dianou, les éléments fournis par l'enquête de commandement, en dépit de l'inadéquation de celle-ci avec les exigences relatives à la qualité de l'enquête, introduisent un doute dans l'appréciation des arguments de l'État et obèrent de ce fait l'efficacité de ceux-ci : une violation autonome de l'article 2 doit donc être, *a fortiori*, décidée.**

---

[1] *Ibid.*, p. 184

[2] V. *infra*, pp. 238 et s.

[3] Cette conclusion provisoire sera remise en cause par les deux amnisties successives : v. *infra*, pp. 245 et s.

## Conclusion du chapitre

**L'absence d'éléments de fait pertinents s'oppose à un quelconque constat de violation de l'article 2 de la Convention européenne des Droits de l'Homme concernant les blessures et décès des agents des forces de l'ordre ensemble au regard de l'obligation positive de protection de la vie, et des décès des douze indépendantistes sur ce fondement ou celui d'un recours à une force disproportionnée ou superflue. Le mauvais positionnement des unités avant l'assaut permet cependant de conclure à une violation concernant la blessure infligée au gendarme Ledrenn.**

**D'autre part, les blessures infligées au gendarme mobile Alberto Addari et à l'adjudant-chef Jean Coquet ne peuvent être appréciées du fait du flou jurisprudentiel sur la question et du manque d'information. Ce dernier empêche aussi de conclure à une violation concernant le décès de trois indépendantistes durant l'investissement de la grotte.**

**En revanche, les décès de Patrick Waina Amossa, Samuel Wamo, Wenceslas Lavelloi et Alphonse Dianou fondent un constat de violation, provisoire, parce que les autorités ne purent prouver de façon « satisfaisante et convaincante » l'absence de violation de l'article 2 de la Convention[1], *a fortiori* et définitivement pour le cas de Dianou[2].**

Ce chapitre a mis en lumière le principal obstacle à une telle étude. Car le manque d'informations disponibles résulte avant tout

[1] Cette conclusion provisoire sera remise en cause par les deux amnisties successives : v. *infra*, pp. 245 et s.

[2] Les deux amnisties ne remettront pas en cause cette conclusion, puisque, pour le cas du seul Dianou, l'enquête de commandement militaire établit la responsabilité de l'État français.

de l'indigence des contrôles effectués *a posteriori* sur l'opération *Victor*.

# CHAPITRE 4

# LES CONTRÔLES *A POSTERIORI* DE L'OPÉRATION *VICTOR*

Si la Cour européenne des Droits de l'Homme ne se contente pas de confronter les actes constituant un recours à la force au texte de l'article 2 paragraphe 2 de la Convention, puisqu'elle a étendu son analyse, plus ou moins efficace en pratique, sur la préparation et le contrôle de l'opération en cause, son action ne se limite pas à ces aspects. En effet, et d'ailleurs dès le premier arrêt rendu en la matière, la Cour entendit apprécier de surcroît les suites données à toute opération impliquant un recours à la force. Cette position est clairement expliquée aux paragraphes 146 et 161 de l'arrêt *McCann, Farell, Savage c. Royaume-Uni*[1] :

> « 146. La cour doit guider son interprétation de l'article 2 sur le fait que l'objet et le but de la Convention, en tant qu'instrument de protection des êtres humains, appellent à comprendre et appliquer ses dispositions d'une manière qui en rende les exigences concrètes et effectives [...].
>
> 161. Comme la Commission, la Cour se borne à constater qu'une loi interdisant de manière générale aux agents de l'État de procéder à des homicides arbitraires serait en pratique inefficace s'il n'existait pas de procédure permettant de contrôler la légalité du recours à la force meurtrière par les autorités de l'État. L'obligation de protéger le droit à la vie qu'impose cette disposition [...], combinée avec le devoir général incombant à l'État en vertu de l'article 1 de la Convention [...] de « reconna[ître] à toute personne relevant de [sa] juridiction les droits et libertés définis [dans] la [...] Convention », implique et exige de mener une forme d'enquête efficace lorsque le recours à la force, notamment par des agents de l'État, a entraîné mort d'homme. »

[1] Références précitées

Cette obligation s'analyserait presque comme un devoir moral tant la Cour lui accorde une grande importance. Ainsi, dans l'arrêt *Yaşa c. Turquie*[1] :

> « 100. [...] la Cour souligne que [...] l'obligation de protéger le droit à la vie ne se limite pas aux cas où il se trouve établi que les actes incriminés étaient le fait d'agents de l'État ; il n'est pas décisif non plus de savoir si des membres de la famille du défunt ou d'autres personnes se soit formellement plaints au sujet de cet homicide auprès de l'autorité chargée de l'enquête. En l'occurrence, le seul fait que les autorités étaient informées du meurtre de l'oncle du requérant entraînait *ipso facto* une obligation sur le terrain de l'article 2 de procéder à une enquête effective. »[2]

En outre, la Cour ne limite pas son examen aux seuls décès avérés, ce qui conforte l'obligation procédurale d'enquête :

> « 132. La Cour rappelle que rien n'indique que l'un quelconque des disparus ait été tué illégalement. Toutefois, selon elle, et cela s'applique en l'espèce, l'obligation procédurale précitée vaut également lorsqu'il existe, preuve à l'appui, un grief défendable qu'un individu, vu pour la dernière fois sous la surveillance d'agents de l'Etat, a par la suite disparu dans des circonstances pouvant être considérées comme mettant sa vie en danger. »[3]

Cependant, le dernier état de la jurisprudence de la Cour semble étendre le fondement de l'obligation positive d'enquête. Cette innovation est induite par l'arrêt *Velikova c. Bulgarie* du 18 mai 2000[4], en ses paragraphes 89 et 90 :

> « 89. La Cour rappelle que l'article 13 de la Convention garantit l'existence en droit interne d'un recours permettant de s'y prévaloir des droits et libertés de la

---

[1] Références précitées

[2] V. aussi les arrêts *Salman* (§ 105), *Tanrikulu c. Turquie* (§ 103) précités, *Ekinci c. Turquie* (18 juillet 2000, requête n° 25625/94, § 78) et *Denizci et autres c. Turquie* (23 mai 2001, requêtes n[os] 25316-2531/94 et 27207/95, § 378).

[3] Arrêt *Chypre c. Turquie*, 10 mai 2001, requête n° 25781/94, § 132

[4] Requête n° 41488/98

> Convention, tels qu'ils peuvent s'y trouver consacrés. La portée de l'obligation découlant de l'article 13 varie en fonction de la nature du grief que le requérant fonde sur la Convention. Toutefois, le recours exigé par l'article 13 doit être « effectif » en pratique comme en droit, en ce sens particulièrement que son exercice ne doit pas être entravé de manière injustifiée par les actes ou omissions des autorités de l'État défendeur.
>
> On ne saurait remédier à une violation de l'article 2 par le simple octroi de dommages-intérêts [...]. Eu égard à l'importance fondamentale du droit à la protection de la vie, l'article 13 impose aux États, sans préjudice de tout autre recours disponible en droit interne, l'obligation d'effectuer des investigations approfondies propres à conduire à l'identification et à la punition des responsables et comportant un accès effectif du plaignant à la procédure d'enquête [...].
>
> 90. En l'espèce, [...] la Cour considère que l'État défendeur n'a pas rempli son obligation de mener une enquête effective au sujet du décès [du mari de la requérante]. Cette carence a privé de toute effectivité les autres recours qui pouvaient exister. En conséquence, la question relative à la qualité de la requérante dans l'enquête pénale n'appelle pas un examen séparé.
> En conclusion, il y a eu violation de l'article 13 de la Convention. »

La Cour maintint son nouveau raisonnement dans l'arrêt *Z et autres c. Royaume-Uni* du 10 mai 2001[1], relativement à l'article 3 de la Convention. Il semblerait donc que, dans l'hypothèse où un État manquerait à son obligation d'enquête, une double violation soit encourue sur le fondement, d'une part de l'article 2 (arrêt *Velikova* précité, § 84) et, d'autre part, de l'article 13 qui ainsi rédigé :

> « Toute personne dont les droits et libertés reconnus dans la présente Convention ont été violés, a droit à l'octroi d'un recours effectif devant une instance nationale, alors même que la violation aurait été commise par des personnes agissant dans l'exercice de leurs fonctions officielles. »

---

[1] Requête n° 29392/95

Cette innovation jurisprudentielle tient à la différence de nature entre l'obligation positive de l'article 2 et la garantie de l'article 13. Si le premier de ces deux textes prévoit une enquête, le second vise un recours. Une enquête insatisfaisante obère *de facto* la possibilité et l'efficacité du recours postérieur, le second ayant pour objet la première. Les développements ultérieurs de ce revirement devront être attentivement suivis, mais aucun élément ne permet actuellement de le condamner. Nous bornerons cependant notre étude à la seule obligation positive d'enquête découlant de l'article 2 de la Convention.

Il convient dès à présent de s'interroger sur les fondements de cette obligation positive[1] d'enquête. Celle-ci connaît apparemment une double justification textuelle : les articles premier et deuxième de la Convention. Or, ces clauses conventionnelles prises littéralement font figure de pétitions de principe. En effet, le seul rôle actif assigné à l'État par ces deux dispositions est de protéger par la loi le droit à la vie (art. 2), puisque l'article premier n'oblige les Hautes Parties Contractantes qu'à une reconnaissance des droits et libertés définis au Titre I de la Convention. De prime abord, il semble donc que la Cour se soit livrée à une véritable création jurisprudentielle *praeter legem*.

Une analyse plus fine du texte de la Convention montre toutefois qu'il s'agit bien d'une interprétation dynamique, dont le fondement se situe davantage en amont des dispositions visées, c'est-à-dire dans le préambule de la Convention qui dispose que les gouvernements signataires, membres du Conseil de l'Europe,

> « Considérant la Déclaration universelle des Droits de l'Homme, proclamée par l'Assemblée générale des Nations Unies le 10 décembre 1948 ;
>
> Considérant que cette déclaration tend à assurer la reconnaissance et l'application universelles et effectives des droits qui y sont énoncés ; [...] »

---

[1] Sur les concepts de « droit de » et « droit à », v. Frédéric SUDRE, *La Convention européenne des Droits de l'Homme* ; Paris, PUF, coll. Que sais-je ?, 4ème éd., 1997, pp. 30 et 31

sont

> « Résolus, en tant que gouvernements d'États européens animés d'un même esprit et possédant un patrimoine commun d'idéal et de traditions politiques, de respect de la liberté et de prééminence du droit, à prendre les premières mesures propres à assurer la garantie collective de certains des droits énoncés dans la Déclaration universelle ».

La Cour européenne des Droits de l'Homme n'a donc pas créé *ex nihilo* cette obligation positive d'enquête, mais a été guidée par le but-même de la Convention, qui est de rendre effectifs les droits et libertés énoncés par l'action concrète des États signataires, décrit dans le préambule. Notons toutefois que les juges européens ont choisi de ne pas viser ce texte à l'appui de leur décision, préférant la combinaison des articles premier et deuxième. À notre connaissance, la Cour ne s'est pas encore prononcée sur la valeur normative du préambule de la Convention et n'a donc dégagé aucun « bloc de conventionnalité » à valeur normative ; or, l'on sait depuis la décision du Conseil constitutionnel français du 16 juillet 1971[1] que les dispositions de ce type peuvent s'avérer utiles car riches de sens (voire susceptibles d'une interprétation plus que large).

En définitive, la question sera la suivante : les enquêtes menées après l'opération *Victor* furent-elles conformes à l'article 2 de la Convention tel qu'interprété par la Cour européenne des Droits de l'Homme (section 1) ? Or, le sujet est compliqué du fait de l'entrée en vigueur de deux lois, des 9 novembre 1988 et 10 juillet 1990, dont certaines dispositions établirent une amnistie (section 2).

---

[1] Louis FAVOREU et Loïc PHILIP, *Les grandes décisions du Conseil constitutionnel* ; Paris, éd. Sirey, 6ème éd., 1991, pp. 237 à 253

## Section 1
# L'obligation positive d'enquête

Le fondement textuel de l'obligation positive d'enquête une fois établi, il faut à présent présenter sa mise en œuvre concrète en commençant par s'interroger sur sa charge. La Cour n'indique pas expressément que l'obligation pèse sur l'État signataire, puisqu'elle se contente d'affirmer abstraitement que « l'obligation de protéger le droit à la vie [...] implique et exige de mener une forme d'enquête efficace ». Ce doute surgit parce que la Cour passe sous silence une étape de son raisonnement. S'il est clair que l'obligation, tant substantielle que procédurale, de protéger la vie incombe à l'État en vertu de la combinaison des articles premier et deuxième de la Convention, la Cour ne se prononce pas nettement sur le lien institutionnel entre la garantie procédurale et sa mise en oeuvre effective. Ainsi, l'on pourrait imaginer une situation concrète dans laquelle l'Etat délèguerait son pouvoir d'enquête, de manière générale ou ponctuelle, à un organisme permanent ou *ad hoc* (en somme, un arbitre), qui tirerait sa légitimité du mandat étatique sans pour autant avoir les caractères d'un organe de l'État.

L'étude de la jurisprudence fait apparaître que la Cour ne s'est attachée qu'aux enquêtes à caractère institutionnel, c'est-à-dire menées par des organes publics. Ainsi, dans l'arrêt *McCann* (§ 5), diverses organisations non gouvernementales ont-elles été autorisées « à présenter des observations écrites sur certains aspects de l'affaire » conformément à l'article 37 paragraphe 2 du règlement A ; tout au plus ces associations[1] se sont-elles vu reconnaître la qualité d'*amici curiae* (§ 157), leurs conclusions ne servant qu'à étayer les prétentions des requérants. Les investigations scientifiques[2] présentées au soutien des assertions de la requérante dans l'affaire *L.C.B. c. Royaume-Uni* ont reçu la même considération. Dans l'arrêt *Yaşa* (§ 106), la Cour a

[1] *Amnesty International, Liberty, Committee on the Administration of Justice, Inquest* et *British-Irish Rights Watch*
[2] Emanant de la *British Nuclear Tests Veterans' Association.*

utilisé le rapport de Susurluk[1] pour procéder à sa propre évaluation des faits ; mais ce document, qui émanait d'ailleurs d'un organe gouvernemental, concernait l'environnement politique turc plutôt que les faits de l'espèce. C'est pourquoi nous limiterons notre examen aux deux seules enquêtes officielles, à l'exclusion donc des investigations journalistiques ou associatives.

Sera appliquée aux faits de l'espèce (I) la méthode d'analyse dégagée par la Cour européenne des Droits de l'Homme (II).

## I) En fait

Classiquement, la collation d'informations relatives à un acte délictueux s'effectue par les mécanismes de l'enquête de police, de l'information judiciaire et de l'instruction : dès l'attaque de la brigade Fayaoué, une information judiciaire fut d'ailleurs ouverte par le parquet de Nouméa, ce qui justifia l'envoi sur place du substitut Bianconi[2]. Or, l'affaire d'Ouvéa présente l'originalité d'induire un soupçon relativement aux agissements, non seulement de simples particuliers, mais aussi d'agents de l'État, militaires en l'occurrence :

> « Actuellement [en 1994], lorsqu'un militaire de la gendarmerie commet un acte répréhensible, deux actions peuvent être intentées selon la nature des faits : l'enquête de commandement et l'enquête judiciaire. L'enquête de commandement, de nature administrative, est confiée à la hiérarchie. L'enquête judiciaire, quant à elle, n'est ouverte qu'en cas de suspicion d'infraction à la loi pénale ; elle est conduite selon les règles de droit par des officiers de police judiciaire de la police (parfois) ou de la gendarmerie

[1] Rapport confidentiel émanant du Comité d'inspection près le cabinet du premier ministre turc au sujet d'un accident de voiture, survenu à Susurluk et « dans laquelle se trouvaient un parlementaire, l'ancien directeur adjoint de la sûreté d'Istanbul, un extrémiste de droite notoire et trafiquant de drogue recherché par Interpol ainsi que son amie. » (§ 46)

[2] V. *supra*, pp. 143 et s.

(le plus souvent). Le système présente l'inconvénient de la proximité ou de l'impuissance. »[1]

Des investigations de deux types[2] furent donc menées par les autorités[3] : cependant, si l'information judiciaire (B) – prolongée ensuite en une instruction – débuta avant l'enquête de commandement (A), la première influença la seconde, si bien qu'elles seront étudiées dans cet ordre.

## A) L'enquête de commandement militaire

Quelques jours à peine après la réélection de François Mitterrand à la Présidence de la République et la nomination de Michel Rocard à Matignon, et face aux rumeurs qui commencèrent à circuler dans la presse sur les conditions troubles dans lesquelles Patrick Waïgna Amossa, Alphonse Dianou et Wenceslas Lavelloi trouvèrent la mort lors de l'opération *Victor*, le pouvoir politique s'interrogea sur la manière de faire la lumière sur l'action des forces de l'ordre[4]. Nouvellement nommé au ministère de la Défense, Jean-Pierre Chevénement ordonna, le 19 mai, l'ouverture d'une enquête de commandement :

> « Les faits ayant été jugés extrêmement troublants, le nouveau Gouvernement ordonna immédiatement une enquête de commandement. Ce sont les généraux Berthier et Rouchaud, respectivement inspecteur général

---

[1] Marc WATIN-AUGOUARD, « Une gendarmerie de la gendarmerie » ; revue *Droit et défense*, 4ème trimestre 1994, p. 63

[2] À noter les deux propositions tendant à la création de commissions d'enquête parlementaires, rejetées : pour le Sénat, proposition n° 49 présentée le 20 octobre 1988 par les sénateurs Jean-Luc Bécart et autres ; pour l'Assemblée nationale, par le député François Massot, rapport n° 345 du 3 novembre 1988.

[3] Le GIGN procède habituellement et de façon systématique à un *débriefing* après chacune de ses opérations… Ce qui ne fut pas le cas après l'assaut de la grotte : « On n'a pas fait de *débriefing*, mais on a parlé... Oui, on a parlé... », entretien précité avec le capitaine Picon.

[4] « L'Élysée souhaite la création d'une commission d'enquête sur l'assaut d'Ouvéa » ; *Le Monde*, vendredi 13 mai 1988, p. 7

> de l'Armée de terre et inspecteur général de la Gendarmerie, qui furent chargés de cette enquête. »[1]

Procédure classique à l'issue de toute opération militaire controversée, cette enquête débuta alors même que l'information judiciaire ouverte à Nouméa dès le 27 avril au sujet de l'attaque de la brigade de Fayaoué continuait sur le territoire. Ces deux investigations étaient non seulement parallèles, mais aussi et surtout isolées l'une de l'autre. En effet, leurs objets étaient différents (l'une s'attachant à l'action des ravisseurs, l'autre aux agissements des militaires) et les résultats de l'enquête militaire conditionnaient l'extension du champ d'investigation de la procédure judiciaire :

> « [Les conclusions de l'enquête de commandement] sont réservées au ministre de la défense et c'est paradoxalement à lui de prendre l'initiative de l'ouverture d'une enquête judiciaire. En attendant, la justice fait ce qu'elle peut et jusqu'ici elle n'a pas pu grand-chose. » [2]

Cette situation résultait de l'article 698-1 du Code de procédure pénale, relatif à la poursuite, l'instruction et au jugement des crimes et délits en matière militaire en temps de paix, ainsi rédigé :

> « Sans préjudice de l'application de l'article 36, l'action publique est mise en mouvement par le procureur de la République territorialement compétent, qui apprécie la suite à donner aux faits portés à sa connaissance, notamment par la dénonciation du ministre chargé de la défense ou de l'autorité militaire habilitée par lui. À défaut de cette dénonciation, le procureur de la République doit demander préalablement à tout acte de poursuite, sauf en cas de crime ou de délit flagrant, l'avis du ministre chargé de la défense ou de l'autorité militaire habilitée par lui. »

---

[1] Gilbert PICARD, *op. cit.*, p. 94 ; v. aussi Edwy PLENEL et Alain ROLLAT, *op. cit.*, p. 170

[2] « L'enquête judiciaire commence… sur la pointe des pieds. », article d'Agathe LOGEART, *Le Monde*, samedi 21 mai, p. 9

Par conséquent, l'autorité judiciaire était liée par les conclusions de l'enquête de commandement et l'appréciation du ministre de la défense. Celui-ci reçut, le 30 mai, le rapport des généraux Berthier et Rouchaud[1] et conclut que

> « des actes contraires au devoir militaire ont malheureusement été commis après l'assaut proprement dit. [...] Les auteurs de ces actes seront sévèrement sanctionnés et il appartient désormais à la justice, informée par mes soins, de procéder à l'instruction des faits dans les formes légales. »[2]

Jean-Pierre Chevénement prit donc la décision d'informer le Parquet des conclusions qu'il avait reçues, ce qui aurait dû permettre à l'information judiciaire et à l'instruction de rebondir.

## B) L'information judiciaire et l'instruction

Compte tenu de l'enchevêtrement des enquêtes (*lato sensu*) et de leur différence d'objet, il apparaît nécessaire de récapituler le déroulement des investigations menées, d'abord par le Parquet, puis par les juges d'instruction successifs. Le 27 avril une information judiciaire fut ouverte par le Parquet de Nouméa sur l'attaque de la brigade de Fayaoué, qui se concrétisa par des auditions et la recherche du lieu de détention des otages. Quelques jours après l'assaut de la grotte, une simple enquête préliminaire fut diligentée, toujours par le Parquet de Nouméa, afin d'éclaircir les circonstances dans lesquelles l'action des militaires s'était déroulée.

La procédure devait cependant quitter rapidement la Nouvelle-Calédonie. Le 9 mai, en effet, le volet de l'affaire concernant l'attaque de la brigade et la prise d'otages, à l'exclusion donc de l'enquête préliminaire relative à l'assaut de la grotte, fut

---

[1] Edwy PLENEL et Alain ROLLAT, *op. cit.*, p. 173

[2] « M. Chevénement : l'honneur des armées ne saurait être entaché par la faute de quelques-uns. », *Le Monde*, mercredi 1er juin 1988, p. 8

confié par la chambre criminelle de la Cour de cassation[1] au premier juge d'instruction du TGI de Paris :

> « M. Jean-Louis Mazières, premier juge d'instruction au tribunal de Paris, a été chargé, le mardi 10 mai, de l'information judiciaire ouverte par le Parquet de Nouméa, à la suite de l'assassinat de quatre gendarmes, le 22 avril à Fayaoué et de la prise d'otages qui s'est ensuivie. La chambre criminelle de la Cour de cassation avait confié lundi 9 mai au tribunal de Paris l'instruction du dossier. La juridiction avait été saisie par M. Pierre Arpaillange, procureur général près le Cour de cassation, d'une requête « *pour cause de sûreté publique* », en application de l'article 665 du code de procédure pénale. »[2]

Ce même 10 mai, les familles des victimes de l'assaut[3] déposèrent une plainte assortie d'une constitution de parties civiles auprès du Parquet de Nouméa et protestèrent contre le dépaysement de l'affaire[4].

La seconde péripétie eut lieu le 30 juin en raison de la remise au ministre de la Défense des conclusions de l'enquête de commandement. Jean-Pierre Chevénement les transmit aussitôt au Procureur de la République de Nouméa, qui ouvrit une information judiciaire sur les circonstances de la mort de Patrick Waïgna Amossa, Alphonse Dianou et Wenceslas Lavelloi (il ne s'agissait jusque là que d'une enquête préliminaire) :

---

[1] « Dans sa requête, M. Arpaillange [procureur général près la Cour de cassation] soulignait la gravité exceptionnelle des faits et l'« *état de tension extrême* » qui règne sur le territoire de Nouvelle-Calédonie, pour en déduire que l'instruction de cette affaire ne pouvait être menée à Nouméa sans un risque de troubles graves. » : Article de M.P., « Le dossier sera instruit à Paris « pour cause de sûreté publique » » ; *Le Monde*, mercredi 11 mai 1988, p. 15

[2] « L'instruction du dossier », *Le Monde*, jeudi 12 mai 1988, p. 13

[3] Avec pour avocats Mes de Felice, Ottan, Roux, Tehio et Tubiana

[4] « S'il pouvait être de bonne justice, après le procès de la fusillade de Hienghène, que les nationalistes canaques ne soient pas jugés en Nouvelle-Calédonie, [...], l'on ne peut que se poser des questions sur la précipitation avec laquelle le ministre de la justice a demandé le désaisissement [*sic*] du juge d'instruction local, empêchant du même coup toute reconstitution judiciaire, plus indispensable que jamais sur l'île d'Ouvéa. » : « Les familles des victimes d'Ouvéa portent plainte », *Le Monde*, jeudi 12 mai 1988, p. 13

> « Le procureur de la République de Nouméa [...] a pris connaissance des résultats de l'enquête préliminaire diligentée dans les formes du code de procédure pénale sur les circonstances de la mort d'Alphonse Dianou, de Wenceslas Lavelloi et de Waïna Amossa. Se conformant aux instructions du garde des sceaux, ce magistrat, faisant application de l'article 698-1 du code de procédure pénale, a demandé au ministre de la défense son avis sur l'engagement des poursuites. Au vu de cet avis, le procureur de la République a aussitôt requis l'ouverture d'une information judiciaire contre X... des chefs, d'une part, de coups et blessures volontaires et non-assistance à personne en danger, d'autre part, d'homicides involontaires, et a demandé que l'autopsie des personnes en cause soit réalisée dans les meilleurs délais. »[1]

Les deux volets de l'affaire furent finalement joints dans les mains du juge d'instruction parisien, ce qui ne facilita pas la poursuite des investigations sur place. Par exemple, les autopsies des trois indépendantistes visés par l'information judiciaire ne furent effectuées que le 11 juin[2], soit plus d'un mois après l'assaut. En outre, Me Tubiana et ses confrères décidèrent rapidement de « faire la grève de l'instruction »[3] : selon eux, en effet, un déséquilibre flagrant existait entre les poursuites engagées contre les indépendantistes, desquelles découlèrent incarcérations et auditions, et celles menées contre les militaires, qui se limitèrent à l'audition de quelques individus, à l'exception, semble-t-il, des membres des commandos qui se retranchèrent derrière le secret-défense. Au final, si des autopsies furent bel et bien pratiquées, mais non sur le cadavre de Samuel Wamo pas plus que sur les autres victimes des combats[4], aucune reconstitution ni confrontation ne furent réalisées, jusqu'à ce que deux lois d'amnistie mettent un terme à l'action publique sur l'ensemble de l'affaire[5], empêchant l'aboutissement – celui-ci aurait-il jamais été

---

1 « L'ouverture d'une information judiciaire » ; *Le Monde*, mercredi 1er juin 1988, p. 6

2 « Les avocats des indépendantistes inculpés constatent que « de nombreuses pièces essentielles font défaut » au dossier. », *Le Monde*, mardi 31 mai, p. 11

3 Entretien précité

4 Edwy PLENEL et Alain ROLLAT, *op. cit.*, pp.176 et 177

5 V. *infra*, pp. 245 et s.

atteint ? – de l'instruction, laquelle, jointe à l'enquête de commandement, doit à présent être confrontée aux exigences de la Cour européenne des Droits de l'Homme.

## II) En droit

La présentation du raisonnement employé par la Cour européenne des Droits de l'Homme (A) sera nécessaire avant d'analyser les faits sous ce prisme (B).

### A) Présentation du raisonnement de la Cour européenne des Droits de l'Homme

La Cour s'est d'abord montrée avare de détails quant à la mise en œuvre de l'enquête imposée par l'article 2 de la Convention. Tout au plus indique-t-elle dans l'arrêt *McCann, Farell et Savage c. Royaume-Uni*[1] :

> « 162. En l'espèce cependant, il n'y a pas lieu pour la Cour de décider de la forme que doit prendre une telle investigation ni des conditions dans lesquelles elle doit être menée [...] ».

La suite de l'arrêt semble toutefois mentionner trois critères d'examen :

> « 163. Cela étant, la Cour n'estime pas que les prétendues insuffisances de la procédure de l'enquête judiciaire, évoquées à la fois par les requérants et les amici curiae, aient sérieusement empêché de procéder à un examen complet, impartial et approfondi des circonstances dans lesquelles les homicides ont été commis. »

---

[1] Références précitées

Ces critères doivent être complétés par le paragraphe 87 de l'arrêt *Kaya c. Turquie*[1] :

> « La Cour relève que la protection procédurale du droit à la vie prévue à l'article 2 de la Convention implique pour les agents de l'État l'obligation de rendre compte de l'usage de la force meurtrière : leurs actes doivent être soumis à une forme d'enquête indépendante et publique propre à déterminer si le recours à la force était ou non justifié dans les circonstances particulières d'une affaire. »[2]

Dans l'affaire *McCann*, la Cour avait ainsi confronté les faits à ses exigences :

> « 162. [...] il y a bien eu une enquête judiciaire publique au cours de laquelle les requérants ont bénéficié d'une représentation en justice et soixante-dix-neuf témoins ont déposé. De surcroît, la procédure a duré dix-neuf jours et permis d'examiner en détail les circonstances des décès, comme le prouve le volumineux procès-verbal de l'enquête. Ce dernier, y compris le résumé du Coroner à l'intention du jury, fait apparaître que les avocats agissant pour le compte des requérants ont été en mesure d'interroger et contre-interroger des témoins clés, notamment les militaires ayant participé à la préparation et à la conduite de l'opération anti-terroriste, et de présenter comme ils le souhaitaient leurs arguments au cours de la procédure. »

Cependant, aucun principe général directement applicable ne fut dans un premier temps dégagé par la Cour, qui se livra dans chacune des affaires dont elle eut à connaître à un contrôle fort pragmatique. Ainsi dans l'arrêt *Chypre c. Turquie*[3] :

> « 27. (...) [La Commission] a relevé (...) que l'enquête du CMP [Comité des personnes disparues des Nations Unies] se limitait à rechercher si les personnes figurant sur sa liste étaient vivantes ou décédées, et que ce comité n'était

[1] Références précitées

[2] V. aussi l'arrêt *Ismail Ertak c. Turquie*, précité, § 134

[3] Références précitées

pas habilité à procéder à des constats quant à la cause de la mort et quant aux responsabilités en cas de décès. De plus, la compétence territoriale du CMP était confinée à l'île de Chypre, ce qui lui interdisait d'enquêter en Turquie, où seraient survenues certaines disparitions. La Commission a observé également que des personnes susceptibles d'être responsables de violations de la Convention s'étaient vu promettre l'impunité et qu'il était douteux que l'enquête du CMP pût porter sur des actes commis par l'armée turque ou des agents de l'Etat turc sur le territoire chypriote. »

Toutefois, la Cour livra clairement le fond de ses attentes dans l'arrêt *McKeer c. Royaume-Uni* du 4 mai 2001[1], repris dans l'arrêt *Paul et Audrey Edwards c. Royaume-Uni* du 14 mars 2002[2], dans une série de paragraphes laissant présager qu'il s'agit là d'une position désormais affirmée :

« 70. Pour qu'une enquête menée au sujet d'un homicide illégal commis par des agents de l'Etat puisse passer pour effective, on peut considérer, d'une manière générale, qu'il est nécessaire que les personnes responsables de l'enquête et celles effectuant les investigations soient indépendantes de celles impliquées dans les événements (...). Cela suppose non seulement l'absence de tout lien hiérarchique ou institutionnel mais également une indépendance pratique (...).

71. L'enquête menée doit également être effective en ce sens qu'elle doit permettre de déterminer si la force utilisée était ou non justifiée dans les circonstances (...) et de conduire à l'identification et au châtiment des responsables (...). Il s'agit là d'une obligation non de résultat, mais de moyens. Les autorités doivent avoir pris les mesures qui leur étaient raisonnablement accessibles pour que fussent recueillies les preuves concernant l'incident, et notamment les déclaration des témoins oculaires, les relevés de police technique et scientifique et, le cas échéant, une autopsie fournissant un descriptif complet et précis des lésions subies par la victime ainsi qu'une analyse objective des constatations cliniques, en particulier de la cause du décès (...). Tout défaut de

[1] Arrêt *McKeer c. Royaume-Uni* du 4 mai 2001, requête n° 28883/95, § 111 à 115
[2] Références précitées

l'enquête propre à nuire à sa capacité à établir la cause du décès de la victime ou à identifier la ou les personnes responsables peut faire conclure à son ineffectivité (...) concernant l'impossibilité pour le *coroner* menant une enquête judiciaire de contraindre à comparaître devant lui les témoins des forces de sécurité directement impliquées dans le recours à la force meurtrière.

72. Une exigence de promptitude et de diligence raisonnable est implicite dans ce contexte (...). S'il peut arriver que des obstacles ou difficultés empêchent une enquête de progresser dans une situation particulière, il reste que la prompte ouverture d'une enquête par les autorités lorsqu'il a été fait usage de la force meurtrière peut, d'une manière générale, être considérée comme capitale pour maintenir la confiance du public et son adhésion à l'état de droit et pour prévenir toute apparence de tolérance d'actes illégaux ou de collusion dans leur perpétration (...).

73. Pour les mêmes raisons, il doit y avoir un élément suffisant de contrôle public de l'enquête ou de ses résultats pour garantir que les responsables aient à rendre des comptes, tant en pratique qu'en théorie. Le degré de contrôle public requis peut varier d'une affaire à l'autre. Dans tous les cas, toutefois, les proches de la victime doivent être associés à la procédure dans la mesure nécessaire à la sauvegarde des intérêts légitimes de la victime (...). »[1]

C'est à cette aune que seront appréciés les événements d'Ouvéa.

## B) Application aux faits de l'espèce

Les deux enquêtes menées au sujet des faits survenus à Ouvéa différaient de par leur nature et leur objet. C'est pourquoi nous envisagerons séparément l'enquête de commandement (1) et, ensemble, l'information judiciaire et l'instruction (2).

---

[1] Pour un exemple d'enquête jugée adéquate, v. Arrêt *Denizci et autres c. Turquie*, références précitées, § 378

### 1) L'inadéquation par nature de l'enquête de commandement

L'originalité de cette enquête tenait dans sa nature administrative, puisqu'elle fut menée par deux inspecteurs, de l'armée de terre et de la gendarmerie, si bien que la question qui se pose est celle de leur indépendance ou de leur contrôle par leurs hiérarchies respectives[1]. La seule information disponible à ce sujet n'apporte pas de réponde déterminante :

> « Procédure courante après une opération militaire ou après des incidents dans les armées, l'enquête dite de commandement est confiée à l'inspection générale de l'armée considérée, qui est hors hiérarchie, n'est pas subordonnée à l'état-major et dépend du seul ministre de la défense. »[2]

Puisque l'investigation dépend du ministre de la défense, peut-on la considérer comme réellement indépendante, et que penser du fait qu'elle se déroule « hors hiérarchie » ? Une position radicale tendant à rejeter d'emblée toute forme d'enquête administrative serait imprudente et témoignerait d'un préjugé défavorable difficilement fondé. Pour autant, ne pas verser dans le doute relèverait d'une candeur de mauvais aloi… La Cour connut ce doute et l'exprima aux paragraphes 91 et 92 de l'arrêt *Oğur c. Turquie*[3] du 20 mai 1999 :

> « 91. Au demeurant, de sérieux doutes surgissent quant à la capacité des organes administratifs concernés de mener une enquête indépendante, comme le requiert l'article 2 de la Convention. La Cour observe en effet que l'instructeur, nommé par le préfet, était lieutenant-colonel de gendarmerie et, en cette qualité, dépendait de la même hiérarchie locale que les forces de sécurité sur lesquelles il menait son enquête. [...]

---

[1] *Quid* de l'Inspection générale des services pour le contrôle de la Police nationale ?

[2] « Le général Berthier a été chargé d'une enquête de commandement », article de Jacques ISNARD, *Le Monde*, mardi 19 avril, p. 15

[3] Requête n° 21594/93

> 92. Il échet de noter enfin que pendant l'enquête administrative, le dossier est resté inaccessible aux proches parents de la victime et que ceux-ci ne disposaient d'aucun moyen de s'informer de son contenu. »

La même méfiance fut exprimée au paragraphe 84 de l'arrêt *Tanribilir c. Turquie* du 16 novembre 2000[1] :

> « Il est vrai que la Cour a déjà constaté dans de nombreuses affaires que l'enquête menée par les organes administratifs dans le cadre de la procédure de poursuites de fonctionnaires suscitait de sérieux doutes, que ces organes n'étaient pas indépendants vis-à-vis de l'exécutif et que leur enquête n'était ni approfondie ni contradictoire. »

Les juges se montrent donc, à tout le moins, méfiants à l'égard de telles enquêtes. Il serait cependant difficile de transposer tel quel ce raisonnement à l'enquête de commandement de l'affaire d'Ouvéa. En effet, l'observation de la Cour s'appliquait à des organes administratifs turcs employés à faire la lumière sur des faits survenus dans une région secouée par de graves troubles endémiques et répétés : les situations française et turque ne sont donc pas comparables. En outre, dans l'affaire *Tanribilir*, l'enquête administrative avait suivi l'enquête judiciaire, ce qui n'était pas le cas en l'espèce. Il semble toutefois que la Cour se montre désormais plus stricte dans son contrôle des enquêtes administratives :

> « 128. En pareilles circonstances, le besoin de garanties contre les abus d'autorité et la partialité devient primordial. Il est à noter que l'enquête sur les homicides commis par les policiers de la RUC [*Royal Ulster Constabulary*, Police royale de l'Ulster] a été dirigée et menée par d'autres policiers de la RUC. Bien qu'aucune observation directe n'ait été formulée sur ce point, il est probable que, conformément à la loi, cette enquête a été supervisée par l'ICPC, organe indépendant de contrôle de la police. L'ICPC a donc dû approuver le choix de la personne

[1] Requête n° 21422/93

> chargée d'enquêter, et il semblerait qu'elle ait jugé satisfaisante la conduite des investigations. Il reste qu'il existait un lien hiérarchique entre les enquêteurs et les personnes faisant l'objet de l'enquête, puisque tous étaient sous la responsabilité de l'inspecteur général de la RUC, qui avait son mot à dire dans l'appréciation de l'opportunité d'engager une procédure disciplinaire ou pénale (...). À cet égard, on ne saurait considérer comme une garantie suffisante la faculté qu'avait l'ICPC de prier l'inspecteur général de la RUC de soumettre le rapport d'enquête au DPP [*Director of Public Prosecutions*, directeur des poursuites publiques] afin qu'il prenne une décision sur d'éventuelles poursuites ou de demander que des procédures disciplinaires soient engagées puisqu'en pratique l'enquête elle-même a été menée par des policiers ayant un lien avec les personnes qui en faisaient l'objet. (...). »[1]

Cependant, même si nous n'avons pu déterminer le lien hiérarchique exact entre les inspecteurs Berthier et Rouchaud et l'état-major des forces engagées dans l'opération *Victor*, la violation de l'article 2 est encourue parce que l'enquête de commandement était initialement réservée au seul ministre de la Défense et que c'est que par une décision souveraine que Jean-Pierre Chevénement décida de la rendre publique[2], alors que le paragraphe 162 de l'arrêt *McCann*[3] mentionne le critère de publicité de l'investigation. En outre, il ne semble pas que les victimes et leurs familles eurent accès au contenu de cette enquête, pas plus que la possibilité « d'interroger et de contre-interroger les témoins-clés » : le principe du contradictoire posé au paragraphe 162 de l'arrêt *McCann* fut donc bafoué.

Il convient, toutefois, de se ranger à la position finale de la Cour dans l'arrêt *Tanribilir*, qui n'a pas condamné en elle-même l'investigation administrative puisque celle-ci était complétée par une enquête judiciaire efficace :

---

[1] Arrêt *McKeer c. Royaume-Uni*, références précitées, § 128

[2] « M. Chevénement lève le « secret-défense » sur l'enquête militaire de commandement. » : article de J.I., *Le Monde*, vendredi 3 juin 1988, p. 34. Pour une reproduction du rapport d'enquête, v. LDH, *op. cit.*, pp. 182 à 184

[3] V. *supra*, p. 235

« En conclusion, même si l'intervention des organes administratifs, dont l'indépendance vis-à-vis de l'exécutif est sujette à caution, a affaibli l'efficacité de l'enquête interne, la Cour considère que l'instruction préliminaire détaillée menée par les autorités judiciaires afin de déterminer la responsabilité des gendarmes dans le cadre du suicide de A.T. peut passer pour suffisamment approfondie et efficace. Il n'y a donc pas eu violation de l'article 2 [...]. »[1]

**Bref, l'enquête de commandement ne pouvait à elle-seule satisfaire à l'obligation positive d'enquête posée par l'article 2 de la Convention européenne des Droits de l'Homme.**

La seule existence d'une enquête de nature judiciaire (information judiciaire ou instruction) n'est toutefois pas suffisante : encore faut-il démontrer son efficacité eu égard aux exigences de la Cour.

### 2) L'insuffisance en l'espèce de l'information judiciaire et de l'instruction

Disons-le dès à présent : l'instruction menée par le juge Mazières ne permit pas de faire toute la lumière sur les événements d'Ouvéa. Cette situation ne pose cependant pas problème eu égard à la jurisprudence de la Cour européenne des Droits de l'Homme. En effet, celle-ci n'impose pas aux États une obligation de résultat, mais de moyen :

« La Cour estime que dans les circonstances de la cause, les autorités chargées d'enquêter ont pris en compte les éventuelles implications des forces de l'ordre, à savoir les gardes du village, dans le meurtre de Nuri Ekinci, et ont poursuivi toutes les pistes pour trouver le ou les assassins. Ainsi, il ressort des éléments du dossier d'instruction et des informations concrètes fournies par le Gouvernement que l'enquête, sans avoir pu aboutir à l'identification de l'auteur ou des auteurs du meurtre, n'a pas été dénuée de toute efficacité, et qu'on

[1] Arrêt *Tanribilir*, § 85 *in fine*

ne saurait soutenir que les autorités compétentes sont restées passives face aux circonstances dans lesquelles le frère du requérant avait été tué. »[1]

Le seul critère pertinent est donc la qualité des investigations auxquelles il a été procédé. Or, Les deux volets de l'instruction relative aux faits pris dans leur ensemble (le premier sur l'attaque de la brigade de Fayaoué, le second sur les trois décès reconnus suspects par l'enquête de commandement) ne furent pas conduits de la même façon. En effet, si les corps des quatre gendarmes furent rapidement autopsiés après l'attaque de la brigade[2], tel ne fut pas le cas des cadavres de Patrick Waïna Amossa, Alphonse Dianou et Wenceslas Lavelloi : leur autopsie n'eut lieu que le 11 juin[3], alors même que les avocats des victimes avaient vertement protesté contre ce retard[4]. La Cour eut à se prononcer sur cet acte spécifique de la procédure, qu'elle considéra, sinon comme indispensable, du moins comme révélant la qualité de l'enquête menée.

Ainsi, dans l'affaire *Salman c. Turquie*[5], la Cour retint l'absence d'autopsie à l'appui de son constat de violation (§§ 106 et 107). Elle étendit même son appréciation à la qualité de l'autopsie elle-même, notamment par l'examen des compétences médico-légales des praticiens qui la réalisèrent, dans l'affaire *Tanrikulu c. Turquie*[6] (§ 106). S'il n'est pas douteux que les autopsies des quatre gendarmes et des trois indépendantistes susmentionnés furent réalisés de façon adéquate, ce fait ne saurait faire oublier que les corps des douze ravisseurs tués pendant la première de l'assaut ne furent jamais autopsiés, pas davantage que le cadavre de Samuel Wamo.

En outre, aucune reconstitution des combats ne fut effectuée, alors que la Cour retint ce critère dans son arrêt *Güleç c.*

---

[1] Arrêt *Ekinci c. Turquie*, § 86

[2] Le 25 avril, soit trois jours après l'attaque : LDH, *op. cit.*, p. 74

[3] « Les corps d'Alphonse Dianou, Wencslas Lavelloi et de Waïna Amossa ont été exhumés » : *Le Monde*, dimanche 12-lundi 13 juin 1988, p. 6

[4] « « Le tribunal de Nouméa veut enterrer le dossier » estiment les défenseurs des familles des victimes canaques. » : *Le Monde*, dimanche 5-lundi 6 juin 1988, p. 5

[5] Références précitées

[6] Références précitées

*Turquie*[1] du 27 juillet 1998 (§ 79) pour fonder sa conclusion de violation. De ce point de vue, l'enquête menée sur l'assaut ne fut pas suffisamment approfondie, alors que les agents de l'État doivent « rendre compte de la force meurtrière »[2].

**Bref, les enquêtes menées sur l'attaque de la brigade de Fayaoué et les décès de Patrick Waïna Amossa, Alphonse Dianou et Wenceslas Lavelloi ne répondent pas aux critères dégagés de la jurisprudence de la Cour européenne des Droits de l'Homme et fondent donc une violation de l'article 2 de la Convention. L'absence d'enquête concernant les circonstances de l'assaut, les décès des douze indépendantistes et des deux membres des forces de l'ordre, ainsi que les blessures du gendarme Addari et de l'adjudant-chef Coquet constitue également, *a fortiori*, une violation ce de texte.**

Ces deux conclusions doivent être, cependant, nuancées. En effet, il serait présomptueux[3] d'affirmer que les actes manquants n'auraient jamais été réalisés si deux lois d'amnistie n'avaient éteint l'action publique. Il s'agit là d'un argument à la décharge des autorités judiciaires. C'est pourquoi il convient à présent de déplacer l'analyse sur le terrain de la conformité du mécanisme de l'amnistie en général, et des lois du 9 novembre 1988 et 10 juillet 1990 en particulier, aux obligations positives, d'une part de protection du droit à la vie par la loi et, d'autre part, d'enquête, découlant de l'article 2.

---

[1] Affaire n° 54/1997/838/1044

[2] Arrêt *Kaya c. Turquie* précité, § 87

[3] Réaliste ?

## Section 2
# Les lois d'amnistie des 9 novembre 1988 et 10 janvier 1990

Ces deux textes eurent un double effet : directement, il posèrent des règles de droit positif, c'est pourquoi nous en préciserons d'abord le contenu (I) ; indirectement, ils provoquèrent la colère des familles des gendarmes tués à Fayaoué qui tentèrent de s'y opposer par deux recours contentieux (II).

## I) Contenu des textes

Dans sa lettre adressée le 5 octobre 1988 au Président de la République[1], François Mitterrand, récemment réélu, le Premier ministre Michel Rocard constatait que « l'affrontement de deux convictions antagonistes [avait] failli déboucher, jusqu'à une date récente, sur une situation voisine de la guerre civile ». Cette situation justifiait la conclusion des accords Matignon-Oudinot[2] annonçant le retour à l'État de droit, la redistribution des pouvoirs et, à terme, l'autodétermination du territoire. Or,

> « bâtir ensemble l'avenir suppose, enfin, que soit éclairci préalablement le passé. C'est la raison pour laquelle le projet de loi prévoit l'indemnisation des dommages causés aux personnes et aux biens par des actes de violence liés aux événements politiques survenus en Nouvelle-Calédonie, ainsi qu'une large amnistie, dont restent toutefois exclus les crimes d'assassinat. »[3]

Cette amnistie trouva sa traduction juridique dans la « loi n° 88-1028 du 9 novembre 1988 portant dispositions statutaires et

---

[1] *JO*, 6 octobre 1988, pp. 12568 et 12569

[2] Le ministère des DOM-TOM est situé rue Oudinot, à Paris.

[3] Lettre précitée

préparatoires à l'autodétermination de la Nouvelle-Calédonie en 1998 »[1] en ses articles 80 et 81[2] :

> « Art. 80 – Sont amnistiées les infractions commises avant le 20 août 1988, à l'occasion des événements d'ordre politique, social ou économique en relation avec la détermination du statut de la Nouvelle-Calédonie ou du régime foncier du territoire.
> Toutefois, le bénéfice de l'amnistie ne s'étend pas à ceux qui, par leur action directe et personnelle, ont été les auteurs principaux du crime d'assassinat, prévu par l'article 296 du code pénal.
> Les effets de l'amnistie prévue par la présente loi sont ceux que définissent les dispositions du chapitre IV de la loi n° 88-828 du 20 juillet 1988 portant amnistie.
> Les contestations relatives au bénéfice de l'amnistie sont, si elles concernent des condamnations pénales définitives, soumises aux règles de compétence et de procédure prévues à l'article 778 du code de procédure pénale.
> En l'absence de condamnation définitive, les contestations sont soumises à la juridiction compétente pour statuer sur la poursuite.
> L'amnistie résultant des dispositions de la présente loi est constatée, pour l'application de l'article 769 du code de procédure pénale, par le ministère public près la juridiction ayant prononcé la condamnation, agissant soit d'office, soit sur requête du condamné ou de ses ayants droit.
> La décision du ministère public peut être contestée dans les conditions prévues aux quatrième et cinquième alinéas du présent article.
>
> Art. 81 – Les dispositions du code de procédure pénale relatives au placement et au maintien en détention provisoire ne sont pas applicables dans le cas de poursuites concernant les infractions commises avant le 20 août 1988, à l'occasion des événements d'ordre politique, social ou économique en relation avec la détermination du statut de la Nouvelle-Calédonie ou du régime foncier du territoire. »

---

[1] *JO*, lois et décrets, 10 novembre 1988, pp. 14087 et s.
[2] *Ibid.*, p. 14096 et 14097

Deux dispositions sont à souligner. D'une part, le régime juridique de cette amnistie suit celui adopté par la loi n° 88-828 du 20 juillet 1988 en son chapitre IV, lequel dispose notamment :

> « Art. 24 – L'amnistie ne préjudicie pas aux droits des tiers. En cas d'instance sur les intérêts civils, le dossier pénal est versé aux débats et mis à la disposition des parties.
> Si la juridiction de jugement a été saisie de l'action publique avant la publication de la présente loi, cette juridiction reste compétente pour statuer, le cas échéant, sur les intérêts civils.
> L'amnistie est applicable aux frais de poursuite et d'instance avancés par l'État. »

« Ne pas sacrifier la victime »[1] : ainsi pourrait se résumer la première phrase de cet article, *leitmotiv* que connaissaient toutes les lois d'amnistie[2] avant que le Code pénal, dans sa rédaction de 1994, ne l'érige heureusement en principe en son article 133-10, lequel dispose que « l'amnistie ne préjudicie pas aux tiers. »

D'autre part, l'amnistie du 9 novembre 1988 excluait de son champ d'application « ceux qui, par leur action directe et personnelle, ont été les auteurs principaux du crime d'assassinat, prévu par l'article 296 du code pénal » (deuxième alinéa de l'article 80). Or, le législateur crut bon de modifier cette situation par la « loi n° 90-33 du 10 janvier 1990 portant amnistie d'infractions commises à l'occasion d'évènements survenus en Nouvelle-Calédonie »[3] dont l'article premier fut ainsi rédigé :

> « Art. 1er – Sont amnistiées les infractions commises avant le 20 août 1988, à l'occasion des événements d'ordre politique, social ou économique en relation avec la détermination du statut de la Nouvelle-Calédonie ou du régime foncier du territoire, par les personnes mentionnées au deuxième alinéa de l'article 80 de la loi n°88-1028 du 9 novembre 1988 portant dispositions statutaires et préparatoires à l'autodétermination de la Nouvelle-Calédonie en 1998.

---

[1] Wilfrid JEANDIDIER, *Droit pénal général* ; Paris, éd. Montchrestien, coll. Domat/droit privé, 2ème édition, 1991, p. 305, n° 280

[2] *Ibid.*

[3] *JO*, lois et décrets, 12 janvier 1990, p. 489

Les dispositions du troisième au septième alinéa du même article sont applicables à l'amnistie résultant de la présente loi. »

Par conséquent, si les droits des tiers demeuraient épargnés par le renvoi au régime adopté par la loi du 9 novembre 1988 – donc, par ricochet, à celui de la loi du 20 juillet 1988 – l'amnistie s'appliquait dès lors à toutes les infractions commises avant le 20 août 1988, à l'occasion des événements d'ordre politique, social ou économique en relation avec la détermination du statut de la Nouvelle-Calédonie ou du régime foncier du territoire, y compris le crime d'assassinat. Cette loi couvrait pratiquement neuf instructions différentes et n'était donc pas spécifique aux événements d'Ouvéa[1].

Cette innovation législative doit-elle s'analyser comme le prolongement de la réconciliation amorcée par les accords Matignon-Oudinot ou constitue-t-elle une volte-face gouvernementale ? La seule lecture de la lettre adressée par le Premier ministre Michel Rocard au Président de la République François Mitterrand, afin de présenter le projet de loi qui donnera lieu à la loi du 9 novembre 1988[2], ne permet pas d'apporter une réponse précise. En effet, rien n'indiquait que la « large amnistie » prévue ne dût être suivie d'une extension de son bénéfice ; de même, le projet n'excluait pas cette hypothèse. Il semble, toutefois, que l'amnistie totale fût prévue dès la conclusion des accords de l'automne 1988. En effet, Jean-François Merle, délégué national à l'outre-mer auprès du Premier secrétaire du PS et ancien conseiller technique chargé de l'outre-mer auprès de Michel Rocard explique[3] :

« - L'amnistie des crimes d'assassinat était prévue dès l'origine. La paix civile ne pouvait se concevoir qu'ainsi.
- Mais vous vous rendiez bien compte que, de ce fait, vous entraviez le fonctionnement normal de la justice, y compris en défaveur des Kanak ?

---

[1] *JO*, débats, 29 novembre 1989, p. 5651

[2] V. *supra*, p. 245

[3] Entretien téléphonique du 10 juin 2001

- Oui, mais compte tenu des dysfonctionnements de la justice en la matière...
- Vous pensez à Hienghène ?
- Oui. »

De plus, le mécanisme en deux temps de l'amnistie des évènements néo-calédoniens n'est pas neuf. Ainsi, selon Stéphane Gacon[1],

> « [le] fait que la plupart des grandes amnisties aient été votées progressivement montre les obstacles : il fallut deux lois pour faire l'amnistie de la Commune[2], deux lois pour faire celle de la collaboration[3] et trois lois pour faire celle de la guerre d'Algérie[4]. »

En définitive, le mécanisme de l'amnistie illustre souvent la volonté du législateur de remédier à une situation inextricable[5], que celle-ci résulte de troubles ayant gravement porté atteinte à l'unité nationale ou pour toute autre cause susceptible d'obérer la paix civile future[6] : du passé, il faut faire table rase afin d'appréhender l'avenir dans de meilleures conditions, fût-ce au prix de la mise à l'écart du droit pénal et de sa capacité à reconnaître et à réparer les violations du pacte social[7]. Si les victimes conservent l'intégrité de leur droit à réparation devant les

---

1 Article de Stéphane GACON, « L'oubli institutionnel », *in Oublier nos crimes. L'amnésie nationale : une spécificité française ?* ouvrage collectif dirigé par Dimitri NICOLAÏDIS ; Paris, éd. Autrement, série Mutations, n° 144, 1994, pp. 98 et s. La citation se trouve aux pages 108 et 109.

2 [Les trois notes suivantes sont extraites de l'article cité.]
« La loi du 3 mars 1879 et la loi du 11 juillet 1880 »

3 « La loi du 5 janvier 1951 et la loi du 24 juillet 1953 »

4 « Si l'on s'en tient à l'amnistie pénale (qui avait d'ailleurs commencé par deux décrets et deux ordonnances de 1962). Ce sont les lois du 23 décembre 1964, du 17 juin 1966, du 31 juillet 1968. L'amnistie pénale est complétée en 1974, 1981 et 1982 par plusieurs dispositions visant à faire disparaître les « conséquences » de cette amnistie pour les bénéficiaires. »

5 La délicatesse de ces situations n'échappe pas au sens de la dérision populaire... « On était dans l'embarras / Alors on le condamna / Et puis on l'amnistia » : chanson de Serge REGGIANI, *La java des bombes atomiques* ; B. VIAN, A. GORAGUER, éditions Tutti, 1968

6 V. Bruno PY, « Amnistie : le choix dans les dates » ; *Dr. pénal*, chronique n° 12, avril 2002, p. 5 : « L'amnistie événementielle : l'apaisement par le pardon »

7 V. *infra*, pp. 268 et 269

juridictions civiles ou administratives par le jeu de la réserve de leurs droits aujourd'hui inscrite à l'article 133-10 du Code pénal, leur insatisfaction morale serait compréhensible, qui trouverait ses sources dans l'absence de désignation institutionnelle de leurs bourreaux. C'est ce « non-dit pénal » qui a motivé les divers recours introduits par le *Comité du 22 avril à la mémoire des gendarmes d'Ouvéa.*

## II) Les recours introduits par le *Comité du 22 avril 1988 à la mémoire des gendarmes d'Ouvéa*

Les deux lois d'amnistie du 9 novembre 1988 et 10 janvier 1990 qui aboutirent *in fine* à l'amnistie des crimes d'assassinat, provoquèrent l'ire des familles de certaines des victimes décédées lors de l'attaque de la brigade de gendarmerie territoriale de Fayaoué. Aujourd'hui encore, cette colère est facilement perceptible au travers des propos tenus par les protagonistes de ces tragiques événements. L'association dénommée *Comité du 22 avril 1988 à la mémoire des gendarmes d'Ouvéa*, « association de défense des droits des gendarmes et militaires morts ou blessés en service [qui a pour but] d'apporter son soutien moral, financier ou juridique, non seulement aux veuves et orphelins des gendarmes tués à Ouvéa, mais aussi à toutes les familles de gendarmes et militaires tués ou blessés en service »[1], présidée par François Lamboley, a ainsi représenté en justice certaines des victimes de l'assaut de la brigade de gendarmerie territoriale de Fayaoué. Son action se matérialisa dans un recours introduit devant le Conseil d'État (A) dont le rejet entraîna ensuite la saisine par les mêmes requérants de la Commission européenne des Droits de l'Homme, sans plus de succès (B).

---

[1] Son but est également la réalisation et la diffusion du magazine mensuel *Fayaoué info magazine* dont nous tirons ces lignes.

## A) La décision de rejet rendue par le Conseil d'État

La haute juridiction administrative fut saisie par le *Comité* par une requête et un mémoire complémentaire, respectivement les 31 octobre et 22 décembre 1989, soit antérieurement à la seconde loi d'amnistie du 10 juillet 1990. Deux prétentions furent présentées par le *Comité*. D'une part, il fut demandé au Conseil d'État d'annuler les résultats du référendum organisé le 6 novembre 1988, auquel avait été soumis le projet de loi portant dispositions statutaires et préparatoires à l'autodétermination de la Nouvelle-Calédonie en 1998. D'autre part, les requérants souhaitaient que l'affaire fût renvoyée soit devant le Conseil constitutionnel, soit devant la Cour européenne des Droits de l'Homme.

La décision de rejet rendue par le Conseil d'État n'a rien de surprenant. En effet, les requêtes présentées devant la haute juridiction méconnaissaient ses compétences. En outre, un particulier ou une association de particuliers, pas plus que le Conseil d'État, n'ont le pouvoir de saisir le Conseil constitutionnel, celui-ci ne pouvant être interrogé que par le Président de la République, le Premier ministre, le Président du Sénat, le Président de l'Assemblée nationale ou soixante députés ou soixante sénateurs[1].

Ce rejet des prétentions du *Comité* ouvrit toutefois la possibilité de saisine de la Commission européenne des Droits de l'Homme[2]. Cette condition posée à l'article 26 (ancien) de la Convention européenne des Droits de l'Homme se justifie par le rôle prépondérant du juge national dans l'application du texte : il est en effet l'interprète naturel de la Convention. Malheureusement pour le *Comité*, la Commission jugea sa requête irrecevable.

---

[1] Article 61 de la Constitution résultant de la loi constitutionnelle n° 74-904 du 29 octobre 1974

[2] Quoique le caractère prévisible de la décision du Conseil d'État pouvait dispenser de la requête initiale.

## B) La décision d'irrecevabilité rendue par la Commission européenne des Droits de l'Homme

Le *Comité*, fort du rejet de sa précédente demande par le Conseil d'État et compte tenu de la nouvelle situation juridique induite par la promulgation de la loi du 10 janvier 1990, laquelle étendait le bénéfice de l'amnistie aux auteurs du crime d'assassinat, introduisit une requête devant la Commission européenne des Droits de l'Homme le 14 mai 1990. Selon le président de l'association, François Lamboley, l'État français se rendit coupable d'une grave trahison envers le peuple, puisqu'il défit par l'Assemblée ce que le référendum avait établi. Toujours selon lui, la loi référendaire aurait dû avoir une force supérieure à celle de la loi ordinaire, car adoptée directement par le peuple et non ses représentants. Par conséquent, la seconde loi d'amnistie n'aurait jamais dû voir le jour[1]... Un tel raisonnement peut certes se comprendre avec le cœur voire la morale, mais non pas juridiquement. En effet, une loi adoptée par la voie du référendum n'a pas plus de valeur qu'un texte voté par le Parlement[2], ce dernier étant tout aussi légitime que ceux qu'il représente[3].

Nous exposerons d'abord la décision rendue par la Commission (1) avant d'y apporter un éclairage critique (2).

---

[1] V. sur ce point, le débat, brillant et passionné, notamment entre MM. Pierre Mazeaud et François Colcombet sur les bancs de l'Assemblée nationale : 2ème séance du 28 novembre 1989, *JO*, débats, pp. 5649 à 5666

[2] *Contra* : décision 62-20 DC du Conseil constitutionnel du 6 novembre 1962, « 2. Considérant que si l'article 61 de la Constitution donne au Conseil constitutionnel mission d'apprécier la conformité à la Constitution des lois organiques et des lois ordinaires [...] sans préciser si cette compétence s'étend à l'ensemble des textes de caractère législatif, qu'ils aient été adoptés par le peuple à la suite d'un référendum ou qu'ils aient été votés par le Parlement, ou si, au contraire, elle est limitée seulement à cette dernière catégorie, il résulte de l'esprit de la Constitution qui a fait du Conseil constitutionnel un organe régulateur de l'activité des pouvoirs publics que les lois que la Constitution a entendu viser dans son article 61 sont uniquement les lois votées par le Parlement et non point celles qui, adoptées par le peuple à la suite d'un référendum, constituent l'expression directe de la souveraineté nationale ; [...] », *in Les grandes décisions du Conseil constitutionnel*, références précitées, p. 176

[3] *Contra* : « L'État, c'est ainsi que s'appelle le plus froid des monstres froids et il ment froidement, et le mensonge que voici sort de sa bouche : « Moi, l'État, je suis le peuple. » » : Friedrich NIETZSCHE, *Ainsi parlait Zarathoustra* ; Librairie générale française, 1983, première partie, *De la nouvelle idole*, p. 66

### 1) Exposé de la solution

Les requérants soutinrent que l'extinction de l'action publique justifiée par le vote des deux lois d'amnistie (en l'occurrence, la seconde) portait atteinte à la protection de la vie découlant de l'article 2 de la Convention, en ce qu'il oblige l'État à protéger le droit à la vie par l'incrimination de l'homicide et la poursuite d'un tel fait. La Commission[1] ne rejeta pas d'emblée l'argument :

> « La Commission est d'avis que l'article 2 (art. 2), qui énonce en son paragraphe 1 que « le droit de toute personne à la vie est protégé par la loi », peut, à l'instar des autres articles de la Convention (voir Cour Eur. D.H., arrêt Marckx du 13 juin 1979, série A n°31 p.14, par. 31), imposer à l'État des obligations positives. Cela ne signifie pas que l'on puisse déduire de cette disposition une obligation positive d'empêcher toute possibilité de violence (voir N° 9348/81 précitée). »

Or, selon la Commission, ce principe peut comporter des tempéraments, notamment par le mécanisme de l'amnistie :

> « La Commission observe à cet égard que la législation française assure sans conteste la protection de la vie dans la mesure où le droit pénal français réprime le crime d'assassinat. Il est vrai que, comme toute infraction pénale, le crime d'assassinat peut faire l'objet d'une loi d'amnistie. Ce fait ne se heurte pas en soi à la Convention sauf s'il témoigne d'une pratique générale visant à empêcher systématiquement que des poursuites soient diligentées contre les auteurs de tels crimes. »

En d'autres termes, l'amnistie n'est pas en elle-même contraire à la Convention européenne des Droits de l'Homme, tant qu'elle résulte de circonstances exceptionnelles (par opposition à une « pratique générale » envisagée par la Commission). Celles-ci sont appréciées par la Commission de la façon suivante :

---

[1] Décision *Laurence Dujardin et autres c. France* du 2 septembre 1991, requête n° 16734/90, *DR* 72, pp. 236 à 240

« La Commission relève que la loi d'amnistie adoptée en l'occurrence eu égard aux considérations particulières, et notamment le climat politique régnant en Nouvelle Calédonie, a eu pour effet de mettre un terme à l'action publique et donc aux poursuites judiciaires diligentées contre les responsables présumés de l'assassinat du proche parent des requérants.

La question qui se pose est donc de savoir si ce faisant, il a été porté atteinte au droit protégé de l'article 2 (art. 2) de la Convention. La Commission estime à cet égard que la loi d'amnistie, qui présente un caractère tout à fait exceptionnel, a été adoptée dans le cadre d'un processus de règlement du contentieux entre les diverses communautés de l'archipel.

Il n'appartient pas à la Commission de porter un jugement sur l'opportunité des mesures prises par la France à cet égard. En effet, l'État est en droit d'adopter, dans le cadre de sa politique criminelle, les lois d'amnistie qu'il juge nécessaires à condition toutefois qu'un équilibre soit ménagé entre les intérêts légitimes d'un État et l'intérêt des justiciables à ce que le droit à la vie soit protégé par la loi. En l'occurrence, la Commission estime qu'un tel équilibre a été respecté et qu'il n'a, dès lors, pas été porté atteinte à la disposition précitée. »

En d'autres termes, la Commission s'attacha à vérifier l'équilibre entre l'atteinte à la protection du droit à la vie, d'ailleurs reconnue par elle, induite par les lois d'amnistie et les nécessités pratiques de la politique intérieure française. Ce souci, quoique louable en soi, ne résiste pas à la critique.

## 2) Critique de la solution

Outre la question de l'obsolescence de cette décision eu égard aux derniers développements de la jurisprudence de la Cour concernant l'obligation positive d'enquête, la décision d'irrecevabilité de la Commission pêche par son trop grand « juridisme ». Notre critique portera sur le paragraphe suivant :

« La Commission observe à cet égard que la législation française assure sans conteste la protection de la vie

> dans la mesure où le droit pénal français réprime le crime d'assassinat. Il est vrai que, comme toute infraction pénale, le crime d'assassinat peut faire l'objet d'une loi d'amnistie. Ce fait ne se heurte pas en soi à la Convention sauf s'il témoigne d'une pratique générale visant à empêcher systématiquement que des poursuites soient diligentées contre les auteurs de tels crimes. »

La Commission fonde sa décision de rejeter la non conformité de principe d'une loi d'amnistie sur le fait que l'État français n'exclut pas systématiquement par cette voie les homicides du traitement pénal. Cette assertion est exacte aussi bien en elle-même que par son fondement. Or, l'approche de la Commission manque de finesse.

En effet, celle-ci procède à un examen strictement juridique. Il est vrai que le droit, par l'opération intellectuelle de la qualification, est susceptible d'appréhender tout fait qui se présente à lui : par conséquent, l'homicide constitue moins un fait qu'une définition juridique d'un acte. Ce processus de désignation trouve en l'espèce une illustration flagrante de son caractère réducteur, car ignorant des circonstances majeures, notamment historiques. N'y aurait-il aucune différence entre le meurtre d'un convoyeur de fonds, motivé par l'argent et perpétré dans une ville de métropole, et celui de gendarmes stationnés dans un territoire d'outre-mer afin de faire valoir des idées d'indépendance ?

Certes, les mobiles sont en principe indifférents en droit pénal. Par conséquent, l'ancrage de l'attaque de la brigade de gendarmerie de Fayaoué dans la situation coloniale de la Nouvelle-Calédonie ne devrait pas être pris en compte dans l'analyse juridique des faits. Adoptons pourtant ce point de vue le temps d'examiner l'histoire juridique nationale, pour constater que, de façon presque constante, l'État français a utilisé le mécanisme de l'amnistie pour mettre un terme à des conflits proches de la guerre civile, en ce qu'ils opposaient des ressortissants français entre eux. Ainsi, pour reprendre un extrait du rapport remis par le sénateur Marcel Rudloff[1], une typologie des textes d'amnistie peut être dressée :

[1] « Rapport fait au nom de la commission des Lois constitutionnelles, de législation, du suffrage universel, du règlement et d'administration générale : 1) sur le projet de loi, adopté après déclaration d'urgence, portant amnistie ; 2) sur la

« - les textes d'amnistie liés aux événements de la guerre et de l'occupation. Au nombre de vingt, ces textes, dont certains sont de portée générale, intervinrent essentiellement jusqu'en 1959 dans le but d'effacer les condamnations prononcées à la suite de faits répréhensibles commis pendant la guerre, que ce soit en métropole ou dans l'empire ;

- les textes d'amnistie liés à la décolonisation. Ils furent au nombre d'une quinzaine environ et concernèrent les événements d'Indochine, de Tunisie, du Maroc et surtout d'Algérie ; [...]
- les textes d'amnistie liés à certains événements particuliers. Dans cette catégorie peuvent être rangés d'abord quatre textes relatifs à des événements déterminés :

- la loi du 6 février 1956 portant amnistie de faits commis en cours et à l'occasion de conflits collectifs du travail et de manifestations sur la voie publique ;
- la loi du 17 décembre 1953 (grèves insurrectionnelles) ;
- la loi du 23 mai 1968 amnistiant les infractions commises du 1er février au 15 mai 1968 en relation avec les événements survenus à l'Université et les manifestations auxquels ils donnèrent lieu ;
- la loi du 21 décembre 1972, portant amnistie de certaines infractions commises avant le 1er septembre 1972 à l'occasion de conflits relatifs à des problèmes agricoles, artisanaux ou commerciaux ou de conflits du travail.

Peuvent également être rattachés à ce groupe des textes récents amnistiant des infractions, voire toutes les infractions, commises à l'occasion d'événements d'ordre politique, économique ou social en relation avec des entreprises contestant ou portant atteinte à l'autorité de l'État sur une partie déterminée du territoire.

---

proposition de loi de MM. Henri Bangou, Jean-Luc Bécart [et autres] relative à l'amnistie dans les départements et territoires d'outre-mer, par M. Marcel RUDLOFF, Sénateur » : Sénat, rapport n° 365 annexé au procès-verbal de la séance du 7 juin 1989, *JO*, débats, pp. 11 et 12

Dans cette sous-catégorie peuvent être rangées :

- la loi n° 82-214 du 2 mars 1982 portant statut particulier de la région Corse : organisation administrative ;
- la loi n° 85-1467 du 31 décembre 1985 portant amnistie relative à la Nouvelle-Calédonie ;
- la loi référendaire n° 88-1028 du 9 novembre 1988 portant dispositions statutaires et préparatoires à l'autodétermination de la Nouvelle-Calédonie en 1998. »

Peut-on déduire de cette énumération qu'à chaque fois que des circonstances exceptionnelles secouèrent la France, l'État fit preuve d'une pratique générale visant à empêcher toute poursuite des infractions commises à ces occasions[1] ? Il s'agit sans doute là d'une question d'appréciation…

La Commission européenne des Droits de l'Homme, en tout cas, ne s'embarrassa pas de telles considérations, ce qui est fort regrettable. En effet, un examen plus minutieux de la pratique législative française aurait permis, soit de mieux fonder la décision sans en changer le sens, soit d'aboutir à une toute autre conclusion. Mais la solution posée par la Commission constitue le droit positif.

**C'est pourquoi l'adoption des deux lois d'amnistie et, par conséquent, l'absence d'enquête effective de la part de l'État français sur les événements d'Ouvéa ne constituent aucune violation de l'article 2 de la Convention européenne des Droits de l'Homme.**

[1] Et un candidat à l'élection présidentielle de 2002 d'être exclu de la compétition par son parti suite à ses propos relatifs à une éventuelle amnistie de faits criminels survenus en Corse…

## Conclusion du chapitre

**De par sa nature même, l'enquête militaire de commandement demandée par le ministre de la Défense au sujet des conditions dans lesquelles Patrick Waïna Amossa, Wenceslas Lavelloi et Alphonse Dianou trouvèrent la mort lors de l'opération *Victor*, ne pouvait à elle-seule satisfaire à l'obligation positive d'enquête posée par l'article 2 de la Convention européenne des Droits de l'Homme. Or, les investigations de nature judiciaire – information judiciaire et instruction – ne remplissaient pas davantage les conditions énumérées par la Cour au long de ses arrêts.**

Cependant, les deux lois d'amnistie de 1988 et 1990 empêchèrent la poursuite des investigations et les compléments d'enquête éventuels. Compte tenu que la Commission européenne des Droits de l'Homme ne déclara pas non conforme le mécanisme de l'amnistie en général, et ces deux lois en particulier puisqu'elle en fut précisément saisie, **il convient, en dépit de critiques formulées à l'encontre de la décision, de conclure à une non violation de l'article 2 de la Convention européenne des Droits de l'Homme concernant l'allégation d'insuffisance d'enquête et de manquement à l'obligation de protéger le droit à la vie par la loi.**

**Cependant, les amnisties n'ont aucune influence sur la violation décidée au sujet du décès d'Alphonse Dianou, dont les circonstances furent établies par l'enquête de commandement militaire.**

# CONCLUSION

Les événements d'Ouvéa présentent le remarquable intérêt d'avoir permis d'embrasser le champ entier d'application de l'article 2 de la Convention européenne des Droits de l'Homme en ce qu'il envisage le recours à la force. En raison du nombre important des victimes (au sens le plus large) et des différents principes employés pour apprécier les faits, il convient de procéder à une synthèse des mécanismes mis en œuvre par la Cour. Les affaires dont celle-ci fut saisie présentent une grande diversité factuelle qu'il est cependant possible de réduire par une typologie sommaire.

En effet, les juridictions de Strasbourg eurent d'une part à connaître d'événements suffisamment établis par des enquêtes (arrêts *McCann* ou *Andronicou*). Dans ces hypothèses, les décisions ne furent acquises qu'à une courte majorité, donnèrent lieu à de nombreuses opinions dissidentes ou partiellement dissidentes de la part des juges et différaient de la Commission à la Cour, ce qui souligne les difficultés d'appréciation, en réalité subjective. Concernant les deux arrêts visés, la Cour put en outre vérifier si le contrôle et la préparation des opérations de vive force répondaient aux exigences de la Convention en ce qu'elles prescrivent de limiter autant que faire se peut le risque mortifère.

Face à un contentieux massif émanant de requérants turcs, d'autre part, qui présentait la particularité de n'offrir à l'appréciation des juges que des faits parcellaires ou quasi-inexistants, la Cour européenne des Droits de l'Homme élabora une jurisprudence originale tendant à constater la violation de l'article 2 de la Convention dès lors que les enquêtes menées suite à un décès – réel ou supposé – n'avaient pu éclaircir les circonstances de l'affaire. Dans ce cas, la violation fut rejetée presque dans tous les cas à l'unanimité concernant les faits, mais constatée, dans une même proportion, sur le fondement de l'obligation positive d'enquête. Cependant, lorsque celle-ci n'avait pu être menée à son terme du fait de la promulgation d'une amnistie, la Commission rejeta la requête en admettant sous certaines conditions la conformité de ce procédé législatif à la Convention.

En outre, lorsque le décès avait eu lieu pendant une période de contrainte, telle une arrestation ou une garde à vue, bref pendant que l'individu se trouvait aux mains de l'État, la Cour imposa à ce dernier, par un renversement de la charge de la preuve, de prouver la conformité de ses actes avec la Convention, cette preuve s'appréciant au-delà de tout doute raisonnable.

Enfin, la Cour semble désormais admettre, mais à d'obscures conditions, la recevabilité d'une requête fondée sur l'article 2 de la Convention dans les hypothèses où le requérant n'aurait pas trouvé la mort. Force est de noter qu'aucun constat de violation n'a jusqu'à présent été prononcé.

## PAR CONSÉQUENT, NOUS CONCLUONS :

- **sur la décision de mener une opération de vive force afin de libérer les otage de la grotte :**

  à la non violation de l'article 2 de la Convention européenne des Droits de l'Homme en ce que l'opération était absolument nécessaire pour assurer la défense des otages contre la violence illégale ;

- **sur la mort de douze indépendantistes ainsi que de l'adjudant Régis Pedrazza et du soldat Yves Véron, tous deux du Onzième Choc,durant la première phase de l'assaut :**

  à la violation de l'article 2 de la Convention européenne des Droits de l'Homme en raison du report de l'opération à une date moins favorable ;

- **sur les blessures du pacha du Commando Hubert Laurent Jayot et de l'un de ses hommes, du gendarme Jean-Marie Grivel et du lieutenant Laurent**

Thimothée, tous deux du GIGN, durant la première phase de l'assaut :

à l'impossibilité de conclure en raison du manque d'éléments à notre disposition ;

- sur la blessure du gendarme Marc Ledrenn, infligée alors qu'il survolait l'entrée de la grotte pour permettre aux forces de l'ordre de se positionner correctement :

une violation de l'article 2 de la Convention pourrait être décidée en raison de l'erreur de positionnement qui aurait évité la blessure mais, compte tenu de la jurisprudence de la Cour en matière, non de décès mais de simples blessures, une non violation de l'article 2 de la Convention européenne des Droits de l'Homme doit être constatée ;

- sur la blessure infligée au gendarme mobile Alberto Addari :

l'absence d'éléments de fait ne permet pas de conclure à une violation de l'article 2 car rien n'indique la négligence des forces de l'ordre à protéger la vie de cet otage ; en outre et pour la même raison que précédemment, une blessure ne saurait à elle seule justifier une violation de l'article 2 de la Convention européenne des Droits de l'Homme ;

- sur la blessure infligée à l'adjudant-chef Jean Coquet durant la seconde phase de l'assaut :

à l'absence de violation de l'article 2 de la Convention européenne des Droits de l'Homme sur un raisonnement identique ;

- **sur le décès de trois ravisseurs durant l'investissement de l'assaut :**

  à l'impossibilité de conclure en raison du manque d'éléments disponibles ;

- **sur l'enquête de commandement militaire et l'instruction judiciaire postérieures aux événement :**

  à l'inadéquation de la première aux exigences de la Convention et à l'insuffisance de la seconde sur le même fondement ; toutefois, cette dernière n'ayant pu être menée à son terme en raison de la promulgation de deux amnisties successives, procédé conforme à la Convention, aucune violation ne peut être constatée de ce chef ; cette conclusion vaut également pour les situations précédemment envisagées ;

- **sur la mort de Patrick Waina Amossa, Samuel Wamo et Wenceslas Lavelloi :**

  à la non-violation de l'article 2 de la Convention européenne des Droits de l'Homme en raison de la promulgation des deux lois d'amnistie des 9 novembre 1988 et 10 janvier 1990 et conformément à la conclusion précédente ;

- **sur la mort d'Alphonse Dianou :**

  à la violation de l'article 2 de la Convention européenne des Droits de l'Homme en raison du doute né de l'enquête de commandement militaire.

# ÉPILOGUE

> « Il y en a qui ont oublié ou qui croient que tout cela est fini et que maintenant, c'est la civilisation – les droits de l'homme, ils appellent ça, dans les journaux – mais moi, je les connais, vos droits de l'homme. C'est des roses. Ça sent bon et c'est tout. »
>
> Romain GARY,
> *Les Cerfs-volants*[1]

Sincère prise de conscience ou opportunisme malsain, les deux semaines du drame d'Ouvéa firent probablement davantage pour la situation politique de la Nouvelle-Calédonie que son plus que siècle d'histoire française. Quelques jours après son installation à l'hôtel Matignon, Michel Rocard s'attela dans l'urgence au rétablissement de la paix civile sur le territoire tandis que la dissolution de l'Assemblée nationale renvoya les députés à la compétition politique[2]. Olivier Stirn succéda à Bernard Pons au ministère des DOM-TOM tandis que François Mitterrand confia le dossier néo-calédonien au gouvernement[3].

Le Premier ministre souhaita mettre immédiatement en place une médiation collective. Yeiwéné Yeiwéné ne réclamait-il pas : « Nous demandons pardon aux familles des gendarmes d'Ouvéa, nous demandons pardon au peuple de France. Mais nous sommes ici chez nous, humiliés par cette politique de Chirac, Pons. Nous sommes traités avec mépris. Nous sommes fatigués de cette intolérance. [...] Nous demandons que le Premier ministre et le Président de la

---

[1] Paris, éd. Gallimard, coll. Folio, 1996, p.166

[2] Entretien avec Judith WAINTRAUB, *Michel Rocard* ; Paris, éd. Flammarion-Histoire, coll. Mémoire vivante, 2001, p. 137

[3] *Ibid.*, p. 140

République désigne un médiateur. Nous ne voulons pas quelqu'un avec nous, nous voulons quelqu'un qui soit neutre. »[1]

Les principaux chefs indépendantistes, Jean-Marie Tjibaou et Yeiwéné Yeiwéné, étaient cependant recherchés par les autorités judiciaires. Impossible, par conséquent, de les faire venir en métropole[2]. C'est la raison pour laquelle le principe d'une médiation réalisée sur place fut finalement retenu. Dès lors, le problème fut celui de la composition de ce qui allait être la *Mission du dialogue*. Aboutissement d'une longue suite de duperies et de trahisons de la parole donnée, la crise réclamait plus que jamais des interlocuteurs aussi neutres et crédibles que possible.

Ainsi partirent pour la Nouvelle-Calédonie, le 15 mai 1988, « trois hauts fonctionnaires et trois éminents représentants de la « société civile » chère aux rocardiens »[3] : le préfet Christian Blanc, chargé de coordonner la *Mission*, Jean-Claude Périer, conseiller d'État, Pierre Steinmetz, fin connaisseur de l'outre-mer, le pasteur Jacques Stewart, président de la Fédération protestante de France, le chanoine Paul Guiberteau et l'ancien grand-maître du Grand Orient de France, Roger Leray. Durant quatre semaines, ces « missionnaires » parcoururent l'ensemble du territoire, écoutèrent, proposèrent, échangèrent...

Jean-Marie Tjibaou fut cependant sceptique quant à la volonté affichée de la France de respecter sa parole sur les futurs accords. Christian Blanc lui demanda alors s'il doutait de la même façon de la parole du peuple français : le principe d'un référendum fut admis par François Mitterrand. Du jeudi 23 au dimanche 26 juin, Jacques Lafleur et Jean-Marie Tjibaou, accompagnés de leurs délégations respectives, se rencontrèrent à l'hôtel Matignon pour élaborer le nouveau statut de la Nouvelle-Calédonie. Les discussions furent complétées le samedi 20 août par la signature de protocoles additionnels, notamment sur le principe du référendum.

Le dimanche 6 novembre, le peuple français adopta à une large majorité, mais dans l'indifférence générale, les accords de Matignon-Oudinot qui prévoyaient, hormis une première amnistie, le gel du corps électoral de Nouvelle-Calédonie en vue

---

[1] Film de Charles BELMONT, *Les médiateurs du Pacifique* ; MK2 production, 1997

[2] Judith WAINTRAUB, *op. cit.*, p. 142

[3] Edwy PLENEL et Alain ROLLAT, *op. cit.*, pp. 190 et s.

d'un référendum, local cette fois, d'autodétermination en 1998. Historique, cet accord le fut probablement ; ambigu, il le fut certainement. Alors même qu'il venait de quitter la table des négociations, Jean-Marie Tjibaou déclara en juin 1988 : « Les loyalistes ont signé l'accord pour que la Nouvelle-Calédonie ne devienne pas indépendante, et nous l'avons signé pour les raisons opposées. C'est le challenge. »[1]

Le report de l'accession à la souveraineté ne fut pas compris par tous les Mélanésiens. Le 4 mai 1989, soit à la fin du deuil kanak respecté à la mémoire des morts d'Ouvéa[2], Jean-Marie Tjibaou et Yeiwéné Yeiwéné tombèrent sous les balles de Djubelly Wéa[3], qui fut immédiatement tué par les gardes du corps des dirigeants kanak. Le fanatisme n'a pas de camp mais prend souvent le masque du bourreau.

Les dix années qui suivirent les accords de Matignon bouleversèrent le paysage néo-calédonien. Les plus grandes responsabilités concédées aux assemblées des provinces provoquèrent l'émergence d'une classe politique mélanésienne, qui débuta son apprentissage de la démocratie tandis que la population d'origine européenne consolidait sa position économiquement dominante[4]. Si bien qu'en 1996 les indépendantistes rompirent les discussions jusqu'à obtenir des garanties suffisantes concernant l'exploitation d'une usine de traitement du nickel, censée leur procurer les subsides nécessaires à leurs prétentions politiques[5]. Toutefois, presque dix ans après l'attaque de la brigade de Fayaoué, les accords de Nouméa furent conclu le 21 avril 1998, qui tendirent à « l'émancipation » et à la reconnaissance de « l'identité kanak » mais reportèrent à la période 2013-2018 « la pleine souveraineté de la Nouvelle-Calédonie ».

L'histoire est en marche depuis l'opération *Victor*, baptisée ainsi en raison du nom de son chef, le général Vidal : dans l'alphabet

---

[1] *Les médiateurs du Pacifique*, film précité

[2] À un jour près : v. l'article du Procureur général Gilles LUCAZEAU, « Le temps en droit pénal, recherche comparative sur l'influence du temps en droit pénal étatique et dans le système coutumier de Nouvelle-Calédonie » ; *Rev. Sc. Crim.*, 3ème trimestre 1990, p. 535

[3] Alban BENSA, *op. cit.*, p. 124

[4] Alban BENSA, *op. cit.*, p. 125

[5] *Ibid.*

des communications internationales, le vocable « victor » désigne la lettre « V ». Victoire ? L'opération fut un succès militaire incontestable mais les deux lois d'amnistie en firent une défaite du droit. Vengeance ? Certains morts d'Ouvéa rappellent ceux d'une Algérie pas si éloignée. Vérité, donc justice, notamment ? La chose jugée est tenue pour vraie[1], mais l'histoire s'en passe fort bien : un pays de tradition libérale peut, une fois la page tournée, reprendre son chemin comme si rien n'était survenu[2].

Le mercredi 22 avril 1998, gendarmes, familles de gendarmes et Kanak assistèrent à une messe commune avant de pratiquer une coutume lors d'une cérémonie de réconciliation, non de pardon[3]. Le Président de la République et ancien Premier ministre Jacques Chirac déclara, le jeudi 24 juillet 2003 lors d'un séjour en Nouvelle-Calédonie : « Nous avons ici à remplir un devoir de mémoire à l'égard de tous ceux qui ont été victimes des événements qui ont frappé cruellement la Nouvelle-Calédonie, la province des Îles et plus particulièrement Ouvéa. (…) Nous ne devons pas oublier ce qui a été, pour tous, une tragédie. Nous devons ensemble nous mobiliser pour ne plus jamais connaître la violence et pour construire un avenir de paix et de développement. »[4]

Amnistie n'est certes pas amnésie. Mais que penser de cette exhortation à un « devoir de mémoire » bien galvaudé depuis que l'expression a fait florès ? Que dire d'un pays qui s'est lui-même amputé d'une partie de sa mémoire historique au risque de laisser le champ entièrement libre à une mémoire civique ou collective bien mal éclairée sur les événements d'Ouvéa ? Le débat judiciaire n'est-il pas un lieu privilégié – un espace vide de la vie publique – pour fixer les responsabilités et donc finalement une part du vécu d'une nation tout entière ? Une société qui refuse le débat

---

[1] Ce qu'exprime l'adage latin : *Res juridicata pro veritate habetur.*

[2] Pour répondre à la question posée par Pierre VIDAL-NAQUET, *La torture dans la République* ; Paris, Les Éditions de minuit, coll. Grands documents, 2000, p. 7

[3] Précisions de M. François Lamboley, président du *Comité du 22 avril* ; v. aussi l'article de Franck MADOEUF, « Gendarmes et Kanaks scellent leur réconciliation à Ouvéa », *Le Monde*, jeudi 23 avril 1998, p. 1

[4] Béatrice GURREY, « Chirac accomplit son « devoir de mémoire » envers les victimes d'Ouvéa » ; *Le Monde*, vendredi 25 juillet 2003, p. 6

judiciaire ne se condamne-t-elle pas à revivre l'histoire faute d'en pouvoir tirer les leçons institutionnelles et individuelles ?

N'ayons pas peur de regarder le droit en face : il est fait pour cela.

# POSTFACE

## SITUATION COLONIALE vs AUTORITÉ ETHNOGRAPHIQUE : JEAN GUIART ET LES ÉVÉNEMENTS D'OUVÉA

> « Répondre, n'était-ce pas accréditer l'idée qu'il y avait effectivement débat, et donner de la publicité à un homme qui en est passionnément avide ?... Répondre comment, puisque la discussion est impossible ? En procédant comme on fait avec un sophiste, c'est-à-dire avec un homme qui ressemble à celui qui dit le vrai, et dont il faut démonter pièce à pièce les arguments pour en démasquer le faux-semblant. »
>
> Pierre Vidal-Naquet
> 1987.

*Le texte qui suit, coécrit avec Alban Bensa (à la demande de plusieurs personnalités kanak et universitaires australiens) est inédit en français. Il est paru en anglais*[1] *dans une revue –* The Journal of Pacific History *– publiée par l'université de Canberra en Australie. Il constituait une mise au point au sujet d'un article*[2] *paru dans la même revue et qui présentait une réinterprétation fantaisiste des événements d'Ouvéa, de l'assaut de la grotte le 5 mai 1988 à l'assassinat, un an plus tard, de Jean-Marie Tjibaou et*

[1] Et sous le titre : « Jean Guiart and New Caledonia : a drama of misrepresentation », *The Journal of Pacific History* 33(2) 1998 : 221-224.

[2] Jean Guiart, 1997, « A Drama of Ambiguity : Ouvea 1988-1989 », *The Journal of Pacific History* 32(1) : 85-102.

*Yeiwéné Yeiwéné, lors de la levée de deuil des 19 militants morts un an plus tôt. L'auteur de cet article, Jean Guiart, est un ethnologue bien connu des spécialistes de l'Océanie. Introduit par le pasteur Maurice Leenhardt en Nouvelle-Calédonie juste après la guerre, il en deviendra rapidement l'ethnologue officiel, et occupera par la suite une position dominante dans le champ de l'ethnologie française : ancien directeur d'études à l'École pratique des hautes études, il fut également directeur du Musée de l'Homme. Il a longuement parcouru la Nouvelle-Calédonie (Grande Terre et Îles Loyauté) et les Nouvelles-Hébrides (Tanna, Malekula, Ambrym, Santo, Îles Shepherd), deux archipels à propos desquels il a multiplié les comptes-rendus monographiques, à un rythme qui laisse songeurs les autres spécialistes de ces sociétés quant à leur véritable contenu scientifique. Si Jean Guiart s'afficha ouvertement en faveur de l'indépendance au moment des événements (sa maison à Nouméa fut d'ailleurs incendiée par des « loyalistes » à cette époque), il travailla aussi longtemps en étroite collaboration avec l'administration coloniale française, et ce aussi bien en Nouvelle-Calédonie (mise en œuvre de l'état civil des Kanak) qu'aux Nouvelles-Hébrides (pacification et désarmement des Big Nambas à Malekula et de divers autres groupes païens dans les années 1950).*

*Il ne s'agit pas ici de dénoncer les liens qui ont pu exister entre les anthropologues et les administrations coloniales. Ce n'est pas non plus le travail ethnologique de Jean Guiart qui nous intéresse ici, mais cet article qui proposait une relecture complète des événements d'Ouvéa et mettait gravement en cause plusieurs dirigeants et militants kanak, tous morts à cet endroit. Ce qui était alors apparu au monde entier comme le dernier soubresaut d'un empire colonial n'était en fait, à en croire cet article, qu'une poursuite des guerres tribales qui occupaient les Kanak avant l'arrivée des Européens. Les personnes en question n'étaient plus en mesure de répondre à ces accusations parues dans une respectable revue australienne. Le but de ce texte était donc de rappeler les faits et de les replacer dans le contexte colonial de l'époque, complètement occulté par l'auteur au profit d'une analyse essentialiste qui préfère privilégier* « la manière dont les événements ont suivi des chemins traditionnels bien balisés ».

L'article de Jean Guiart sur les événements d'Ouvéa[1] ne peut en aucun cas être considéré, bien que la rédaction du *Journal of Pacific History* l'affirme dans une note liminaire, comme « une interprétation parmi d'autres possibles »[2] des événements dramatiques d'Ouvéa. En récusant unilatéralement la version des faits jusqu'alors retenue, pour privilégier « la manière dont les événements ont suivi des chemins traditionnels bien balisés », l'auteur prétend apporter des réponses au comment et au pourquoi des deux drames d'Ouvéa. Mais ce faisant il ne fait qu'accroître la confusion dans l'esprit des observateurs de la Nouvelle-Calédonie, pour qui ces événements sont avant tout la conséquence d'une politique coloniale désastreuse.

Il ne suffit pas de mettre en avant sa « légitimité » familiale et professionnelle a parler de la Nouvelle-Calédonie pour disqualifier toute tentative d'explication journalistique ou historique. Dans le cas présent, la familiarité de l'auteur avec son objet cache plus de faits qu'elle n'en révèle. En effet, l'argumentation est fondée sur une relation tronquée des faits et sur une malveillance systématique a l'égard de ceux qui en furent les principaux acteurs. De la profusion d'allusions et de sous-entendus qui émaillent l'article se dégage un étrange climat de règlement de comptes, *« hidden agenda »* (stratégie déguisée) que Jean Guiart se garde bien d'évoquer. Et, parce qu'ils concernent les Kanak de Nouvelle-Calédonie, ces drames ne pourraient être analysés qu'en s'appuyant sur un discours culturaliste et ethnologisant. Ainsi, l'auteur ne prend à aucun moment la peine de resituer l'attaque de la gendarmerie de Fayaoué à Ouvéa (le 22 avril 1988) et les conséquences qui en découlèrent dans l'enchaînement de situations dont ces tragiques événements sont le résultat. L'action désespérée des militants d'Ouvéa survient au terme de deux années de répression brutale engagée par le gouvernement Chirac, revenu au pouvoir en mars 1986. Deux années de

[1] « A Drama of Ambiguity : Ouvéa 1988-1989 », *Journal of Pacific History*, 1997, vol. 32 : 85-102.

[2] *« Le récit suivant, écrit par un grand anthropologue français résidant depuis longtemps en Nouvelle-Calédonie, est inspiré par sa familiarité avec cette société de par son mariage et ses liens personnels, qui fournissent ici l'information et modèlent l'interprétation, assez personnelle. Les éditeurs sont conscients qu'il peut y avoir de nombreuses autres interprétations, tout aussi engagées et passionnées, de ces événements tragiques et obscurs. »*

politique revancharde, sous la houlette du Ministre des DOM-TOM Bernard Pons (dont le nom n'est jamais cité dans l'article) au cours desquelles le FLNKS vit s'effondrer les espoirs que des années de lutte pour l'indépendance avaient pu faire naître.

### 1986-88 : la confrontation

Malgré une période d'ouverture et de timides réformes suite à l'élection de François Mitterrand en 1981, les tensions se sont avivées sur le territoire entre Kanak et « loyalistes » à partir de 1984. Devant la radicalisation du mouvement indépendantiste, l'électorat centriste de la FNSC (qui dirige alors le gouvernement territorial avec les indépendantistes) glisse rapidement vers le RPCR et le tout nouveau Front national calédonien. Les indépendantistes vont donc fatalement perdre le pouvoir aux élections du 18 novembre 1984. S'élevant contre l'injustice d'un système démocratique qui les a rendus minoritaires dans leur propre pays, les leaders kanak décident le « boycott actif » des élections, qui se traduiront par un basculement du pays dans une quasi-guerre civile. Le Front indépendantiste devient FLNKS et proclame le « gouvernement provisoire de Kanaky ». C'est dans cette période de tension extrême que dix Kanak (dont deux frères de Tjibaou) furent tués par des colons enragés à Hienghène, et qu'Éloi Machoro (alors n°2 de l'Union calédonienne), qui avait spectaculairement brisé une urne à coups de hache devant des photographes du monde entier, trouvera la mort.

Au terme de cette première période de confrontation, le FLNKS avait signé avec le gouvernement socialiste d'alors le plan dit « Fabius-Pisani » en 1985, et conquis démocratiquement trois des quatre « régions » prévues par ce nouveau découpage territorial. On parlait alors d'une imminente « Indépendance-association » avec la France. Mais cette victoire politique devait être de courte durée, puisque dès sa nomination au poste de Premier ministre, en mars 1986, Jacques Chirac allait donner raison au RPCR et aux notables loyalistes de Nouméa qui réclamaient une mise hors-la-loi du FLNKS et la restauration de

« l'ordre républicain ». La suspension du budget des régions, l'annonce d'un nouveau plan pour la Nouvelle-Calédonie et la mise hors-jeu du FLNKS, passé subitement du rôle d'interlocuteur privilégié du gouvernement à celui de « groupuscule terroriste », allaient de nouveau entraîner la Nouvelle-Calédonie dans la tourmente politique.

Pour montrer sa résolution, le gouvernement Chirac entama alors une politique de militarisation à outrance du Territoire, selon le principe de la « nomadisation » resté tristement célèbre depuis la Guerre d'Algérie : un quadrillage systématique de la brousse avec une présence permanente de militaires dans les villages. Des blindés légers venaient renforcer ce dispositif, qui comprit jusqu'à 12000 hommes en armes, censés museler une population kanak de 75000 personnes. Ce harcèlement physique s'accompagnait d'un dénigrement systématique de leur légitimité à revendiquer leur droit à l'autodétermination : d'abord la menace d'interdiction du FLNKS, puis la négation de leur existence en tant que peuple, que devait concrétiser la suppression du statut de droit particulier.[1] Ce statut garantissait aux Kanak leur spécificité au sein du dispositif constitutionnel français, en leur reconnaissant notamment le statut d'autochtones, et en donnant aux réserves foncières un statut de propriété inaliénable. Pour clore le tableau, la Cour d'assises de Nouvelle-Calédonie acquitta, en octobre 1987, les responsables de l'assassinat de dix Kanak en décembre 1984 à Hienghène.

L'affaire d'Ouvéa survient donc à un moment où les indépendantistes se sentent abandonnés, acculés à une violence dont ils n'ont pourtant jamais voulu faire véritablement usage. Les coups d'éclat d'Éloi Machoro, qui lui valurent son exécution par des tireurs d'élite du GIGN en 1985, visaient avant tout à créer un sentiment de panique parmi les colons de l'intérieur pour précipiter leur départ. C'est essentiellement par des actions bruyantes et visibles, mais avant tout symboliques (barrages, manifestations, conférences de presse) que les Kanak ont réussi à attirer l'attention sur leur lutte. Au plus fort de la

---

[1] Etienne Balibar (1997 : 296) rapporte cette phrase de Jacques Chirac (1986) : « Le peuple kanak n'existe pas. C'est une mosaïque d'ethnies », qu'il est bon de confronter à celle de Tjibaou qui disait : « C'est une notion née de la lutte contre la colonisation, née de l'adversité. » (1996: 121).

répression orchestrée par Bernard Pons, le FLNKS avait même choisi la voie de la non-violence pour tenter de s'opposer à la suppression de toutes les avancées politiques qu'il avait pu obtenir (Tjibaou 1996 : 227-28). Les images montrant la violence avec laquelle les gendarmes mobiles français dispersèrent les manifestants rassemblés pour un sit-in pacifique à Nouméa en septembre 1987 ont fait le tour du monde.[1] Une ultime provocation allait sceller la détermination des indépendantistes : après avoir pris soin de redécouper la carte électorale de la Nouvelle-Calédonie, que les socialistes avaient rendue par trop favorable aux Kanak, le gouvernement prenait la décision de faire coïncider les élections régionales en Nouvelle-Calédonie avec l'élection présidentielle, montrant ainsi sa volonté d'arrimer le destin du Territoire à celui de la métropole. Voila le contexte qui a précédé l'affaire d'Ouvéa proprement dite. Il est donc inacceptable et encore moins crédible de rapporter cette action politique – aussi désespérée et maladroite ait-elle été – à des mobiles extra-politiques improbables, invérifiables et infondés.

## Une guerre traditionnelle ?

Jean Guiart, qui fréquente et commente la Nouvelle-Calédonie depuis un demi-siècle, a donc préféré attendre une dizaine d'années avant de nous le révéler : les deux drames d'Ouvéa n'ont en fait absolument rien a voir avec la situation coloniale qui perdure en Nouvelle-Calédonie depuis 150 ans :

« On dirait que cette tragédie a été importée de l'extérieur sur une petite île endormie, mais elle contient les ingrédients de tragédies locales anciennes et a suivi sans dévier les règles, qu'on croyait depuis longtemps éteintes, d'une culture locale perçue par beaucoup comme hétérogène, à la jonction entre Mélanésie et Polynésie. » (Guiart 1997 : 86)

Cependant, ajoute-t-il ensuite très sérieusement, « cette distinction classique n'a apparemment joué aucun rôle ». À propos de ces « règles », il explique aussi en note : « les règles présidant les

[1] Cf. Le film d'André Waksmann, *L'espoir en noir et blanc* (1989).

guerres traditionnelles font que certains hommes peuvent être tués, mais qu'on ne cherchera pas à exterminer l'ennemi (...) Les guerriers d'Ouvéa ne pouvaient pas penser en d'autres termes » (1997 : 86, note 2). Les réponses, si réponses il y a aux questions soulevées par les événements d'Ouvéa, ne viendraient donc pas de l'histoire mais uniquement du discours anthropologique, avec forces métaphores, analogies et sous-entendus. Jean Guiart disqualifie par conséquent l'enquête menée à l'époque par deux journalistes du *Monde*, Edwy Plenel et Alain Rollat (1988). Les faits qu'ils rapportent dans leur livre *Mourir à Ouvéa* – « qui est mort, quand et où ? » – sont exacts dit-il, mais « leur analyse est incomplète, principalement parce qu'ils n'ont rencontré que des témoins évidents, dont l'intérêt personnel était de cacher autant de choses que possible ».

Selon une « méthode » dont l'un d'entre nous a déjà eu l'occasion de dénoncer l'incohérence et la mauvaise foi (Bensa & Rivierre 1984), il rapporte les événements à des mobiles psychologiques, ethnopsychiatriques, (im)moraux... Son propos suinte le culturalisme : tous les portraits qu'il dresse sont orientés autour de l'idée qu'en bons Mélanésiens, Jean-Marie Tjibaou, Alphonse Dianou et Djubelly Wéa agissent avant tout pour accroître leur *mana*[1] (1997 : 93) et devenir des *big men* (1997 : 89). Peu importe semble-t-il pour lui bien que ces deux notions chères à l'ethnologie de l'Océanie ne soient guère associées aux sociétés kanak. Alphonse Dianou, qui fut l'un des meneurs de l'attaque de la gendarmerie de Fayaoué, est décrit par Guiart comme un être « amer, prêt à tout pour reconstruire son image » (1997 : 89), après avoir échoué à devenir prêtre à cause, laisse-t-il encore entendre, de la faiblesse de ses résultats. Prêtre manqué qui se rêve en nouvel Éloi Machoro et entraîne à sa suite des jeunes « à la recherche d'action concrète » (1997 : 89), Alphonse Dianou ? Peut-être, mais n'était-il pas aussi, avec Wenceslas Lavelloi (l'autre meneur de l'attaque, tué après sa reddition), parmi les organisateurs des manifestations pacifiques de 1987 à Nouméa (sit-in, grève de la faim) ? Ce que nous voudrions savoir, c'est justement pourquoi et comment ces jeunes de l'Union

---

[1] « Pouvoir d'influence » s'attachant aux personnes et aux choses, véhiculé par les esprits (Codrington, 1891) [Note de C. Michalski]

calédonienne, connus et respectés, ont franchi le pas qui les a conduits à commettre l'irréparable. N'est-ce pas, là encore, dans le contexte particulier de la période qu'il faut avant tout chercher des réponses ?

Le meurtrier de Jean-Marie Tjibaou et Yeiwéné Yeiwéné, Djubelly Wéa, subit un traitement à peu près analogue : formé au *Pacific Theological College* de Suva (Fidji), il aurait renoncé à devenir pasteur pour ne pas avoir à quitter Ouvéa. D'où, nous dit Guiart, son « retour à la maison et son besoin de recouvrer son prestige par d'autres moyens »[1] (1997 : 89). Voilà qui nous éclaire sur les stratégies à l'œuvre dans la pratique politique kanak traditionnelle : si la religion n'apporte pas la gloire voulue, le meurtre d'un ou deux « *big men* » fera l'affaire. Là encore, on aimerait en savoir plus sur les véritables raisons qui ont pu pousser Djubelly à prendre la décision d'éliminer physiquement les deux principaux leaders du mouvement indépendantiste, dut-il y laisser sa propre vie. *« The need to recover prestige by other means » ?* Evoluant par conséquent dans le même registre, Djubelly Wéa et Alphonse Dianou sont des « rivaux » dans leur lutte pour le prestige. Rivaux qu'opposeraient également, selon Guiart, une appartenance confessionnelle différente ; montant en épingle l'opposition entre catholiques et protestants, à des fins que nul autre que lui ne peut soupçonner, il use d'arguments des plus spécieux pour le démontrer : ainsi, il évoque Léopold Joreidié, n°3 du FLNKS et catholique, livrant au hasard aux journalistes le nom de Gossanah, pour jeter le discrédit sur un village protestant (1997 : 94). Peu importe que la subtilité de cette allusion sibylline ne puisse qu'échapper aux journalistes envoyés de Paris : on sait déjà à ce moment qu'Alphonse Dianou et Wenceslas Lavelloi sont les deux meneurs de l'attaque, mais tout le monde ignore que l'allusion de Jorédié prend tout son sens si l'on sait que Dianou et Lavelloi sont des catholiques…

Jean Guiart réserve enfin ses pires attaques à Jean-Marie Tjibaou. Il lui reproche de vouloir tout à la fois séduire les Blancs et dominer une société kanak dont il ne serait pourtant plus tout à fait un membre. Il penserait et agirait avant tout « comme le prêtre mariste qu'il est toujours resté », et il convient pour Guiart de

[1] *« …the need to recover prestige by other means ».*

répéter trois fois dans son article que Tjibaou « ne porte pas le nom dynastique Ty » au contraire de son père et de son frère aîné (1997 : 97-98). Ce qui motiverait l'action politique de Tjibaou ? La reconnaissance « dans le monde des Blancs », « dans les cercles d'intellectuels de gauche à Paris » et surtout auprès des « véritables puissants » (1997 : 98). Force est de constater qu'il y réussit plutôt bien : reçu à l'Elysée par un Mitterrand qui dit de lui qu'il est « un homme avec lequel les mots vont plus loin que les mots », s'entretenant avec Marguerite Duras ou avec la rédaction des *Temps Modernes*, rencontrant les grands de ce monde et pressenti pour le prix Nobel de la Paix, Tjibaou, « homme de la décennie 1980 » pour le *Pacific Islands Monthly*, n'a pas véritablement eu besoin de la « bienveillance des conseillers de Michel Rocard » pour entrer dans l'histoire.

A lire le portrait qu'en fait Jean Guiart, on se demande pourtant comment Tjibaou a pu réunir les conditions d'un tel succès. Sa maîtrise du français « ne dépassa jamais un certain niveau » et il avait la manie de ne pas finir ses phrases, « ce qui devint étrangement chez lui une manière de s'exprimer » (1997 : 98). C'est cela, d'après l'auteur, qui lui donnait l'air d'être toujours circonspect et réfléchi. La publication des dits et écrits de Jean-Marie Tjibaou (1996) apporte de nombreux éclaircissements sur la personnalité, la pensée et l'action du leader kanak. Et si « ses articles devaient être sérieusement réécrits avant d'être publiés » (*« heavily edited »*) selon Guiart (1997 : 98), les 300 pages de l'ouvrage de Tjibaou paru en 1996 montrent mieux que de nombreux commentaires la complexité et la richesse de sa pensée. Il est d'ailleurs intéressant de noter que pas une fois Jean Guiart ne fait ne serait-ce qu'allusion aux écrits ou aux propos de Jean-Marie Tjibaou (dont la plupart lui était déjà connue bien avant la publication de l'ouvrage). Jean Guiart s'emploie pourtant à critiquer d'une manière systématique et avec une obsession du détail tous les auteurs qui écrivent sur la Nouvelle-Calédonie[1]. Il semble adopter une attitude différente lorsqu'il s'agit d'un auteur Kanak. Ceux-ci sont-ils condamnés à rester prisonniers d'une ethnologie coloniale qui ne retient d'eux que ce qui a trait à

[1] Dans de longs comptes-rendus naguère publiés par le *Journal de la Société des Océanistes* et désormais dans des ouvrages publiés par sa propre maison d'édition, à Nouméa.

la coutume et à l'oralité ? Ce qui se joue là n'est-il pas avant tout un nouvel exemple de conflit d'autorité entre indigènes et occidentaux ?

On ne sait trop si l'indignation que suscite chez Jean Guiart le « culte officiel » de la mémoire de Tjibaou en Nouvelle-Calédonie (et qui reste d'ailleurs à démontrer) vient du fait que Michel Rocard l'aurait instauré « avec l'idée de le substituer à l'idéologie indépendantiste » (1997 : 97) ou d'une sourde rancœur à l'égard du leader assassiné. Est-il besoin de rappeler le rôle central joué par Tjibaou dans la lutte pour l'indépendance ? A ceux qui, comme Guiart, sembleraient trouver heureux que Djubelly Wéa accède à un statut de héros, on pourrait rappeler que cet homme ne doit sa gloire relative, hélas ! qu'à Tjibaou. Jean Guiart ne reconnaît-il pas lui-même que l'ambition politique de Djubelly Wéa était « *political daydreaming* », à cause de son incapacité à rassembler au-delà de ses proches parents (1997 : 101) ?

Plutôt que d'expliquer les véritables causes des drames d'Ouvéa, l'objectif de cet article est de porter atteinte à quelques adversaires choisis : les catholiques, les leaders actuels, ces doux rêveurs que furent Djubelly Wéa et Alphonse Dianou, et bien sûr Jean-Marie Tjibaou. Pour cela, il n'hésite pas à accréditer les rumeurs les plus infondées. Jean Guiart a une conception de l'histoire assez différente de celle qu'on attend d'une revue académique respectée. Privilégiant une conception téléologique de l'histoire, il insiste sur l'inéluctabilité des événements d'Ouvéa, dans un style que l'on aimerait réservé à un certain journalisme à sensations : malheur à Tjibaou et Yeiwéné qui n'ont pas su comprendre que « leur destin était écrit depuis longtemps ». Il cherche ainsi à faire accréditer la thèse selon laquelle l'assassinat de ces deux leaders n'est que la conséquence logique des événements d'Ouvéa ; agrémentant sa démonstration de métaphores ethnologiques et d'analogies hasardeuses (en parlant de *« payback »* à propos de l'assassinat, ou à propos de l'attaque de la gendarmerie des « guerriers d'Ouvéa qui ne pouvaient pas penser en d'autres termes que ceux qui gouvernent la guerre traditionnelle ».[1] Pour Guiart, on l'a vu, c'est la détermination de

---

[1] « *Ouvea warriors [who] could not think in other terms than those of the rules governing traditional war* », (p. 86)

Dianou et Wéa, motivée par la frustration de leur ambition de grandeur, qui explique leurs actes désespérés. Foin donc du contexte, pour mieux privilégier ces facteurs psycho-ethnologiques. Comme il l'avait déjà fait voilà trente ans à propos d'Apollinaire Anova Ataba, Jean Guiart décrit les leaders kanak en question comme des individus clairement *border line*, déphasés, avides de gloire et bien peu respectés par les leurs.

Malgré l'unique familiarité dont l'auteur se targue de jouir avec son objet d'étude, l'article ne fait pas place aux sentiments. Moins cependant par souci de rigueur scientifique que par une volonté affirmée de ramener les individus en question à leur juste rang, celui d'ambitieux aux petits pieds qui n'ont jamais subi que les conséquences logiques de leurs actes. Jamais il ne relève l'aspect tragique et regrettable de cette succession d'événements ; et, devant la façon dont il décrit le geste de Djubelly Wéa, on ne peut que conclure qu'il s'accorde avec ce dernier sur le fait que cette voie était la seule possible : Djubelly, acculé (*« pushed into a corner »*, 1997 : 101) par Tjibaou et Yeiwéné, n'aurait donc pas eu d'autre choix que de mettre ses menaces à exécution. Issue tragique qui d'après lui aurait été approuvée, voire souhaitée par toute la population d'Ouvéa qui n'aurait d'ailleurs pas cherché à la contrarier (1997 : 101), et même par les pouvoirs publics : l'article ne laisse-t-il pas sous-entendre que le Haut-Commissaire était forcément au courant des dangers encourus par les deux leaders ? Ce qui lui permet de conclure que l'État français, comme les Kanak, avaient choisi d'abandonner Tjibaou et Yeiwéné « à leur destin » (1997 : 100).

Cet argumentaire ethnologisant révèle en fait un refus viscéral des Accords de Matignon. Si des débats sont ouverts pour savoir si oui ou non Tjibaou n'avait « pas le choix » comme il le prétend, en revanche il faut bien reconnaître que les Kanak ont voté massivement pour ce nouveau statut, tant parce qu'il permettait de ramener la paix sur le Territoire (n'en déplaise aux nostalgiques des guérillas anti-coloniales), que parce qu'ils ont voulu suivre leurs leaders dans ce qui était un « pari sur la raison ». En insinuant que la signature des Accords reposait sur des considérations financières et non politiques, Guiart ne fait pas que porter atteinte à l'honneur des leaders indépendantistes passés et présents : il discrédite le peuple kanak tout entier, incapable de se choisir de bons chefs. Si Jean Guiart avait lu *La présence kanak*, il aurait pu y lire que Tjibaou, dès janvier 1989, ne se privait pas de critiquer durement les Accords de Matignon et de menacer d'y mettre fin, car il savait que ce statut n'était pas une solution définitive.

Après l'acquittement, en octobre 1987, des auteurs du massacre de Hienghène (au nom de la légitime défense), Tjibaou avait prononcé, a l'audience, ces mots fameux à l'adresse de la communauté blanche de Nouvelle-Calédonie : « Avons-nous encore quelque chose à nous dire ? ». Satisfaits de l'issue de ce procès, les « loyalistes » défilèrent alors dans les rues de Nouméa en klaxonnant et, comme lors de la mort de Machoro, sabrèrent le champagne. Pourtant, on se souvient que ces mêmes loyalistes – relayés en cela par une partie de la presse française – tentaient au même moment de minimiser la portée politique de la tuerie de Hienghène en l'assimilant à un règlement de comptes entre Kanak, arguant du fait que certains des assassins étaient métis. C'est à un constat analogue que Jean Guiart veut nous amener dans son article *« A Drama of Ambiguity : Ouvea 1988-1989 »*. Sombre histoire de trahison et de vengeance « entre Kanaks », à laquelle ni les historiens ni les journalistes ne peuvent donc apporter aucun éclaircissement. Il est pour le moins décourageant que Jean Guiart ait réussi à publier un article aussi affligeant dans une revue universitaire respectée et censée rendre compte de l'histoire du Pacifique. Une histoire souvent douloureuse, vive et « passionnée », mais dont on croyait au moins savoir une chose : qu'il s'agissait d'une histoire *coloniale*.

ALBAN BENSA
*Anthropologue, Directeur d'études, Genèse et Transformation des Mondes Sociaux UMR 8128 CNRS – École des hautes études en sciences sociales de Paris*

ÉRIC WITTERSHEIM
*Anthropologue, Chercheur associé G.T.M.S.,*
*membre du comité de rédaction du journal* Le Banian

ANNEXE 1

# CHRONOLOGIE

## 1985

- ***Samedi 12 janvier***

Décès d'Éloi Machoro lors d'une opération menée par le GIGN

## 1987

- ***Jeudi 29 octobre***

Acquittement par la Cour d'assises de Nouvelle-Calédonie des sept accusés dans l'affaire de l'embuscade de Hienghène (5 décembre 1984)

## 1988

- ***Mardi 26 janvier***

Bernard Pons, ministre des DOM-TOM, décide de faire coïncider les élections régionales et le premier tour de l'élection présidentielle, le 24 avril.

- ***Lundi 22 février***

Neuf gendarmes sont pris en otages à Poindimié et libérés après une nuit de détention.

- ***Samedi 16 avril***

Congrès du FLNKS à Nouméa : recommandation est faite aux militants de perturber le déroulement des élections présidentielle et territoriales.

- ***Jeudi 21 avril***

Réunions de préparation dans les tribus de Wadrilla et Mouly

▪ ***Vendredi 22 avril***

- *7 h 30*

Rassemblement des assaillants près de la brigade de gendarmerie territoriale de Fayaoué

- *7 h 50*

Attaque de la brigade

- *Après-midi*

Signature de deux réquisitions de la force armée par le Haut-commissaire

▪ ***Samedi 23 avril***

Le commandement de l'opération Victor est confié au général Vidal.

▪ ***Dimanche 24 avril***

- Premier tour des élections territoriales et présidentielle : François Mitterrand devance Jacques Chirac.
- Arrivée du GIGN à Ouvéa

▪ ***Lundi 25 avril***

- Libération du groupe d'otages emmené au sud
- Arrivée de Bernard Pons en Nouvelle-Calédonie
- Débuts des interrogatoires dans la tribu de Gossanah
- Regroupement des otages dans la grotte de Gossanah

▪ ***Mardi 26 avril***

Localisation de la grotte par le lieutenant Destremau, aidé par le pisteur Antonin, tous deux pris en otages.

▪ ***Mercredi 27 avril***

- Le capitaine Philippe Legorjus, le substitut Jean Bianconi et six hommes du GIGN sont pris en otages lors d'une tentative de négociation. Le capitaine Legorjus est libéré le soir même.
- À Nouméa, ouverture d'une information judiciaire contre les preneurs d'otages

▪ ***Jeudi 28 avril***

- Repli de l'armée de Gossanah vers Saint-Joseph

- Début d'une médiation par l'intermédiaire de Franck Wahuzue

▪ ***Lundi 2 mai***
Échec de la médiation de l'évêque de Nouméa, Mgr Calvet, et refus de la proposition d'échange de trois députés RPCR

▪ ***Mardi 3 mai***
- Le substitut Bianconi fait passer au capitaine Picon et au maréchal des logis-chef Dubois deux armes et la clé de leurs menottes.
- Échange de lettres entre Bernard Pons et le général Vidal sur les modalités de l'opération et les pertes prévisibles. Le Président de la République et le Premier ministre donnent leur accord au déroulement de l'opération.

▪ ***Mercredi 4 mai***
Marcel Carton, Marcel Fontaine et Jean-Paul Kauffmann, les trois otages français du Liban, sont libérés dans la soirée.

▪ ***Jeudi 5 mai***
*- 6h 30*
Début de la première phase de l'assaut pour conquérir le cratère
*- 7 h 15*
Fin de la première phase de l'assaut ; le capitaine Legorjus tente une ultime négociation avec le FLNKS.
*- 12 h 30*
Début de la seconde phase de l'assaut : la grotte est investie par les forces de l'ordre.
*- 13 h 00*
Fin de la seconde phase de l'assaut

▪ ***Dimanche 8 mai***
Réélection de François Mitterrand à la présidence de la République face à Jacques Chirac

▪ ***Dimanche 15 mai***
Mise en place de la Mission du dialogue

▪ ***Jeudi 19 mai***
Ouverture d'une enquête de commandement sur ordre du ministre de la Défense, Jean-Pierre Chevénement

▪ ***Lundi 30 mai***
Jean-Pierre Chevénement reçoit les conclusions de l'enquête de commandement et déclare que « des actes contraires au devoir militaire ont malheureusement été commis ».

▪ ***Mardi 1er juin***
- Le ministre de la Justice, Pierre Arpaillange, décide l'ouverture d'une information judiciaire pour homicides volontaires, coups et blessures volontaires et non-assistance à personne en danger.
- Jonction des procédures au profit du Tribunal de grande instance de Paris

▪ ***Samedi 11 juin***
À Nouméa, autopsie des corps de Patrick Waina Amossa, Alphonse Dianou et Wenceslas Lavelloi

▪ ***Mercredi 15 juin***
La Mission du dialogue remet ses conclusions à Michel Rocard. Jacques Lafleur et Jean-Marie Tjibaou sont reçus à Matignon.

▪ ***Dimanche 26 juin***
Signature des accords de Matignon

▪ ***Samedi 20 août***
Conclusion des discussions complémentaires aux accords de Matignon

▪ ***Dimanche 6 novembre***
Adoption par un référendum national des accords de Matignon sur l'avenir de la Nouvelle-Calédonie

▪ ***Mercredi 9 novembre***
Entrée en vigueur de la loi n° 88-1028 portant dispositions statutaires et préparatoires à l'autodétermination de la

Nouvelle-Calédonie en 1998, qui portait une large amnistie à l'exception des crimes d'assassinat.

## 1989

▪ ***Jeudi 4 mai***
Djubelly Wéa assassine Jean-Marie Tjibaou et Yeiwéné Yeiwéné.

## 1990

▪ ***Mercredi 10 janvier***
Entrée en vigueur de la loi n° 90-33 portant amnistie d'infractions commises à l'occasion d'évènements survenus en Nouvelle-Calédonie, incluant les crimes d'assassinat.

## ANNEXE 2

# PHOTOGRAPHIES DE LA GROTTE

Ces deux clichés, le premier représentant un militaire à l'entrée de la grotte de Gossanah, le second illustrant le relief intérieur du lieu de détention, soulignent la difficulté de l'opération de vive force en raison, d'une part de l'abondante végétation, qui a empêché la localisation rapide des otages, et, d'autre part, du terrain accidenté.

Source : Établissement de communication et de production audiovisuelle de la défense (ECPA-D), cliché n° 1 988 256 32 13, © ECPAD/France/DICOD

Source : Établissement de communication et de production audiovisuelle de la défense (ECPA-D), cliché n° 1 988 256 30 19, © ECPAD/France/DICOD

## ANNEXE 3

# LES RÉQUISITIONS DE LA FORCE ARMÉE

Les deux documents qui suivent marquent le tournant de l'affaire d'Ouvéa puisqu'ils conférèrent le commandement de l'opération *Victor* aux forces armées de troisième catégorie. Ces deux réquisitions, particulière et complémentaire spéciale, furent signées quelques heures après l'attaque de la brigade de Fayaoué par le haut-commissaire de la République en Nouvelle-Calédonie, Clément Bouhin.

HAUT-COMMISSARIAT
DE LA REPUBLIQUE EN
NOUVELLE CALEDONIE

"REPUBLIQUE FRANCAISE"

**- R E Q U I S I T I O N   P A R T I C U L I E R E -**

AU NOM DU PEUPLE FRANCAIS,

NOUS, (1) . . . Clément ROUHIN Délégué du Gouvernement, Haut-Commissaire de la République en N.C. . . . .

REQUERONS, en vertu de la Loi,

Monsieur le Général V.I.D.A.L . . . . . . . . . . . . . . . . . . . . . . . . . . . . .

Commandant Supérieur des Forces Armées en Nouvelle-Calédonie et Dépendances . . . . . . . . . .

de prêter le secours des troupes nécessaires pour (2) (3) contribuer sur l'île d'OUVEA au maintien de l'Ordre public, à la libération des personnels détenus illégalement et à l'arrestation des fauteurs de trouble. l'emploi de la force pour l'exécution de la présente réquisition ne comporte pas l'usage des armes. .

. . . . . . . . . . . . . . . . . . . . . . . . . . . . . . . . . . . . . . . . . . . .

et pour garantie dudit Commandant, nous apposons notre signature.

FAIT A NOUMEA, le 22 Avril 1988
(signature)

NLLE-CALEDONIE & DEPENDANCES
Haut-Commissaire

Clément ROUHIN

INDICATIONS COMPLEMENTAIRES AU VERSO.-

(1) Indiquer le nom et la qualité de l'autorité requérante.
(2) Indiquer de façon claire et précise l'objet de la réquisition et l'étendue de la zone dans laquelle elle doit être assurée. Si la réquisition est prise sous le signe de l'urgence, mention explicite doit en être faite ici.
(3) Quand la réquisition a pour objet la dispersion d'un attroupement par l'emploi de la force, la mention ci-dessous doit obligatoirement être portée dans le texte de la réquisition.
l'emploi de la force pour l'exécution de la présente réquisition ne comporte pas l'usage des armes.

HAUT-COMMISSARIAT
DE LA REPUBLIQUE

## REQUISITION COMPLEMENTAIRE SPECIALE

AU NOM DU PEUPLE FRANCAIS

NOUS, (1) Clément BOUHIN Délégué du Gouvernement, Haut-Commissaire de la République en N.C.

requérons en vertu de la loi,

M. onsieur le Général VIDAL

Commanadant Supérieur des forces armées en Nouvelle-Calédonie et Dépendances

de prêter le secours des troupes nécessaires pour (2) (3) contribuer sur l'Ile d'OUVEA en maintien de l'ordre public, à la libération des personnels détenus illégalement et à l'arrestation des fauteurs de troubles, l'emploi de la force pour l'exécution de la présente réquisition comporte l'usage des armes ; l'autorité militaire reste libre d'en régler l'emploi.

et pour garantie dudit Commandant, nous apposons notre signature.

Fait à NOUMEA, le 22 avril 1988

Signature

Clément BOUHIN

INDICATIONS COMPLEMENTAIRES AU VERSO

(1) Indiquer le nom et la qualité de l'autorité requérante
(2) Indiquer de façon claire et précise l'objet de la réquisition et l'étendue de la zone dans laquelle elle doit être exercée.
Si elle est prise sous le signe de l'urgence, mention explicite doit en être faite ici.
(3) Quand la réquisition a pour objet la dispersion d'un attroupement par l'emploi de la force, la mention ci-dessous doit obligatoirement être portée dans le texte de la réquisition :
"L'emploi de la force pour l'exécution de la présente réquisition comporte l'usage des armes, l'autorité militaire reste libre d'en régler l'emploi"

## ANNEXE 4

# LES UNITÉS ENGAGÉES DANS L'OPÉRATION *VICTOR*

Nous aborderons ces unités dans l'ordre de leur apparition sur le terrain des opérations à savoir, successivement, les unités d'intervention de la gendarmerie nationale que sont l'EPIGN et le GIGN, le Onzième régiment parachutiste de choc (Onzième Choc), et le Commando d'action sous-marine Hubert (Commando Hubert). La compétence de ces unités relevant de domaines sensibles, il convient d'émettre un avertissement sur la fiabilité des sources disponibles. Les eaux de la « piscine »[1] demeurent bien troubles ! Ces réserves doivent toutefois être sensiblement tempérées en ce qui concerne la gendarmerie nationale du fait de la relative richesse des documents disponibles.

## I) Les unités d'intervention de la gendarmerie nationale

Au sein de l'escadron 2/2 de la Gendarmerie mobile de Maison-Alfort est créée en novembre 1973 une équipe spécialisée d'intervention, l'Équipe commando régionale d'intervention (ECRI), placée sous les ordres du lieutenant Christian Prouteau. Les 10 et 11 mars 1974 cette unité interviendra pour la première fois à Ecquevilly (Yvelines) pour neutraliser un forcené armé. Un mois plus tard le commandement de la gendarmerie décide de la création de deux unités d'intervention ; en 1976 ces unités

[1] La centrale de la DGSE est située dans les casernes des Tourelles et de Mortier, 128 boulevard Mortier, dans le vingtième arrondissement de Paris. Sa proximité avec la piscine des Tourelles (piscine Georges Vallerey) lui a valu ce surnom.

seront regroupées pour former le Groupe d'intervention de la gendarmerie nationale (GIGN).

Le *GIGN* et l'Escadron parachutiste d'intervention de la gendarmerie nationale (EPIGN) relèvent d'un groupement particulier de la gendarmerie mobile, le Groupement d'intervention et de sécurité de la gendarmerie nationale (GISGN), mis sur pied le 1er janvier 1984. Le GISGN comprend :

- un état-major
- un groupe d'instruction
- le GIGN
- l'EPIGN
- le détachement gendarmerie du Groupe de sécurité du Président de la République (GSPR)[1].

Le GSIGN a de multiples fonctions : lutte contre le terrorisme et le grand banditisme, maintien de l'ordre public, assistance et secours, protection des hautes personnalités.

Le GIGN compte dans ses rangs une centaine d'hommes répartis dans une cellule de commandement, un peloton hors rang (secrétariat, logistique, technique, mécanique, instruction), une cellule d'évaluation et de négociation, et quatre groupes d'intervention d'une quinzaine de gendarmes chacun auxquels s'ajoutent une équipe de dix-huit plongeurs d'intervention et une autre de quinze chuteurs opérationnels[2]. Deux groupes d'intervention sont constamment en alerte, dont le groupe de « première alerte », capable d'intervenir dans la demi-heure qui suit l'ordre de la Direction générale de la gendarmerie nationale[3]. Sa mission se définit comme « l'intervention dynamique nécessitant l'utilisation de techniques et de moyens particuliers, maîtrise de forcenés ou d'individus armés et dangereux »[4]. Les interventions du GIGN font souvent l'objet d'une médiatisation importante. À titre d'exemple, citons les interventions de Djibouti (libération de trente enfants otages) en 1976, La Mecque (libération de la

---

[1] Jean-Paul CHAMPAGNE, *Gendarmerie, enquête sur la « grande discrète »* ; Éditions du Rocher, 1998, pp. 214 et 215

[2] Magazine *RAIDS*, mars 1995, n° 106, p. 10

[3] Jean-Pierre HUSSON, *Encyclopédie des forces spéciales du monde*, tome 1 ; Paris, éd. Histoire et collections, coll. Actions spéciales, 2000, p. 196

[4] Magazine *RAIDS*, références précitées, p. 12

Grande Mosquée) en 1979, Saint-Maur (mutinerie de la maison centrale) en 1987, Marignane (libération de cent soixante-dix otages dans un Airbus d'Air France) en 1994.

L'EPIGN compte quelque cent quarante éléments ; son rôle essentiel est de constituer un appui lourd aux autres forces de gendarmerie, dont le GIGN, par exemple pour sécuriser les alentours du périmètre d'intervention ou fournir des tireurs d'élite supplémentaires[1].

## II) Le Onzième régiment parachutiste de choc (Onzième choc)

Créé en 1946 par le Service de documentation extérieur et de contre-espionnage (SDECE), il tire son nom de son indicatif téléphonique de l'époque, le « 11 à Montlouis » (Pyrénées-Orientales), citadelle où il est installé. Son insigne, la tête de panthère noire, fut inspiré par la Bagheera du *Livre de la jungle* de Kipling, à la mémoire des membres du service action morts en extrême orient[2]. Il est alors nommé « onzième bataillon parachutiste de choc ». Il peut être considéré à juste titre comme l'un des bras armés de la Direction générale de la sécurité extérieure (DGSE, qui a remplacé le SDECE en 1982)[3] dont il relève de la division action.

« Ses missions sont d'ordre militaire : infiltration derrière les lignes ennemies, sabotage, renseignement de contact. »[4] Il sera ouvertement engagé en Indochine dans des missions de contre-guérilla en zone viêt-minh, de même qu'en Algérie. Mais son engagement officieux est aussi évoqué dans l'enlèvement

---

[1] Jean-Pierre HUSSON, *op. cit.*, p. 198

[2] « [...] Dupas avait, paraît-il, reproduit une expression de colère qu'avait eue son épouse parce que le repas refroidissait alors qu'il s'était attardé à griffonner des têtes de fauves. » Général AUSSARESSES, *Pour la France, services spéciaux 1942-1954* ; éditions du Rocher, 2001, p. 182

[3] Décret n° 82-306 du 2 avril 1982

[4] Geoffroy D'AUMALE et Jean-Pierre FAURE, *op. cit.*, p. 323

en Allemagne du colonel Argoud, l'un des responsables de l'OAS, en 1963, ainsi que lors de l'opération Barracuda, en septembre 1979, qui avait pour but le remplacement de l'empereur Bokassa de la République centrafricaine par le président David Dacko. Mis en sommeil à l'issue de la guerre d'Algérie, il sera réactivé en 1985 au service de la DGSE suite à l'opération Satanique, qui concernait déjà l'influence française dans la zone Pacifique, puisque ce nom de code désignait le sabotage du *Rainbow Warrior*, navire de l'organisation écologiste *Greenpeace*, dans le port d'Auckland (Nouvelle-Zélande) .

À l'instar du 1er régiment parachutiste d'infanterie de marine (RIMA), le Onzième Choc est capable de réaliser une mission de récupération de ressortissants. Bien que sa structure réelle fût « nébuleuse », l'on peut indiquer qu'avec sa force spéciale, qui était l'unité de combat du régiment, le Onzième Choc était le plus important groupement formé à la lutte antiterroriste de l'armée française. Lors d'une prise d'otages à l'étranger, le Service action de la DGSE n'interviendrait qu'« afin d'éliminer un ou plusieurs responsables dont les décisions seraient en mesure de mettre en danger la vie de ressortissants »[1].

Il est de nouveau dissout en juin 1993, et remplacé par le Centre parachutiste d'entraînement aux opérations maritimes (CPEOM) basé à Quelern, le Centre parachutiste d'instruction spécialisée (CPIS) basé à Perpignan, et le Centre parachutiste d'entraînement spécialisé (CPES) basé à Cercottes.

## III) Le Commando d'action sous-marine Hubert (Commando Hubert)

Le commandement des fusiliers marins commandos (COFUSCO) regroupe l'ensemble des commandos de marine[2] :

---

1 Magazine *RAIDS*, septembre 1992, n° 76, pp. 14 et s.

2 http://www.foxone.fr/marine/hubert.html

- les commandos d'assaut Trépel, Jaubert, de Monfort, de Penfentenyo, baptisés ainsi en l'honneur d'officiers morts au combat
- le groupement de combat en milieu clos (GCMC), pendant naval du GIGN, spécialisé dans la lutte antiterroriste
- le commando d'action sous-marine Hubert (commando Hubert), spécialisé dans l'intervention subaquatique.

Leur mission est de participer à des opérations terrestres à partir de la mer, renforcer la protection des éléments des forces navales, participer à des opérations spéciales sous les ordres du commandement des opérations spéciales (COS), assurer la protection des installations sensibles de la marine sur le territoire métropolitain et outre-mer[1].

Constitué en Algérie en 1947, puis implanté dans l'anse du Canier de la presqu'île de Saint-Mandier (en face de Toulon) en 1965, le commando Hubert est divisé en deux compagnies, opérationnelle et d'appui, auxquelles s'ajoute le navire *Poseïdon*.

La compagnie opérationnelle comprend quatre sections[2] :

- A : soutien opérationnel
- B : contre-terrorisme maritime
- C : engins sous-marins
- D : reconnaissance et armement lourd.

La section B s'entraîne régulièrement avec les plongeurs du GIGN.

Le commando Hubert est aujourd'hui intégré dans les unités du premier cercle du commandement des opérations spéciales (COS), créé en 1992 à la suite du constat des lacunes dont était atteinte l'organisation des forces armées françaises durant la guerre du Golfe, et dont la mission est « de planifier, coordonner et conduire à son niveau, les actions menées par les unités spécialement organisées, entraînées et équipées pour atteindre des objectifs militaires et paramilitaires définis par le CEMA [chef d'état-major des armées] »[3].

---

[1] http://www.netmarine.net/forces/commando/

[2] http://www.specwarnet.com/europe/commando_hubert.htm

[3] Arrêté du 24 juin 1992, cité par Eric MICHELETTI, *Le COS* ; Paris, éd. Histoire et collections, 1999, p. 9

Le domaine de compétence du commando dépasse le strict terrain naval, comme le signale l'aigle de son blason. Ainsi, il débarque en 1956 à Suez[1] ; en 1997, ses interventions ont eu pour cadre l'Albanie, la Bosnie, le Congo. Dans la nuit du 3 avril 2000, il capture Momcilo Krajisnik, collaborateur proche de Radovan Karadzic, inculpé de crimes contre l'humanité par le Tribunal pénal international pour l'ex-Yougoslavie[2]. Il séjourne régulièrement à Djibouti, en alternance avec les autres commandos de marine. Le Pacifique est familier au commando Hubert. Il y intervient dans les années soixante-dix à Mururoa pour entraver l'action de Greenpeace ; en 1985 et 1995, de nouveau à Mururoa ; en 1992, à Haïti, lors de l'opération Hannibal[3].

[1] http://site.voilà.fr/lecanier/page2.html
[2] http://www.confidentieldefense.com/anciens/commandos_marine/comarine.htm
[3] *Ibid.*

# BIBLIOGRAPHIE ET AUTRES SOURCES DOCUMENTAIRES

## I)Généralités sur la Nouvelle-Calédonie


- *Le dessous des cartes*, émission télévisée diffusée sur *ARTE* le 31 octobre 1998, produite par *ARTE/La Sept*
- Charles BELMONT, *Les médiateurs du Pacifique* ; film produit par MK2, 1997
- Alban BENSA, *Nouvelle-Calédonie, vers l'émancipation* ; éd. Gallimard, coll. Découvertes, 1998
- Jean-Paul BESSET, *Le dossier calédonien, les enjeux de l'après-référendum* ; Paris, éd. La Découverte, 1988
- Virginie BUISSON, *Lettres retenues, correspondances censurées des déportés de la Commune en Nouvelle-Calédonie* ; Paris, éd. Le Cherche-midi, 2001
- Lionel DUROY, *Hienghène, le désespoir calédonien* ; Paris, éd. Barrault, 1988
- Général Michel FRANCESCHI, *Nouvelle-Calédonie : La démocratie massacrée* ; Paris, éd. Pygmalion, 1998
- Alain GANDOLFI, *Les mouvements de libération nationale* ; Paris, PUF, coll. Que sais-je ?, 1989
- Alain HUEZ de LEMPS, *L'Océanie française* ; Paris, PUF, coll. Que sais-je ?, 3ème éd., 1975
- Jean-Luc MATHIEU, *La Nouvelle-Calédonie* ; Paris, PUF, coll. Que sais-je ?, 2ème édition, 1995
- Louise MICHEL, *Matricule 2182* ; Paris, Editions du Dauphin , 1981
- Antonio RALUY, *La Nouvelle-Calédonie* ; Paris, éd. Karthala, 1990
- Jacqueline SÉNÈS, *La vie quotidienne en Nouvelle-Calédonie de 1850 à nos jours* ; Paris, éd. Hachette, 1985
- Entretien avec Judith WAINTRAUB, *Michel Rocard* ; Paris, éd. Flammarion-Histoire, coll. Mémoire vivante, 2001

- André WAKSMAN, *Nouvelle-Calédonie : l'enjeu Pacifique* ; film produit par Vision Internationale, 1998
- André WAKSMAN, *Merci la France* ; film coproduit par Vision Internationale et FR3 Corse, 1999

## II) Récits des événements

### A) Sources directes

- Alberto ADDARI, entretien du 16 mars 2001
- Alban BENSA, entretien du 9 mars 2001
- Alain BENSON, entretien téléphonique du 26 mars 2001
- Jean BIANCONI, entretien téléphonique du 28 mars 2001
- Jean COQUET, entretien du 5 janvier 2002
- Philippe LEGORJUS, entretien du 7 février 2001
- Gilles LUCAZEAU, entretien du 24 janvier 2001
- Jean-François MERLE, entretien téléphonique du 10 juin 2001
- Bernard NORLAIN, entretien du 22 mai 2001
- Jean-Pierre PICON, entretien téléphonique du 8 mars 2001
- Bernard PONS, entretien du 3 avril 2001
- Michel TUBIANA, entretien du 28 février 2001

### B) Sources indirectes

- Jacques ATTALI, *Verbatim II, 1986-1988* ; Paris, éd. Fayard, 1995
- Michel BERNARD, *GIGN Le temps d'un secret* ; Paris, éd. Bibliophane-Daniel Radford, 2003
- Patrick FORESTIER, *Les mystères d'Ouvéa* ; Paris, éd. Filipacchi, 1988
- Philippe LEGORJUS, *La morale et l'action* ; Paris, éd. Fixot, 1990
- LIGUE DES DROITS DE L'HOMME (Antoine SANGUINETTI, Danielle HELDIN, Guy RAMIREZ, Violaine et Jean-Pierre WEBEN), *Enquête sur Ouvéa* ; Paris, Études et documentation internationales, 1989
- Patrick PESNOT, *Rendez-vous avec X*, émission radiophonique de *France-Inter*, diffusée le 11 décembre 1999
- Gilbert PICARD, *L'affaire d'Ouvéa* ; Éditions du Rocher, 1988

- Edgard PISANI, *Persiste et signe* ; Paris, éd. Odile Jacob, 1992
- Edwy PLENEL et Alain ROLLAT, *Mourir à Ouvéa, le tournant calédonien* ; Paris, éd. La Découverte-Le Monde, 1988
- Henri WEILL, *Opération Victor* ; Balma, Éditions universelles, 1989

## C) Articles du quotidien *Le Monde*

- Frédéric BOBIN, « Les dirigeants du mouvement indépendantiste posent trois conditions à la libération des otages » ; *Le Monde*, dimanche 24-lundi 25 avril 1998, p. 16
- Frédéric BOBIN, « Les forces de l'ordre tentent de reprendre le contrôle de la situation en Nouvelle-Calédonie » ; mercredi 27 avril 1988, p. 48
- A.R. (Alain Rollat ?), « Ce ne sont pas des otages, ce sont des prisonniers politiques… » ; vendredi 29 avril 1998, p. 8
- « Guérilla à Canala » ; vendredi 29 avril, p. 44
- Corinne LESNES, « M. Pons demande la dissolution du FLNKS » ; samedi 30 avril 1998, p. 12
- « L'un des auteurs de la fusillade de Hienghène est assassiné » ; samedi 30 avril 1988, p. 12
- « « *La soumission ou l'extermination !* » : c'est l'alternative que M. Jean-Marie Le Pen laisse à ceux qu'il appelle « *les rebelles* » canaques. » ; jeudi 5 mai, p. 17
- Frédéric BOBIN, « Les indépendantistes d'Ouvéa menaçaient surtout les membres du GIGN » ; dimanche-lundi 9 mai 1988, p. 9
- Frédéric FILLIOUX, « Témoignages confirmés » ; mercredi 11 mai 1988, p. 15
- M.P., « Le dossier sera instruit à Paris « pour cause de sûreté publique » » ; mercredi 11 mai 1988, p. 15
- « Le général Vidal conteste qu'Alphonse Dianou se soit rendu » ; jeudi 12 mai 1988, p. 13
- « L'instruction du dossier » ; jeudi 12 mai 1988, p. 13
- « Les familles des victimes d'Ouvéa portent plainte » ; jeudi 12 mai 1988, p. 13
- Jacques ISNARD, « Tiraillements entre forces spéciales et gendarmes » ; vendredi 13 mai 1988, p. 7

- « L'Élysée souhaite la création d'une commission d'enquête sur l'assaut d'Ouvéa » ; vendredi 13 mai 1988, p. 7
- Georges MARION et Edwy PLENEL, « Sept questions et un mystère sur l'affaire d'Ouvéa » ; samedi 14 mai 1988, p. 13
- Jacques ISNARD, « Le général Berthier a été chargé d'une enquête de commandement » ; jeudi 19 mai, p. 15
- Agathe LOGEART « L'enquête judiciaire commence… sur la pointe des pieds. » ; samedi 21 mai, p. 9
- « Les avocats des indépendantistes inculpés constatent que « de nombreuses pièces essentielles font défaut » au dossier. » ; mardi 31 mai, p. 12
- « L'ouverture d'une information judiciaire » ; mercredi 1er juin 1988, p. 6
- « M. Chevénement : l'honneur des armées ne saurait être entaché par la faute de quelques-uns. » ; mercredi 1er juin 1988, p. 8
- Jacques ISNARD, « M. Chevénement lève le « secret-défense » sur l'enquête militaire de commandement. » ; vendredi 3 juin 1988, p. 34
- « Le général Vidal : « Ils ont été tirés parce qu'ils sortaient avec des armes. » » ; vendredi 3 juin 1988, p. 34
- « « Le tribunal de Nouméa veut enterrer le dossier » estiment les défenseurs des familles des victimes canaques. » ; dimanche 5-lundi 6 juin 1988, p. 5
- « Les corps d'Alphonse Dianou, Wenceslas Lavelloi et de Waïna Amossa ont été exhumés » ; dimanche 12-lundi 13 juin 1988, p. 6
- Franck MADOEUF, « Gendarmes et Kanaks scellent leur réconciliation à Ouvéa » ; jeudi 23 avril 1998, p. 1
- Béatrice GURREY, « Chirac accomplit son « devoir de mémoire » envers les victimes d'Ouvéa » ; vendredi 25 juillet 2003, p. 6

# III) Les unités engagées

## A) Ouvrages et magazines


- Geoffroy D'AUMALE et Jean-Pierre FAURE, *Guide de l'espionnage et du contre-espionnage* ; Paris, éd. Le cherche-midi, collection Documents, 1998
- Général Paul AUSSARESSES, *Pour la France, services spéciaux (1942-1954)* ; Éditions du Rocher, 2001
- Jean-Paul CHAMPAGNE, *Gendarmerie, enquête sur la « grande discrète »* ; Éditions du Rocher, 1998
- Jean-Pierre HUSSON, *Encyclopédie des forces spéciales du monde*, tome 1 ; Paris, éd. Histoire et collections, coll. Actions spéciales, 2000
- Pascal LE PAUTREMAT (dir.), *Forces spéciales Nouveaux conflits, nouveaux guerriers* ; Paris, éd. Autrement, coll. Frontières, 2003
- Eric MICHELETTI, *Le COS* ; Paris, éd. Histoire et collections, 1999
- Magazine mensuel *RAIDS* ; septembre 1992, n° 76
- Magazine mensuel *RAIDS*, « Spécial GIGN » ; mars 1995, n° 106


## B) Sites internet

Toutes ces adresses renvoient à des **sites non officiels**.


- http://www.chez.com/medaille/commando.htm
- http://www.confidentiel-defense.com/anciens/commandos_marine/comarine.htm
- http://www.dgse.org/
- http://www.foxone.fr/marine/hubert.html
- http://www.kravmaga.31.free.fr/source/gign_en.htm
- http://www.netmarine.net/forces/commando/
- http://site.voilà.fr/lecanier/page2.html
- http://www.specwarnet.com/europe/commando_hubert.htm
- http://www.specialoperations.com/Foreign/France/EPIGN

## IV) Sources juridiques

### A) Ouvrages

- Éric DAVID, *Principes de droit des conflits armés* ; Bruxelles, éd. Bruylant, 2ème édition, 1999
- Louis FAVOREU et Loïc PHILIP, *Les grandes décisions du Conseil constitutionnel* ; Paris, éd. Sirey, 6ème éd., 1991
- Wilfrid JEANDIDIER, *Droit pénal général* ; Paris, éd. Montchrestien, coll. Domat/droit privé, 2ème édition, 1991
- *La Convention européenne des Droits de l'Homme, commentaire article par article*, sous la direction de Louis-Edmond PETTITI, Emmanuel DECAUX et Pierre-Henri IMBERT ; Paris, éd. Économica, 2ème édition, 1999
- Jean PRADEL et Geert CORSTENS, *Droit pénal européen* ; Paris, éd. Dalloz, coll. Précis, droit privé, 1999
- Jean PRADEL et Michel DANTI-JUAN, *Droit pénal spécial* ; Paris, éd. Cujas, 1995
- Jean-François RENUCCI, *Droit européen des droits de l'homme* ; Paris, éd. LGDJ, 2ème édition, 2001
- Frédéric SUDRE, *La Convention européenne des Droits de l'Homme* ; Paris, PUF, coll. Que sais-je ?, 4ème éd., 1997
- Frédéric SUDRE, *Droit international et européen des droits de l'homme* ; Paris, PUF, coll. Droit fondamental, 4ème éd. mise à jour, 1999

### B) Articles

- François DIEU, « Maintien de l'ordre et gendarmerie nationale » ; revue *Droit et défense*, 2ème trimestre 1993, pp. 17 à 26
- Olivier GOUHIN, « Les fondements juridiques de la défense nationale » ; revue *Droit et Défense*, 1er trimestre 1993, pp. 4 à 13
- Claude KATZ, « Pour la proclamation par la communauté internationale d'un noyau intangible des Droits de l'Homme » ; *RTDH*, 1er octobre 1996, pp. 541 à 553
- Franck LAFFAILLE, « Défense nationale et cohabitation (juin-août 1997) » ; revue *Droit et défense*, 3ème trimestre 1993, pp. 32 à 37

- Georges LIET-VEAUX, « Police des réunions et manifestations » ; *J.-Cl. Administratif*, 2001, fasc. 210
- Gilles LUCAZEAU, « Le temps en droit pénal, recherche comparative sur l'influence du temps en droit pénal étatique et dans le système coutumier de Nouvelle-Calédonie » ; *Rev. Sc. Crim.*, 3ème trimestre 1990, pp. 521 à 537
- Jacques MOREAU, « Polices administratives : théorie générale » ; *J.-Cl. Administratif*, 1993, fasc. 200, p. 24
- Étienne PICARD, « Forces de police : définition et missions (généralités) » ; *J.-Cl. Administratif*, 1986, fasc. 201-1
- Étienne PICARD, « Forces civiles et militaires de police : organisation » ; *J.-Cl. Administratif*, 1987, fasc. 201-2
- Bruno PY, « Amnistie : le choix dans les dates » ; *Dr. pénal*, chronique n° 12, avril 2002, pp. 4 à 7
- Axelle REITER-KORKMAZ, Commentaire de l'arrêt *Andronicou et Constantinou c. Chypre* ; *RTDH*, 1er juillet 1999, pp. 541 à 573
- Marc WATIN-AUGOUARD, « Une gendarmerie de la gendarmerie » ; revue *Droit et défense*, 4ème trimestre 1994, p. 63
- Marc WATIN-AUGOUARD, « Sécurité intérieure : pluralité et complémentarité des forces » ; revue *Droit et défen*se, 4ème trimestre 1997, pp. 15 à 29

## C) Jurisprudence

### 1) Décisions de la Commission européenne des Droits de l'Homme

Par ordre chronologique :

- *Kathleen Stewart c. Royaume-Uni*, 10 juillet 1984 ; *DR* 39, n° 10044/82, pp. 162 à 185
- *Margit Wolfgram c. RFA*, 6 octobre 1986 ; *DR* 49, n° 11257, pp. 213 à 220
- *Laurence Dujardin et autres c. France*, 2 septembre 1991, *DR* 72, n° 16734/90, pp. 236 à 240

## 2) Arrêts de la Cour européenne des Droits de l'Homme

Par ordre alphabétique :

- *Andronicou et Constantinou c. Chypre*, 9 octobre 1997 ; affaire n° 86/1996/705/897
- *Çakici c. Turquie*, 8 juillet 1999 ; requête n° 23657/94
- *Chypre c. Turquie*, 10 mai 2001 ; requête n° 25781/94
- *Demiray c. Turquie*, 21 novembre 2000 ; requête n° 27308/95
- *Denizci et autres c. Turquie*, 23 mai 2001 ; requêtes n[os] 25316-2531/94 et 27207/95
- *Paul et Audrey Edwards c. Royaume-Uni*, 14 mars 2002 ; requête n° 46477/99
- *Ekinci c. Turquie*, 18 juillet 2000 ; requête n°25625/95
- *Güleç c. Turquie*, 27 juillet 1998 ; affaire n° 54/1997/838/1044
- *Ilhan c. Turquie*, 27 juin 2000 ; requête n° 22277/93
- *Ismail Ertak c. Turquie*, 9 mai 200 ; requête n° 20764/92
- *Kaya c. Turquie*, 19 février 1998 ; affaire n° 158/1996/777/978
- *Kiliç c. Turquie*, 28 mars 2000 ; requête n° 22492/93
- *Kurt c. Turquie*, 25 mai 1998 ; affaire n° 15/1997/799/1002
- *L.C.B. c. Royaume*-Uni, 9 juin 1998 ; affaire n° 14/1997/798/1001
- *Mahmut Kaya c. Turquie*, 28 mars 2000 ; requête n° 22535/93
- *McCann, Farell et Savage c. Royaume-Uni*, 5 septembre 1995 ; affaire n° 17/1994/464/545
- *McKeer c. Royaume-Uni*, 4 mai 2001 ; requête n° 28883/95
- *Osman c. Royaume-Uni*, 28 octobre 1998 ; affaire n° 87/1997/871/1083
- *Oğur c. Turquie*, 20 mai 1999 ; requête n° 21594/93
- *Salman c. Turquie*, 27 juin 2000 ; requête n° 21986/93
- *Tanribilir c. Turquie*, 16 novembre 2000 ; requête n° 21422/93
- *Tanrikulu c. Turquie*, 8 juillet 1999 ; requête n° 237/63/96
- *Velikova c. Bulgarie*, 18 mai 2000 ; requête n° 41488/98
- *Yaşa c. Turquie*, 2 septembre 1998 ; affaire n° 63/1997/847/1054
- *Z et autres c. Royaume-Uni*, 10 mai 2001 ; requête n° 29392/95

### D) *Journal officiel*


- *JO*, lois et décrets, 6 octobre 1988, pp. 12568 et 12569
- *JO*, débats, 10 novembre 1988, pp. 14087 et s.
- *JO*, lois et décrets, 12 janvier 1990, p. 489
- *JO*, débats, 28 novembre 1989, pp. 5649 à 5666 : « Rapport fait au nom de la commission des Lois constitutionnelles, de législation, du suffrage universel, du règlement et d'administration générale : 1) sur le projet de loi, adopté après déclaration d'urgence, portant amnistie ; 2) sur la proposition de loi de MM. Henri Bangou, Jean-Luc Bécart [et autres] relative à l'amnistie dans les départements et territoires d'outre-mer, par M. Marcel RUDLOFF, Sénateur » : Sénat, rapport n° 365 annexé au procès-verbal de la séance du 7 juin 1989


## V) Sources diverses


- Louis-Ferdinand CÉLINE, *Mort à crédit* ; Paris, éd. Gallimard, coll. Folio, 1997
- Charles DE GAULLE, *Mémoires de guerre : l'unité (1942-1944)* ; Paris, éd. Plon, 1973
- Romain GARY, *Les cerfs-volants* ; Paris, éd. Gallimard, coll. Folio, 1996
- HERGÉ, *Les aventures de Tintin, Objectif Lune* ; Tournai, éd. Casterman, 1980
- MACHIAVEL, *Le Prince* ; éd. Mille et une nuits, 2000
- *Oublier nos crimes. L'amnésie nationale : une spécificité française ?* ouvrage collectif dirigé par Dimitri NICOLAÏDIS ; Paris, éd. Autrement, série Mutations, n° 144, 1994
- Friedrich NIETZSCHE, *Ainsi parlait Zarathoustra* ; Librairie générale française, 1983
- chanson de Serge REGGIANI, *La java des bombes atomiques* ; B. VIAN, A. GORAGUER, éditions Tutti, 1968
- Pierre VIDAL-NAQUET, *La torture dans la République* ; Paris, Les Éditions de minuit, coll. Grands documents, 2000

## TABLE DES MATIÈRES

Achevé d'imprimer par Corlet Numérique - 14110 Condé-sur-Noireau
N° d'Imprimeur : 788888 - Mars 2018 - Imprimé en France

Made in the USA
Monee, IL
19 October 2026

66039180R00177